（第2版）

自行车运动解剖学

[英]香农·沙凡铎（Shannon Sovndal）著
骆少猛　译

人 民 邮 电 出 版 社
北 京

图书在版编目（CIP）数据

自行车运动解剖学 ：第2版 / （英）香农•沙凡铎（Shannon Sovndal）著 ；骆少猛译. -- 北京 ：人民邮电出版社，2022.3
ISBN 978-7-115-56691-1

Ⅰ. ①自… Ⅱ. ①香… ②骆… Ⅲ. ①自行车运动一运动解剖 Ⅳ. ①G872.314

中国版本图书馆CIP数据核字(2021)第135934号

内 容 提 要

本书是一本关于自行车骑行强度、速度和耐力训练的解剖学指南。全书共有 10 章，第 1 章简单介绍了自行车手在骑行中的生理机能、正确的身体姿势，以及训练对身体柔韧性、心肺功能及骨骼强壮的提高：第 2 章详细介绍了进行力量训练所要遵循的原则；第 3~10 章分别介绍了针对自行车手的臂部、肩部和颈部、胸部、背部、核心肌群、腿部及全身的训练动作，每个动作均配有人体肌肉解剖图，展示了所有训练动作涉及的主要肌群与辅助肌群，并重点结合练习步骤、要点及变式描述动作过程。通过学习与练习，自行车手可以改善骑行时的速度、耐力和身体功能，提高运动表现。本书可以帮助自行车手、教练、学员或参与者以实用的方式去学习和制订骑行计划，不仅适用于自行车手或骑行爱好者，也适用于健身教练和体能教练。

◆ 著　[英] 香农•沙凡铎（Shannon Sovndal）
译　骆少猛
责任编辑　李亚欢
责任印制　周昇亮

◆ 人民邮电出版社出版发行　北京市丰台区成寿寺路 11 号
邮编　100164　电子邮件　315@ptpress.com.cn
网址　https://www.ptpress.com.cn
北京天宇星印刷厂印刷

◆ 开本：700×1000　1/16
印张：16　2022 年 3 月第 1 版
字数：292 千字　2025 年 9 月北京第 7 次印刷

著作权合同登记号　图字：01-2020-0518 号

定价：118.00 元

读者服务热线：(010)81055296　印装质量热线：(010)81055316

反盗版热线：(010)81055315

给我的孩子们：

索伦（Soren）

西伦（Theron）

莎维亚（Saveah）

伊莱亚斯（Elias）

目 录

序

我第一次遇见香农·沙凡铎（Shannon Sovndal）博士是在加利福尼亚大学戴维斯分校。当时，我们都是大学的自行车手，每天努力训练，渴望取得更好的成绩。对我们而言，骑行不仅关乎体力，也关乎智力。我们对人体运动科学非常着迷。正当我冥思苦想大学毕业后做什么之际，香农提出了他的真知灼见。他建议我毕业后去学习运动生理学，而他将去医学院继续深造，然后我们在科罗拉多州的博尔德（Boulder, Colorado）重聚，并在环法自行车赛中为一个专业自行车队效力。香农对这个宏大的计划信心十足，我也跃跃欲试。

多年后，我在环法自行车赛中任Garmin-Sharp职业自行车队的运动科学总监。在度过了某个异常漫长的一天之后，我感觉自己受到了巨大的冲击。在筋疲力尽之时，我去了法国，在一个小旅馆里，我遇到了和我一样疲惫不堪的室友——车队的队医香农。想到我们有着相同的经历，我半带嘲讽地说："香农，我想我们成功了。"

幸好遇见了香农，我才有机会担任世界顶尖自行车手的教练。更重要的是，香农把科学理论与实践应用相结合的能力无人能及。对我来说，他一直是一个优秀的榜样和一位忠诚的朋友。

《自行车运动解剖学》（*Cycling Anatomy*）体现了他的技巧和细心，展示了他的能力，他能把复杂的人体解剖学以一种简单而实用的方式加以应用，并且不会使其丧失深度和准确性。毫不夸张地讲，知识就是力量。要想提高一个人的身体功能，首先要运用明智的方法。香农借助详细的插图及能够直接运用于现实自行车运动的简单练习，创建了一个务实的训练框架，可以帮助自行车手、教练、学员或参与者以实用的方式去学习和制定骑行计划。

虽然骑行经常被视为有氧运动，但是力量绝对是它的基础。没有力量基础，有氧能力就会受限，自行车手就可能会失去平衡，接着就可能会受伤。要想增强骑行的力量，自行车手必须要做到蹬踩更快或更用力。优秀和平庸自行车手的主要区别就在于，优秀自行车手可以更奋力地前进。优秀自行车手拥有更强大的力量，他们不仅双腿有力，无数在自行车运动的生物力学机制中发挥功能性或支持性作用的肌肉也同样强健有力。

正是力量的重要性促使香农编写了《自行车运动解剖学》一书。多年来，香农长期与受伤的自行车手共事，他开始让自行车手去健身房训练，以便帮助他们克服身体机能上的弱点。这些弱点不仅仅存在于他们的腿部，也存在于他们的腹部、手臂、颈部，以及背部的稳定肌群。除了解决这些瓶颈问题，香农还向自行车手们传授了专业的词汇和知识，以便他们识别并解决遇到的问题。

《自行车运动解剖学》一书是对现实自行车运动经验的反思，可以帮助自行车手改变骑行时的意识和改善身体功能。对我来说，在我不断帮助自行车手成为世界顶尖自行车手并继续探索这项运动的过程中，本书将会一直是我的指路明灯。无论我们身处何种境地，想要变得更好永远都不会太早或太迟。

艾伦·利姆（Allen Lim），博士

Skratch Labs创始人

第 1 章 骑行中的自行车手

骑行中的自行车手令人惊叹！当你骑行时，人体生理机能的许多方面都会发挥作用。当你跨上自行车，你的大脑皮层就会产生前进的动力和计划。你的小脑会提供潜意识的平衡感和协调感，帮助你轻松地保持自行车的稳定并控制前进的方向。你的心、肺和血管系统会为肌肉的线粒体提供急需的氧气。通过有氧和无氧的能量转换，你的肌肉会收缩并进行大量活动。所有这些活动都会产生热量，而你的皮肤和呼吸系统可以很好地帮你调节体温。骨骼系统会为整个系统提供结构性基础。几乎所有的生理系统都需要协调运作，以帮助你完成骑行。如果你停下来仔细思考，你会意识到这真的很了不起！

要想成为一名出色的自行车手，你必须具备良好的身体条件，必须足够强壮且各方面保持均衡。要想取得更好的成绩，同时避免受伤并且能够持久运动，这些都是非常重要的条件。如果你想要发挥出巅峰水平，你的所有生理系统必须协调一致、统一运作。许多骑自行车的人都会陷入一个思维误区，认为骑自行车只需要用到腿部力量。然而，事实并非如此。在骑行过程中，你的腿部、髋部和臀部会产生骑行所需的力量，但是为了使你的下半身保持稳定，你需要强壮的腹部、背部和上半身。你身体的各个部分必须协同运作，以保持自行车稳定，并产生最大的力量来蹬踩踏板。

本书借助各种训练来阐释自行车运动的解剖学特征。有了这些基础知识，你在训练时就能更好地集中注意力。基于你对成功完成骑行并避免受伤的正确理解，即实现这个目的的关键在于整体的平衡和力量，你将有能力制定适合自己的训练计划。本章的插图和文字内容将向你展示如何把每一项训练运用于骑行。通过这些插图，你将理解在健身房中训练的目的，并可以直接将其运用于你的公路训练。当你在健身房训练时，你的注意力应集中于自行车运动的训练方面，这可以帮助你充分利用你的时间。这样，你将从每一次训练中获益良多。

本书强调全身训练的必要性，书中的每个章节都同样重要。骑行是一项全身运动，你在阅读本章的解剖学描述时便会明白这一点。你身体的每一个部分都至关重要，它们协调运作，分配脚蹬踏板的力量，控制你的自行车并避免你受伤。如果身体的某一个部位缺乏训练，那么整个系统就会出现紊乱。这不仅会导致你发挥失常，更有可能让你遭受伤痛。

自行车运动中的肌肉形态和功能

本书侧重于讲述自行车运动的专项重量训练，进而来提升你的运动表现。在训练自行车手的过程中，我通常会要求他们将注意力集中于正在执行的任务上。知识就是力量！如果你关注训练的“原因”，并且思考训练时的身体反应和适应能力，我相信你能进步得更快，你的训练会更高效。保证效率是一个高效训练计划的基本特征。

为了帮助你理解并掌握相关知识，我先简单解释一下肌肉生理学的基本概念。一旦你了解了肌肉的运作方式，你就会了解增强肌肉的最佳姿势，以及训练期间掌握正确动作姿势的重要性。

骨骼肌的基本功能单位称为运动单位。运动单位由一条运动神经（神经元）及其支配的所有肌纤维组成。每条肌纤维又可分解成许多捆绑在一起的束状肌原纤维（图1.1）。不同数量的运动单位被激活时，肌肉会产生不同等级的张力。分级肌肉活动就与这种张

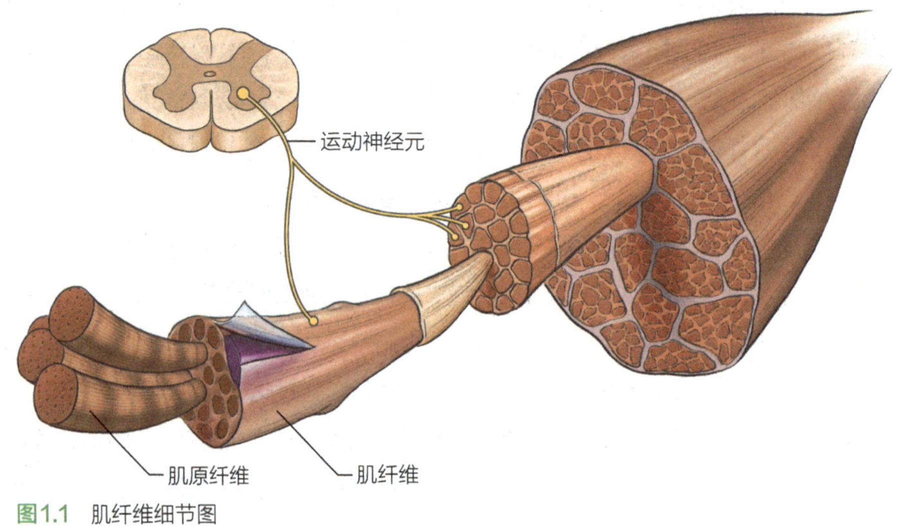

图1.1 肌纤维细节图

力的变化有关。提高神经激活运动单位的频率也会导致肌肉张力增加。一个极端的例子就是肌肉强直，当运动单位激活过快时，肌肉没有时间放松，就会引发肌肉强直。

当你决定举起一个有重量的具体物体，如健身房里的哑铃或桌子上的咖啡杯时，你的大脑控制着运动单位激活的数量和速度。大脑会预估所需的工作量，然而你很少会意识到大脑有可能计算失误。最近我注意到这方面的一个例子。当我拿起一盒牛奶，我以为它是满的，但实际上我的几个孩子已经把它喝掉了一大半，所以当我迅速拿起纸盒并且举得比预期还要高的时候，我颇为惊讶。这就是我的大脑计算错误了，错误地估计了牛奶的重量。

图1.2展示了肌纤维的功能结构。肌纤维由肌动蛋白丝和肌球蛋白丝组成，其运作形态好比棘轮系统。我们可以把肌纤维的运动过程比作系着绳索的攀登者攀岩的过程。在这个比喻里，绳索代表肌动蛋白丝，攀登者代表肌球蛋白丝。如同攀登者借助双臂向上拉动身体，肌球蛋白丝沿着肌动蛋白丝移动。请想象一个攀登者抓住一根绳子，双腿固定，双臂伸展向上拉动身体的情景。同样，肌球蛋白丝借助肌动蛋白丝向上伸展，并且越伸越长。随着肌球蛋白丝的运动，肌纤维收缩，就产生了张力并促使肌肉运动。

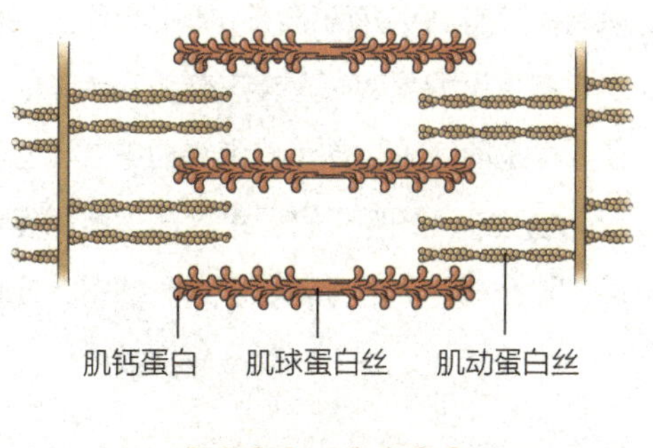

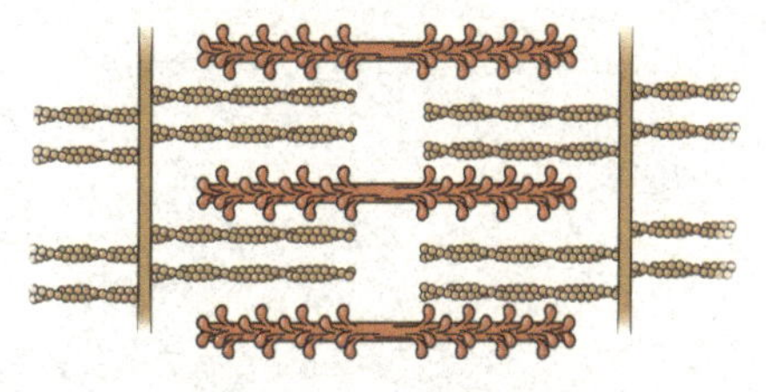

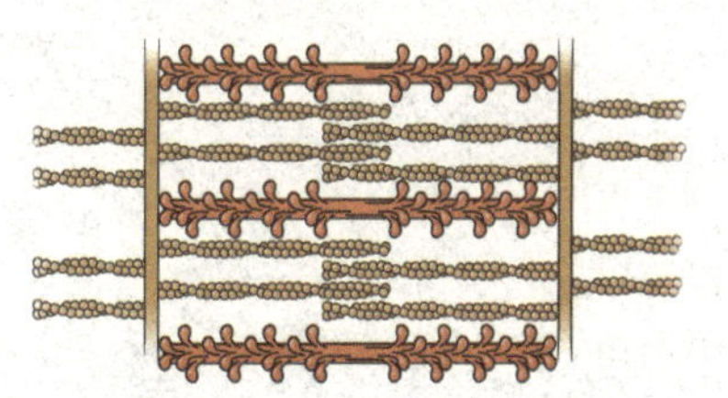

图1.2　肌纤维中的肌动蛋白丝和肌球蛋白丝像棘轮系统一样运作

每块肌肉都有它最佳的静息长度（Fitts, McDonald and Schluter, 1991）。这一最佳的静息长度代表了大量交联的肌动蛋白丝和肌球蛋白丝之间的完美折中，同时留下了足够的“备用绳索”，供肌球蛋白丝向上“攀爬”。过度拉伸或拉伸不足都会浪费肌肉的潜在能量。这就是选择一辆适合你的自行车非常重要的原因。如果自行车的座位太低，肌肉不能伸展到最佳长度；如果自行车的座位太高，肌肉可能会被过度拉伸。

骑行和健身房训练中的身体姿势

图1.3展示了公路自行车的正确骑行姿势。因为肌纤维的拉伸长度对能否高水平发挥至关重要，所以你需要用一些时间找到自己的正确的骑行姿势。

如果你需要帮助以正确安装你的自行车，你可以在我的另一本书《自行车运动训练指南》（*Fitness Cycling*）（Sovndal, 2013）里找到相关信息。你也可以购买一辆已经安装完成的专业自行车，或者在当地的自行车商店和俱乐部寻求安装服务。

在健身房里，你练习举重的姿势和骑行的姿势同样重要。为了确保在健身房中你的肌肉能够得到更好的训练，本书为你的每次训练提供了正确姿势。部分举重运动员会为了举起更大的重量而舍弃正确的训练姿势。“欲速则不达”，这样做只会适得其反，而且还十分危险。重量是正确训练的第二大必要因素。本书向你展示了有效锻炼各个肌群的正确技巧。一图胜千言，书中的许多插图将通过展示理想的动作形态并指明相应的肌纤维位置来指导你进行训练。这些插图将使你获得更大的训练效益。

图1.3　正确的骑行姿势

骑行时，你需要注意你的身体与自行车的5个接触点（双腿、臀部和双臂）。此外，在自行车运动中，身体的大部分主要肌群都会参与其中。本书的各个章节将重点介绍身体各部位的解剖学机制。但是，在我们关注特定的运动和身体的各个部位之前，我们先来简要地了解自行车手在骑行中的解剖学机制。

因为自行车的曲柄在相反方向成180度，所以当自行车手的一条腿弯曲时，另一条腿就会伸展。这就使一条腿的屈肌在运作的同时，另一条腿的伸肌被激活。随着曲柄每一次有节奏的转动，双腿会动用不同的肌群来骑行。这就是为什么自行车是一项全身运动，以及为什么踏板行程是如此有效的推进方式。在正确的骑行姿势下，当一边的踏板位于6点钟方向时，这条腿的膝关节应该微微弯曲。这样你可以将腘绳肌拉伸到理想的长度，以便在向上的踏板行程中使肌肉达到最佳的激活状态。同时，另一边的踏板位于12点钟方向，这时你的大腿和地面接近平行，在向下的踏板行程中能优化臀大肌，使其产生最大的力量输出，并能使股四头肌在脚蹬踏板的最高处产生最大的力量。

当你转动踏板时，你的踝关节使你的脚能够平稳地从膝关节弯曲的姿势过渡到膝关节伸展的姿势。在踏板转圈的过程中，大腿的屈肌和伸肌交替运作，腓肠肌等小腿肌在大部分蹬车动作中也会提供力量，并有助于稳定踝关节和足部。

如前所述，肌肉的最大势能（张力）取决于肌动蛋白和肌球蛋白相互重叠的理想数量。适当的座椅高度对确定最有效的肌肉位置具有重要的作用。如果你曾经试着骑过低座位的儿童自行车，你就会很清楚地了解，当你的肌肉位置不正确时，其运作会有多么难。

由于自行车手在骑行时的基本姿势是躯干过度前屈，因此要想有良好的骑行表现并感到舒适愉悦，拥有一个强壮和健康的背部至关重要。当然，这并不意味着如果你有背部问题，就不应该骑自行车。相反，这意味着如果你想延长骑行的职业生涯，你就需要加强背部护理。当你骑行时身体前屈，竖脊肌、背阔肌和斜方肌共同支撑着你的脊柱。当你握住下把位骑行时，这些肌肉将帮助你的背部保持平直，并提供更大的空气动力。骑行也会压迫你的颈部，夹肌和斜方肌通过伸展颈部来帮助你看清前方的路。再者，由于背部的所有肌肉都会紧张，因此对背部进行适当的训练是保持健康和无痛骑行的必要条件。

腹直肌、腹横肌和腹斜肌（内部和外部）为躯干提供前面和侧面的支撑，以平衡背部发达的肌肉。如果背部、前面或侧面的肌肉相对其他肌肉较弱，你将体验到脊柱排列不整齐、不必要的脊柱压力和疼痛。背部疼痛与背部功能失调或背部肌肉无力可能毫无关系。事实上，这可能是腹部肌肉缺乏力量造成的。这很好地说明了为什么你需要加强整个身体的训练，而不是只锻炼几个特定部位。

你的手臂通过接触自行车来控制和传递力量。当你手握车把时，双臂应该保持肘部微微弯曲。当你脚踩踏板时，你手臂上的屈肌和伸肌会随着踏板运动的节奏交替收缩和放松。肱二头肌、肱三头肌和前臂肌肉会通过肩关节协调运作来稳定你的躯干。在骑行姿势下，你的肩膀会不断承受压力。许多肌肉，包括菱形肌、肩袖肌群和三角肌，都有助于你保持适当的稳定和正确的骑行姿势。

你的胸部肌肉会支撑和平衡背部与肩部的肌肉。胸大肌和胸小肌可以让你在骑行时身体前倾，并在爬坡时左右移动车把。注意，双手放在下把位上的姿势实际上模仿了俯卧撑或卧推的姿势。

通过适当的训练提高

从自行车手解剖学机制的简要概述中，你可以发现骑行是一项全身运动。本书将帮助你通过全身训练来提高你的骑行水平。身体任何一个部位的训练都同等重要，所以你要认真阅读本书的每一个章节。记住，平衡和对称是保持正确运动姿势的关键，而正确的运动姿势是你增强力量和避免受伤的必要条件。

最后强调3点。

第一，本书的每个章节的训练不仅会帮助你增强力量，还会提高你的柔韧性。研究表明，良好的柔韧性可以预防受伤并优化力量输出。关于最好的拉伸方式是主动拉伸还是动态拉伸，以及最合适的拉伸时间等问题的答案仍有争议。基于现有的观点（Behm et al., 2016），我提出了一个相对可靠的热身时间（15~20分钟），包括主动运动和主动拉伸。

第二，骑行所需要的心肺功能也能在健身房训练中得到提高。在健身房的训练中，将血液分配到肌肉的血管结构会得到增强，最终它能在高强度的运动中为肌肉输送氧气。

第三，抗阻训练有益于你的骨骼健康。自行车运动可以让你在不过度压迫关节的情况下锻炼身体；然而，事物都有两面性，在任何类型的训练中，压力都会产生力量。由于踏板运动较平稳，骨骼受到的压力很小。因此，运动员如果只从事自行车运动，患骨质疏松症的风险往往会增加。这也是抗阻训练对自行车手来说至关重要的另一个原因（Scofield and Hecht, 2012）。在健身房进行训练将有助于预防骨质疏松症。抗阻训练可以增强骨骼的矿化，使你的骨骼更加强壮。因此，健身房的训练不仅可以提高你的体能，还可以使你的健康长期、持续受益。

第2章 力量训练原则

训练中的一切都与进步、一致性及专注力有关。简而言之，我想谈谈我的训练理念、目标和一些基本的生理学概念。

我的训练理念是注重进步。每一次健身房训练，每一次骑行，你的身体都在发生变化。在这个过程中，你在向着成为一名优秀自行车手的终极目标不断迈进。借助细致可行的方法，你将逐步具备成为一个专业自行车手的所有条件。

你在开始一项举重或者其他训练计划之前，最重要的事情是设定目标。这些目标将指导你进行日复一日的训练。每个人的目标都不一样。无论你是想努力变得更健康，还是在一次周末骑行比赛中打败你身边的竞争对手，或是赢得地区赛的冠军，设定恰当的目标都是帮助你提升运动表现的基本要素。

有些人抗拒为自己设定目标，因为目标可能令人生畏。每一个不错的目标都有失败的可能。而这正是目标应该有的特点！目标会激励你接受挑战，帮助你走上正轨。有一点儿压力是好的，毕竟没有压力就没有进步。

为了确保设定的目标切实可行，并能最终实现，在设定目标时要遵循4P原则，即个性化（personalized）、积极（positive）、可感知（perceivable）和可行性（possible）。个性化即目标只属于你自己，与你的朋友或训练伙伴都不相关。消极的目标不能帮助你提升运动表现，所以请设定一个积极的目标。因为设定目标的目的是实现目标，而不是避免失败。你的目标应该是可感知的，无论是你自己还是别人都可以感知到你的目标，这样才会使你在实现目标的过程中更易于对其进行量化和评估。最后，你设定的目标应该是可行的，但不是必然能够实现的，正如我之前提到的那样，你需要承担失败的风险。

另外，我想一并谈谈RACE理念，即休息（rest）、可量化性（accountability）、连续性（consistency）和效率（efficiency），这一理念可以帮助你实现目标。许多人由于在训练时非常兴奋，往往会训练过度。你需要适当休息，确保身体有足够的适应时间（详见下节）。正如我前面提过的，可量化性是关键。你需要让朋友或训练伙伴了解你的目标，这样你才能监控并评估目标的完成情况。如果那样做会令你感到不适，那么请你至少把你的目标写下来。连续性是训练的另一关键因素。如果你无法坚持训练，你的训练效果就会由于训练停止而大打折扣。最后，确保你的训练效率和时间。我们的生活都很忙碌，因此我们从训练中获益越多，就会变得越好。本书为你提供了一个在健身房训练的快速指南。运用正确的动作姿势进行训练，不仅能让你避免受伤，而且会让你的训练更高效。

适　应

一般适应综合征（general adaptation syndrome，GAS）为体能训练和重量训练提供了基本指导，它被提出并被发表于1950年（Selye, 1950），在今天仍然是一个基本范例。我推荐你阅读原文。GAS由以下3个阶段组成：应激反应阶段、适应调整阶段和过度疲劳阶段。人体倾向于保持体内平衡，会不断抵抗变化、保持静止。每当身体经受新的压力，如长时间骑行或举重，身体就会出现“应激”。“应激”会扰乱自然的体内平衡，使身体离开舒适区。适应调整阶段发生在身体试图通过适应来减轻压力的时候。适应的结果是身体将达到一个新的、更高水平的体内平衡。理想情况下，当你训练时，你会重复第1阶段和第2阶段来不断增强你的力量和提高你的体能水平（图2.1）。

然而，如果你过度训练，你身体的适应能力可能会受到影响。你会进入GAS的第3阶段：过度疲劳阶段。你会发现训练可以让压力和恢复达到完美的平衡。我喜欢用在篝火旁烤棉花糖的比喻。我从我的好朋友、Skratch Labs创始人艾伦・利姆（Allen Lim）博士那里学到了这一点。施加刺激就像加热棉花糖。适量的热量会使棉花糖变得柔软、焦甜可口。施加过多的热量后，好比过度训练后，棉花糖就会开始燃烧、融化（图2.2）。

看看这个模型：应激反应阶段、适应调整阶段和过度疲劳阶段，你可以看到RACE理念的重要性。你需要休息以避免过度训练和疲劳。只有通过定量和持续的训练，你才能适应。务必让自己在两次训练之间进行足够的休息。记住，适应和体能是在你休息和恢复的时候产生的，而不是在你训练的时候。

周期化（图2.3）是另一个与GAS密切相关的关键训练概念。所有的训练都应该基于一个精心设计的、系统的、逐步的方法，包括一个接一个的训练周期或训练模块。这种等级结构在前一次训练的基础上不断建立，同时留给身体适应和调整的时间。一个好

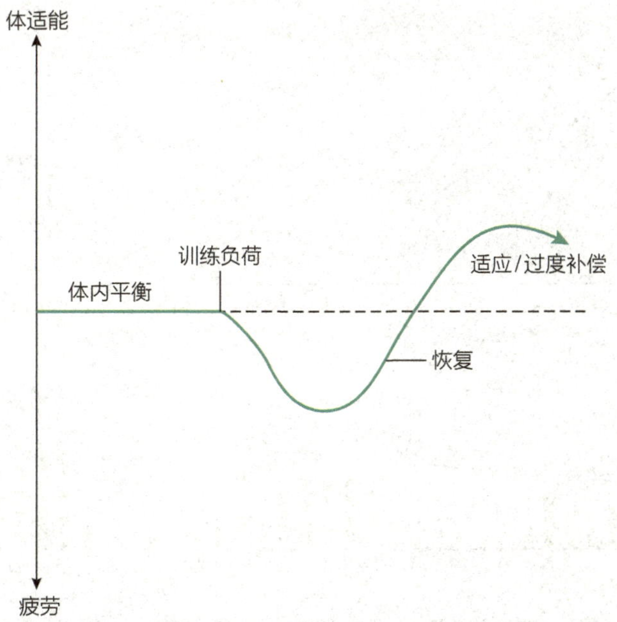

图2.1　一般适应综合征：你的身体最初处于体内平衡状态，应激反应或训练负荷会诱发一定程度的疲劳，你的身体对压力作出反应，首先是恢复，其次是适应或过度补偿

源自：S. Sovndal, *Fitness Cycling* (Champaign, IL: Human Kinetics, 2013), 9.

的周期化计划会使你避免过度训练，并持续提高你的体适能水平。你可以把周期化计划看作训练的蓝图。当你想要获得最佳训练效果时，该计划将帮助你及时朝着特定的目标努力。一个训练模块的时间长短不一，但通常为2~4周。当你利用本书来制定你的各种

图2.2　一般适应综合征：过度疲劳。通过施加适量的热量（训练负荷），你可以得到完美的棉花糖。然而，如果你施加了过多的热量（训练负荷），你可能会过度烘烤、烤坏棉花糖（过度疲劳）

源自：S. Sovndal, *Fitness Cycling* (Champaign, IL: Human Kinetics, 2013), 10. Based on an illustration by Dr. Allen Lim.

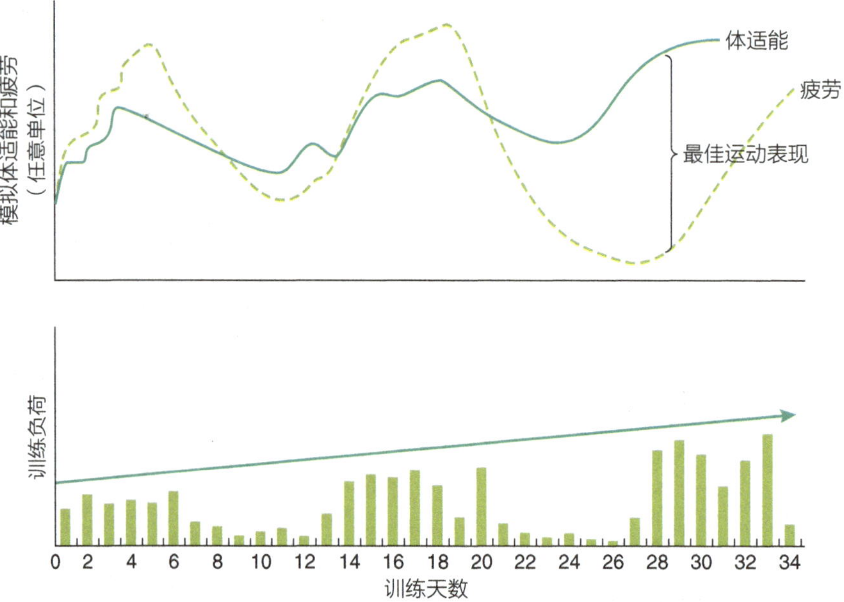

图2.3　周期化：体适能、疲劳、适应和最佳运动表现。按照循序渐进的阶梯方式进行训练，你的运动表现会随着时间的推移而稳步提高。面对训练负荷，你的身体会疲劳，但是恢复后，你会达到更高的体适能水平。这个循环将在你的训练计划中重复，每个训练模块都建立在前一个训练模块的基础上。当你的疲劳最小化，体适能最大化时，你就会达到最佳运动表现

源自：S. Sovndal, *Fitness Cycling* (Champaign, IL: Human Kinetics, 2013), 52.

训练计划时，你应该在每个阶段选择不同的练习，并努力不断地"提醒"你的系统。这是增强你的力量和提高你的体能水平的最好方法。

重量训练的类型

重量训练可以通过各种类型的练习来完成。一个全面的训练计划会囊括所有不同的练习策略。在给定的训练模块内，你可以选择某一特定类型的练习。在接下来的训练模块中改变训练的类型，这样你可以获得最大的适应性。例如，如果第1个模块是循环训练，第2个模块就应该有所不同，如可以是低重量－高重复训练。你可以按照你想要的顺序选择各种类型的训练。然而，请记住，为了避免因举起较重的负荷而受伤，最好由其他训练类型逐渐过渡到高重量－低重复训练法。

成功的关键是实现有效的训练，也就是说，在训练时最大限度地发掘你的潜力。你应该预先制定好自己的训练计划，一个可行的训练计划将会大大提升你在整个训练中的运动表现。设定具体的骑行目标不在本书讨论的范围内。制定训练计划时，请综合考虑以下几种类型的训练方法。

低重量－高重复训练法

这种训练方法将帮助你获得持久的力量，而不会大幅增加你的肌肉体积。这对自行车手很友好，因为你肯定想以最小的重量发挥出最大的力量。（这样你就能以最快的速度在山路上爬坡！）这种类型的训练也有助于增强你的心肺适能和长时间艰苦骑行的能力。在每一组中，你应该重复10~15次。

高重量－低重复训练法

这种训练方法将帮助你增强爆发力和最大力量。无论你需要在陡峭的山道上奋进还是需要向终点冲刺，你的爆发力都会帮助你达到目标。在这种训练方法中，你使用的重量应是你能举起4~8次的最大重量。一般来说，你应该做2~3组练习。虽然这种类型的训练确实能增加肌肉体积，但它在某些时候还是比较适合自行车手的。在这些练习中，你通常需要有人保护你。

循环训练法

这种训练方法需要在不同组之间进行大量的练习，没有太多的休息时间。一般来说，这种类型的训练可以锻炼全身，并且在整个训练过程中你的心率都会保持在一个较高的水平。循环训练法不仅能增强力量，还能改善心肺适能。当你在训练或比赛中处于无氧阈时，这将给你带来好处。

金字塔训练法

在这种类型的训练中，每组的训练重量依次增加（或减少），而重复次数依次减少（或增加）。每次练习你应该做3组。例如，在一个标准的金字塔中，你可以在第1组中重复10次。在第2组中，你将增加重量并重复8次。在第3组中，你将再次增加重量并重复6次。

第1组：23千克×10次重复。

第2组：27千克×8次重复。

第3组：32千克×6次重复。

在倒金字塔训练中，每组都要减轻重量并增加重复次数。

第1组：32千克×6次重复。

第2组：27千克×8次重复。

第3组：23千克×10次重复。

你可以自由尝试，将标准金字塔和倒金字塔训练法都纳入你的训练计划。金字塔训练法通常注重增强爆发力和最大力量。

超级组训练法

这种训练方法由一组包含大量重复次数的训练组成。当你在训练中开始感到疲劳时，你可以减轻重量继续重复。典型的一组训练将重复30~40次。这些训练非常累人，但是有助于你培养持续的爆发力和最大力量。在某种程度上，所有的自行车手都应该在自己的健身房训练中加入这种类型的训练。完成一个周期的超级组训练后，你会惊讶于你在骑行时拥有源源不断的力量。

热身、放松和拉伸

你必须在训练前、训练中和训练后照顾好你的身体。当你到达健身房时，你应该做5~15分钟的有氧热身。这可以在任何有氧器械上进行，如固定式自行车或跑步机。我个人更倾向于使用划船机，因为它能同时锻炼所有的肌肉。本书的每一章都包括对热身活动的简要描述，重点集中在对肌肉的讨论。但是请注意，由于每次训练时你都要锻炼所有的肌群，所以你需要以一种可以涉及全身的方式来热身。

当你心跳加速，感觉肌肉血液流动良好时，你应该用10~15分钟来做拉伸运动。过去的拉伸运动通常简单直接，你的教练会让你做各种练习，在开始训练前静态拉伸每块肌肉。然而，与我年轻的时候比，拉伸方式已经发生了很大的变化，但是，关于拉伸的好处现在仍有争议（Behm et al., 2016）。不要让不同的声音干扰你的热身活动。以下简单的定义是你制定一个好的拉伸计划所需要的。

静态拉伸（SS）：保持一个固定位置拉伸一段时间，通常为30~40秒。

动态拉伸（DS）：反复做一系列运动，通常为10~15次。

本体感觉神经肌肉促进法（PNF）：在被动拉伸的放松过程中，进行一系列收缩和放松。这通常需由教练或搭档协助你完成。

据调查，根据具体情况将这些拉伸技术进行不同的组合非常有益。例如，在康复过程中，拉伸方式可能与比赛前的拉伸方式不同。我一般建议在训练前先做一段时间的静态拉伸，然后再做动态拉伸。你应该保持每一个静态姿势至少30秒，并且记住拉伸时不要震动。静态拉伸后的动态拉伸能够充分调动肌肉。这将有助于提升你的运动表现。在训练的过程中，如果你感到肌肉抽筋或者疼痛，你应该用一些时间来评估一下情况。如果不适持续存在，应立刻停止训练，用一些时间拉伸有问题的部位。一旦完成训练，你应该再次拉伸。这将增大你从刚刚完成的重量训练中获得的益处。

制定一份训练计划

力量、柔韧性和心肺适能对骑行而言至关重要。当这三者都得到优化时，你自然身强体壮，所以你需要平衡你的整个训练计划，以实现最佳的训练效果。去健身房应该是你整个训练计划中不可或缺的一部分，它可以帮助你增强体能。科学研究表明，力量训练可以增强耐力（Vikmoen et al., 2016; Yamamoto et al., 2010）。对你来说，仅仅骑行几英里（1英里≈1609.34米）是不够的。如果你真的想发掘你的潜力，你还需要制定重量训练计划。抗阻训练可以增强肌肉的力量，有助于血液流动和氧气输送。所有这些都将帮助你在骑行中获得好成绩。

为了在自行车运动的非赛季增强力量，你应该每周进行3次重量训练。在非赛季训练中，每次要进行2~3组训练。在赛季中，你应该争取每周进行1~2次抗阻训练。将抗阻训练分为3个阶段是比较合理的。

1. 过渡阶段：从低重量和减少训练负荷开始，让你的身体有时间适应重量训练。你的韧带、关节和肌肉需要时间来适应严格的重量训练。这个阶段需要在健身房持续2~3周。
2. 建立阶段：建立阶段是你在健身房努力练习的阶段。这一阶段重复训练的次数减少，而重量增加。这样可以增强你的最大力量和爆发力。这个阶段一般持续2~3周。建立阶段之后，你将再次进入为期1~2周的过渡阶段，然后再一次开始新一轮的训练。

3. 维持阶段：当你处于赛季中时，你将在骑行上花费更多的时间，目的是维持你在完成建立阶段后的水平。

本书不包含制定完整的重量训练计划的内容，只会向你展示适当的重量训练及正确的举重技巧。每一章都包含了各种各样的练习，当你训练时，你可以从每一章中选择不同的练习。为了帮助你充分利用你在健身房训练的时间，你应该遵循以下关于训练的一般规则。

- 锻炼你身体的每一个部位。正如我前面所提到的，只注重腿部和臀部的训练无法帮助你保持身体的稳定，并且可能会令你受伤。为了达到最佳运动表现，你的整个身体必须处于平衡状态。你应该制定一份训练计划，这份计划应包含本书每一章的练习。这将有助于确保你的计划可以训练到所有参与骑行的肌肉。你会发现不同的练习强调了不同的东西，如柔韧性、次要肌肉、主要肌肉或稳定性。对你身体的每一个部位（手臂、躯干、背部、臀部、腿部），你应该在每个训练阶段选择一些相应的练习。另外，我建议你每次去健身房训练的时候都要训练多个身体部位，这与单纯的健身计划不同。那些健身计划通常只训练身体的某些部位，并且要求训练者每周去健身房5~6次。作为一名自行车手，你需要持续进行心肺训练。因此，你每周应进行不超过3天的抗阻训练。其他的时间都应该用在骑行上！

- 请记住，连续性是成功的关键。尝试制定一个训练计划并坚持下去。力量和体能都是建立在你之前的运动表现和训练的基础上的。每周做2~3次力量训练会增强你的力量和提高你的体适能水平。如果你的时间有限，试着每周至少安排1天去健身房，以保持之前的运动表现。停训是你最大的敌人之一。如果你连续几周不去健身房，你之前的训练效果就会丢失。不幸的是，发生损失的速度远比获得收益的速度快得多，所以如果你不坚持去健身房，你会感觉自己很难进步。

- 改变你的训练计划。每2~4周，你就应该制定一个新的训练计划，以保证你的身体处于应激状态。适应性是关键因素。你的身体通过适应来增强力量并提高体适能水平［详见《自行车运动训练指南》（*Fitness Cycling*）（Sovndal, 2013）］。适应性是指你的身体面对特定应激的反应。你的任务是要让你的身体对你的训练感到惊讶，这样你就能获得最强的适应能力。本书提供了许多练习，因此你有很多选择来保持训练的新鲜感。

- 根据你的训练计划随机应变。显然，当你去健身房的时候，你不可能做书中的每一项练习。（那样会花费很多时间，而且很可能会受伤！）在每个训练模块中，你应该从每一章中选择1组可以锻炼全身的练习。你也可以尝试使用自由重量、器械和瑞士球的组合。采取各种各样的训练方法，不仅可以保持身体处于应激状态，还不会降低你去健身房的兴趣。在可操作的情况下，你也可以单独锻炼一侧的手臂或腿，这将暴露你的弱侧，使其不会被强侧掩盖。

- 模仿你的骑行姿势。当你做重量训练时，你可以试着模仿自己骑行时的姿势。例如，你在做提踵运动时，双脚的位置要和你的骑行鞋与踏板相互接触时的位置一致。这样你就可以把你获得的训练益处直接应用到你接下来的骑行中。但是，切记不要走极端。时刻谨记，训练全身的力量可以帮助你保护关节、防止受伤。
- 想象你正在骑行。在健身房练习举重时，你可以通过思考与骑行相关的场景来加强训练。例如，当你下蹲时，你可以想象自己正在冲刺；当你举起杠铃努力直起身子时，你可以想象通过踩踏板向下推动曲柄；当你做最后一次重复练习时，你可以想象看到自己在终点线上击败了你的竞争对手！每次练习都包含一个自行车运动的重点部分，表明每次练习都与你骑行的姿势有关。然而，你不应该把自己局限在自行车运动的重点部分。如果你让自己自由地感受或想象其他适用的骑行姿势和情况，你的训练效果将得到进一步加强。不要低估可视化的价值。大多数职业自行车手在他们的训练方案中都频繁运用了可视化。

关于训练的方法和类型，你有大量信息可寻。但是我尝试教给你一个简洁明了的方法和一些基础知识，来帮助你开始你的训练。当你去健身房的时候，记住这个基本原则。带着专注的理念以最大限度地实现训练效果。同时，不要羞于尝试新的训练方法或类型。RACE理念是重中之重。持之以恒，全情投入，你会发现你的身体随着逐渐适应训练负荷变得越来越强壮，你的速度变得越来越快。

第3章

臂部

当你骑行时，你的双臂在身体与自行车的5个接触点中占了2个接触点，并在你踩踏板时作为稳定身体的基础和平台。自行车手都知道，双臂能够在骑行时控制自行车的方向和机动性，然而，上半身对骑行运动表现的作用往往被忽视了。

上肢强壮有力大有裨益。请想象你在骑行时，双腿用力蹬踏板，双臂由于没有力量而导致自行车左摇右晃，最后你从自行车上跌了下来。你的双臂在冲刺时也能发挥关键的作用。在自行车比赛的冲刺阶段，你会不由自主地注意到自行车手手臂肌肉的紧绷和扭曲。即使你在平地上骑行，你的双臂也会帮助你稳定身体的其他部位。双臂把自行车同你的肩膀连接起来，再依次稳定你的胸部、背部和躯干。同样，每个身体部位对骑行都有贡献。当你完成本书中的练习时，请你使用骑行的动作要领，想一想训练过程与骑行运动表现之间的联系。

骨骼解剖

肱骨是上臂唯一的一块骨头。肱骨上端（靠近起点）与关节盂形成肩关节，第4章将详细讨论它。肱骨下端（远离起点）形成肘关节的上半部分。下臂（前臂）由两块骨头组成，称为桡骨和尺骨。桡骨、尺骨上端与肱骨下端结合在一起形成肘关节。当你弯曲手臂时，你感觉到的肘关节的圆点就是尺骨鹰嘴。肘关节作为一个简单的滑车关节，可以屈曲和伸展。屈曲使肘关节的角度减小，从而使你的前臂向上臂内侧靠近。伸展使肘关节的角度增大，从而使你伸直手臂。前臂也可以旋前和旋后。旋后使手掌朝上（就像你端着一碗汤时一样），旋前使手掌朝下（就像你俯身跪拜时一样）。桡骨与手骨相连，形成复杂的腕关节。手部的骨头包括手舟骨、月骨、三角骨、豌豆骨、大多角骨、小多角骨和钩骨等。最后，还有掌骨和指骨。

肱二头肌

肱二头肌（图3.1）由两个头组成。长头起于肩胛骨盂上结节，短头起于肩胛骨喙突。长、短二头于肱骨中部会合为肱二头肌肌腱和腱膜（连接肌肉和骨骼的纤维膜）。肱二头肌肌腱刚好止于肘关节下方，位于桡骨（内侧）部位的粗隆上。肱二头肌激活后可使肘关节屈曲（弯曲）。由于它所处的位置，肱二头肌也能够使前臂旋后（旋转前臂使手掌朝上）。

除了肱二头肌，肘关节还有另外两个屈肌。肱肌起于肱骨前面下半部分，穿过肘关节止于尺骨近侧端。当肱二头肌拉起桡骨时，肱肌拉起尺骨，它们共同作用使肘关节弯曲。肱桡肌起于肱骨的下（外）侧部位，向下延伸至整个前臂，并止于桡骨靠近腕关节的地方。

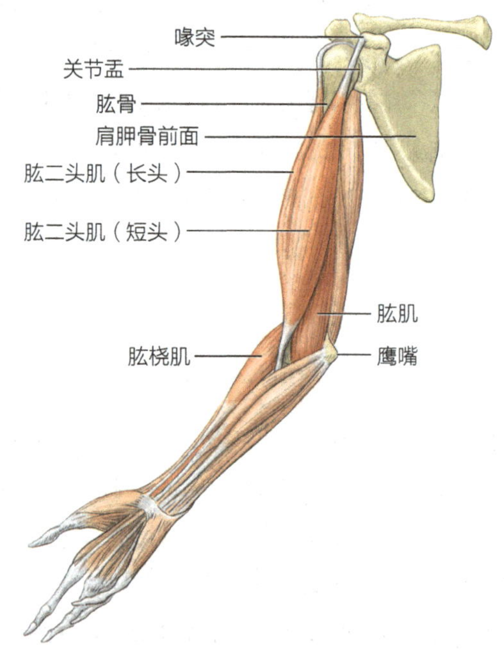

图3.1 肱二头肌、肱肌和肱桡肌

因为很难看见喙肱肌，所以它经常被忽视。它的主要作用是使肱骨内收。使肢体靠近核心肌群或矢状面的动作即为内收（记住，你是通过拉近肢体来“增强”核心肌力）。和肱二头肌短头一样，喙肱肌起于肩胛骨喙突，止于肱骨内侧缘的中点。

肱三头肌

肱三头肌，顾名思义，就是由3个头组成：长头、内侧头和外侧头（图3.2）。长头起自肩胛骨盂下结节。内侧头的起点最为广泛，沿着肱骨的中间和后方分布。外侧头起自肱骨后面桡神经外上方。这3个肌群融合在一起，形成了附着于尺骨鹰嘴的肱三头肌。3块肌肉（肱二头肌、肱肌和肱桡肌）共同作用使肘关节弯曲，但是肱三头肌只负责肘关节的伸展（伸直手臂）。如果骨折导致尺骨鹰嘴移位，那么肱三头肌就找不到支点来伸直肘关节。不幸的是，这个部位经常断裂，因为当一个人摔倒时，他会使用肘关节来支撑身体，尺骨鹰嘴是第一个与地面接触的点。它一旦受伤，就可能需要手术来促进其完全恢复。

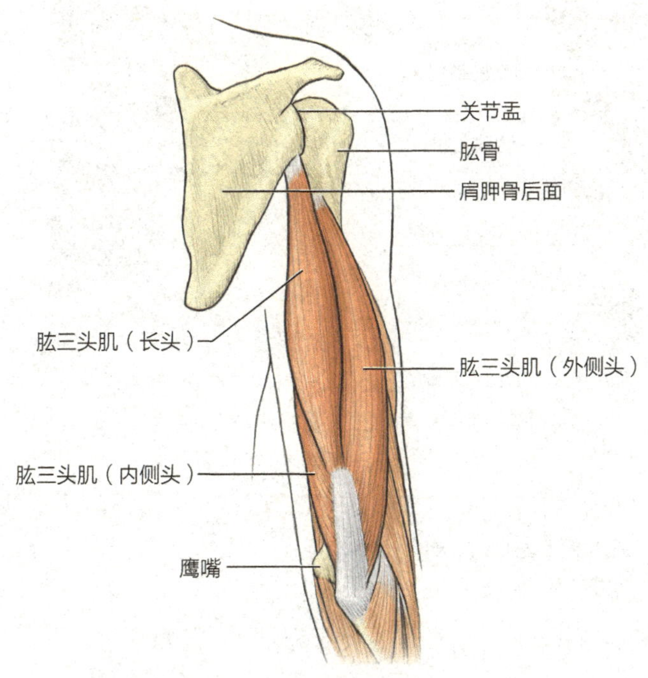

图3.2 肱三头肌

前　臂

前臂是解剖学上一个极其复杂的部位。因为手腕、手掌和手指可以做太多的动作，一系列复杂的肌肉挤进了这个很小的身体部位。为了更简单易懂，这些肌肉可分为位于前臂手掌侧的屈肌群和位于前臂背侧的伸肌群（图3.3）。除了手腕和手指的动作外，前臂的两块骨头也可以像前面讨论的那样旋转。旋后肌和肱二头肌帮助前臂旋后，使掌心朝上。旋前方肌和旋前圆肌帮助前臂旋前，使掌心朝下。手腕和手指的其他肌肉可以分为以下几种。

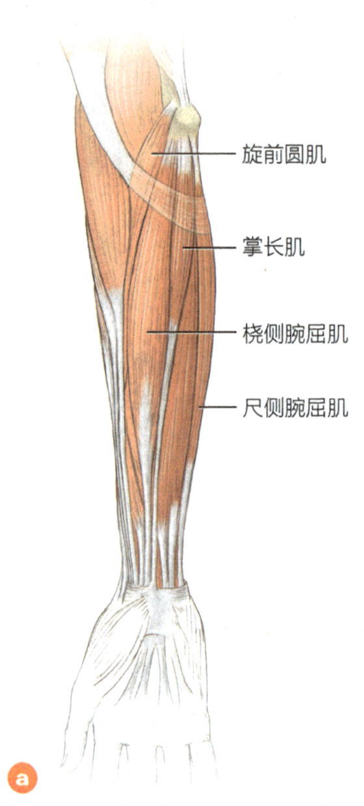

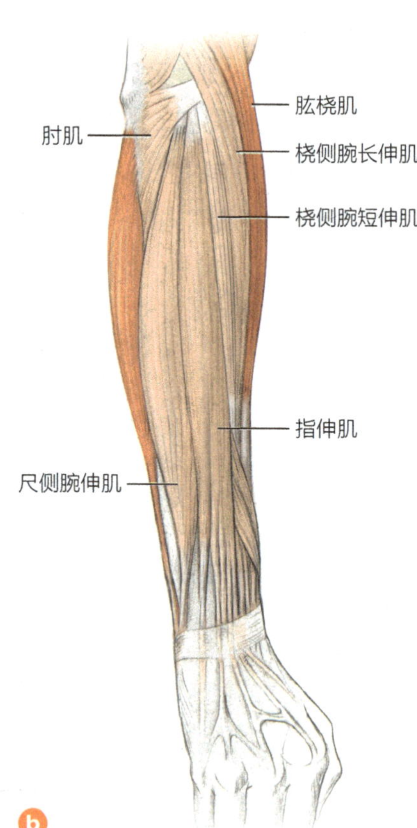

图3.3　前臂肌肉：a. 屈肌；b. 伸肌

腕屈肌：桡侧腕屈肌、掌长肌、尺侧腕屈肌。

手指屈肌：指浅屈肌、指深屈肌、拇长屈肌。

腕伸肌：桡侧腕长伸肌、桡侧腕短伸肌、尺侧腕伸肌。

手指伸肌：指伸肌、小指伸肌、示指伸肌、拇长伸肌、拇短伸肌。

热身和拉伸

在你开始举重训练前，至少要用10~15分钟热身。确保训练重点聚焦在你的上肢。使用带活动手柄的椭圆机或划船机可以有效地促进血液流向你的手臂。你也可以尝试俯卧撑（膝关节碰到地面）、单杠悬挂和手臂旋转。正式开始举重前，你还应该做简单的肱二头肌、肱三头肌和前臂的拉伸运动。如果有木棒或扫帚柄，你可以把它放在你的肩膀上，然后让身体左右旋转。你也可以用头部做一个8字形的动作来放松和拉伸你的肩部和颈部。

直立杠铃弯举

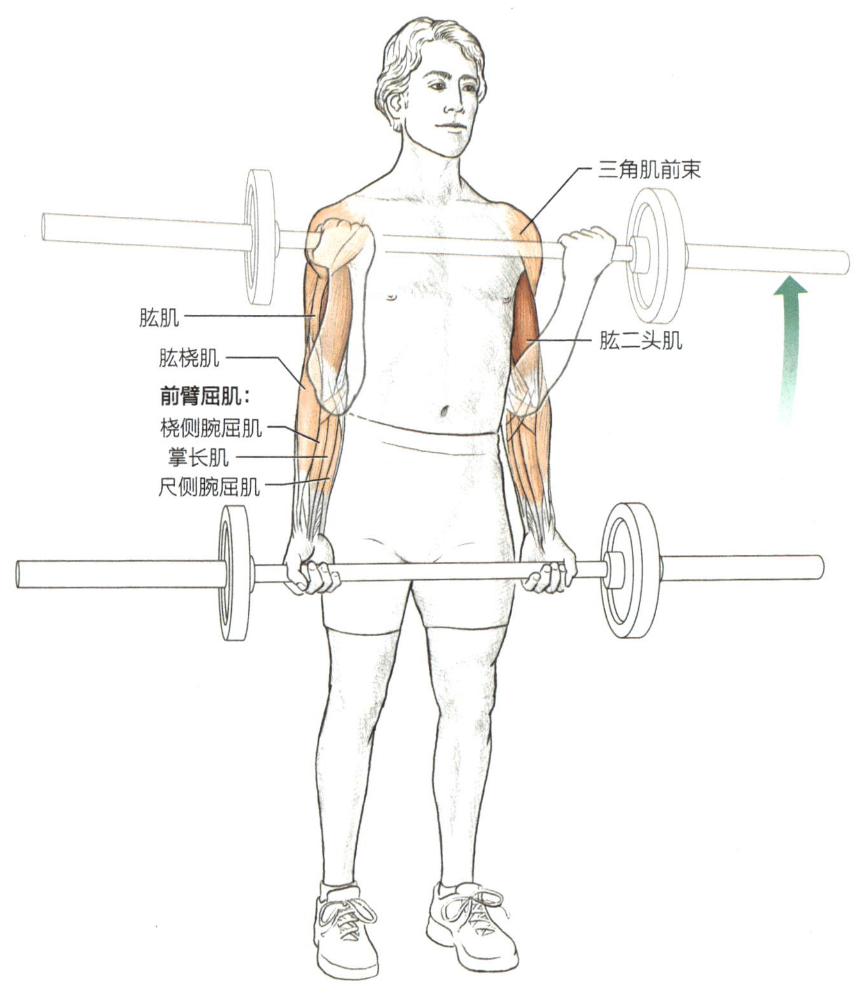

动作分解

1. 双脚分开与肩同宽，膝关节微微弯曲。双臂向下伸展，抓杠间距与肩同宽，反握杠铃。
2. 保持肘关节紧贴身体两侧，弯举杠铃至肩部。手臂绕肘关节旋转，注意肘关节不要向外移动。
3. 放下杠铃，直到你的手臂再次处于伸展状态。

安全提示 训练时保持背部直立不动。不要通过扭动身体来举起杠铃。这样会导致你的背部受伤，还会影响对手臂肌肉的单独训练。

涉及的肌肉

主要肌肉：肱二头肌。

次要肌肉：肱肌、肱桡肌、三角肌前束、前臂屈肌（桡侧腕屈肌、掌长肌、尺侧腕屈肌）。

骑行动作要领

一旦你开始骑行，并且起身离开车座，你就会不由自主地感受到双臂带给你的支撑和力量。每次蹬踩踏板，你会感觉到双臂在使自行车保持稳定，使其自然地从一侧转移到另一侧。肱二头肌的力量有助于平衡腿部的力量。如果你质疑手臂对骑行的作用，你可以试着在山路爬坡骑行的时候把一只手从车把上拿开（注意避免撞车！）。当你做直立杠铃弯举动作时，你可以想象自己在上拉车把，双腿用力踩下踏板，双臂的间距和车把同宽，模仿骑行姿势。为了更好地单独锻炼肱二头肌，你应该在每次重复动作时避免摇晃身体。你可以试着站在稳定盘上来锻炼你的下肢。稳定盘可以训练下肢和身体所有较小的稳定肌。这将有助于你在疲劳时保持骑行状态。

变式

器械弯举

如果你不适应自由重量训练，那么健身器械将助你一臂之力。抓住器械的手柄，将手臂的后部牢牢地放在垫子上。调整座椅高度，这样你的手臂可以轻松地放在垫子上，同时背部保持直立。屈曲肘关节，抓紧手柄并使其向你的肩部靠拢，然后回到初始位置。健身房中的一些器械还可以帮助你一次只锻炼一侧手臂。

哑铃弯举

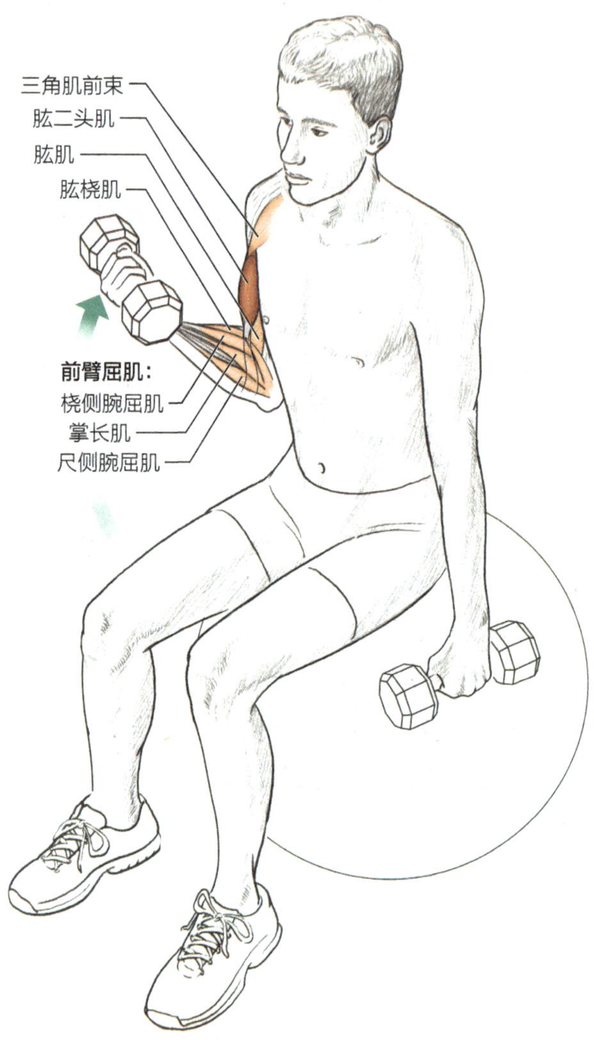

动作分解

1. 坐在瑞士球或长凳上，双手各握住一只哑铃。双臂伸直，正握杠铃。
2. 举起一只哑铃，举到同侧的肩膀位置（手掌朝上）。
3. 放下哑铃，让手臂回到伸展状态，然后在另一侧重复这个动作。

涉及的肌肉

主要肌肉： 肱二头肌。

次要肌肉： 肱肌、肱桡肌、三角肌前束、前臂屈肌（桡侧腕屈肌、掌长肌、尺侧腕屈肌）。

骑行动作要领

自行车手在冲刺时会产生最大的力量。这时，为了在控制方向的同时爆发出最大的力量，自行车手必须向车把施加一个强大的作用力。哑铃弯举练习有助于训练冲刺时用于拉起车把的肌肉。随着每一次交替哑铃弯举，你可以联想一下类似的动作，有节奏地将把手从一侧向另一侧的上方拉。在做哑铃弯举动作的时候，你也应该专注于抓紧哑铃。这将有助于训练你的前臂屈肌，增强你骑行时的握力。

变式

单臂哑铃弯举

坐在长凳或瑞士球的边缘。将手臂的后部靠在大腿内侧。一只手握着哑铃，肘关节做伸展运动。随后将哑铃弯举到肩膀位置，再慢慢回到起始位置。训练时保持身体不动。这项练习有助于锻炼肱肌。

高位绳索抗阻弯举

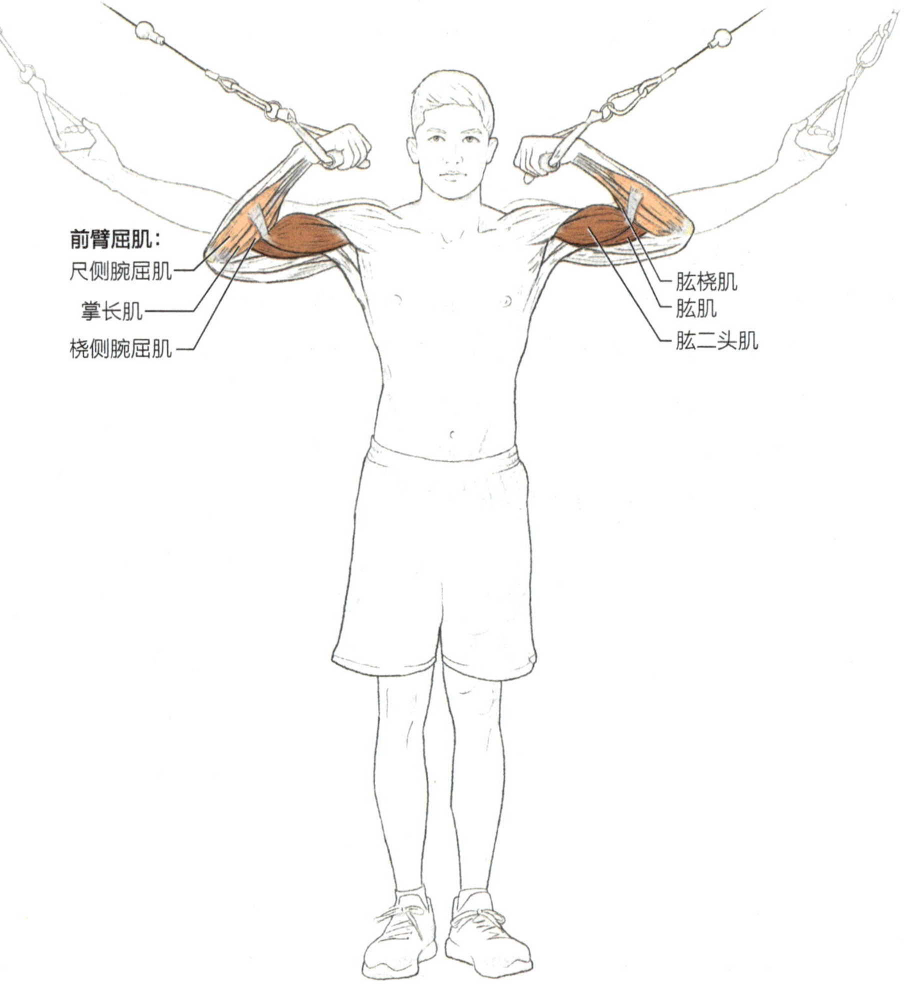

动作分解

1. 站在两个滑轮之间，双手向外伸展，身体呈十字姿势。握住手柄，并保持手掌朝上。
2. 慢慢弯曲你的手肘，将滑轮手柄朝向你的太阳穴拉动。
3. 回到起始位置（双臂伸展，身体呈十字姿势）。

涉及的肌肉

主要肌肉：肱二头肌、肱肌。

次要肌肉：肱桡肌、前臂屈肌（桡侧腕屈肌、掌长肌、尺侧腕屈肌）。

骑行动作要领

我永远记得1989年环法自行车赛中格雷格·莱蒙德（Greg LeMond）在最后冲刺阶段击败了肖恩·凯利（Sean Kelly）。如果你看过这一事件的照片，你不仅会注意到格雷格·莱蒙德兴高采烈的神情，还会注意到他发达的肱二头肌。正如前文所述，最大限度地提升骑行的运动表现需要你的全身发力。车把上的拉力可能是巨大的，高位绳索抗阻弯举练习将有助于增强肱二头肌的力量。在做高位绳索抗阻弯举动作时，请想象这个场景，你慢慢地把重量集中在肩膀上，向着终点冲刺。随着每一次重复练习，你感觉自己正在接近最后的胜利。记住，正确的训练姿势胜过一切。训练时头部不要向前倾，也不要把双臂向下猛拉来完成重复动作。即使你在骑行时感到疲劳，你也应该保持动作流畅平稳。这同样适用于健身房的举重训练。你需要在整个练习过程中保持良好的控制能力和正确的动作姿势。

变式

弹力带弯举

使用弹力带进行低臂弯举。像跳绳一样握住弹力带两端，用脚踩住其中间部分。肘关节紧贴身体两侧，在胸前做弯举运动。当你外出旅行时，这是一个很好的练习方法，因为弹力带方便携带，并且可用于多种练习。

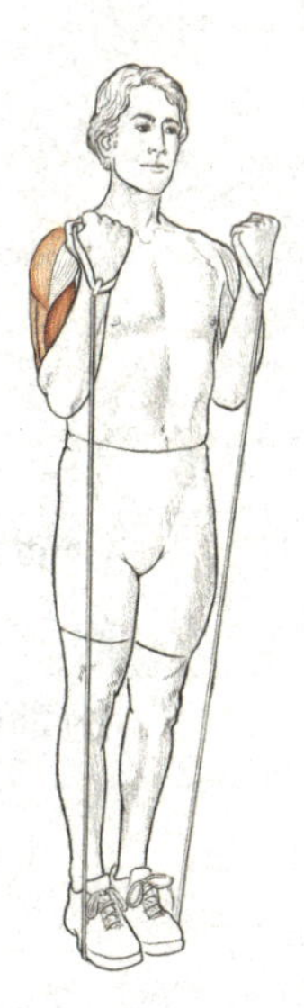

坐姿壶铃臂屈伸

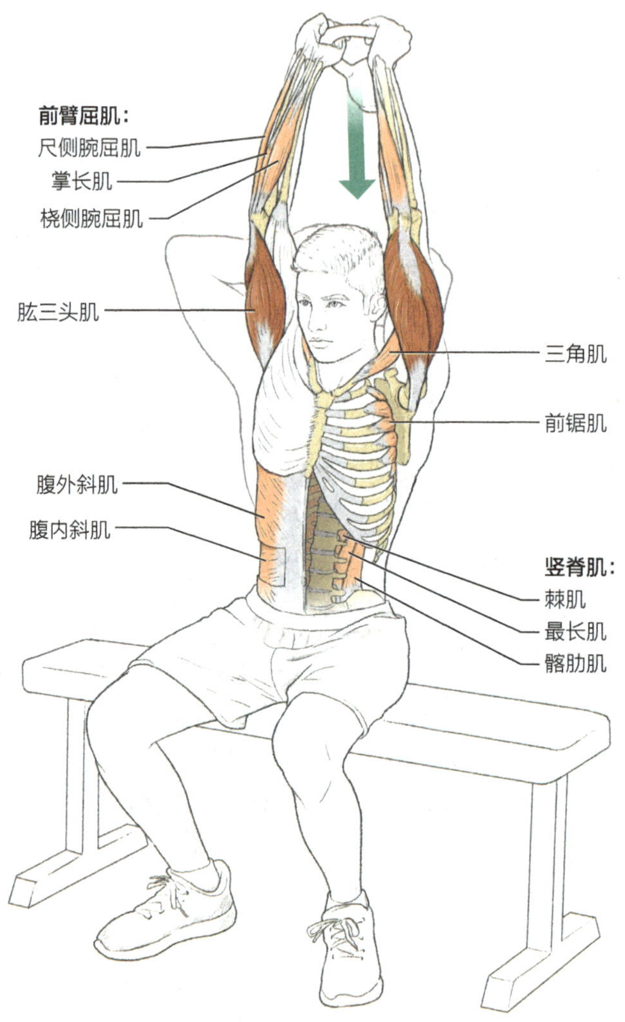

动作分解

1. 背部挺直，双手向上伸过头顶握住壶铃。微微向前伸展腰部，并收紧核心肌群。

2. 慢慢弯曲肘关节，把壶铃放在脑后。小心不要碰到自己。

3. 将你的肘关节伸展到180度（双臂伸直），将壶铃拉回垂直的起始位置。

涉及的肌肉

主要肌肉：肱三头肌。

次要肌肉：三角肌、竖脊肌（髂肋肌、最长肌、棘肌）、前臂屈肌（尺侧腕屈肌、桡侧腕屈肌、掌长肌）、前锯肌、腹内斜肌和腹外斜肌。

骑行动作要领

这项练习可以锻炼你的肱三头肌，同时可以提高你的核心肌群的稳定性。当你的手臂使壶铃上下移动时，你的背部和腹部必须保持平衡以维持你身体的稳定。长途骑行主要是上肢的肱三头肌发力。它会提供力量，令你在整个骑行过程中保持正确的骑行姿势。通过持续的训练，你最终将学有所成。

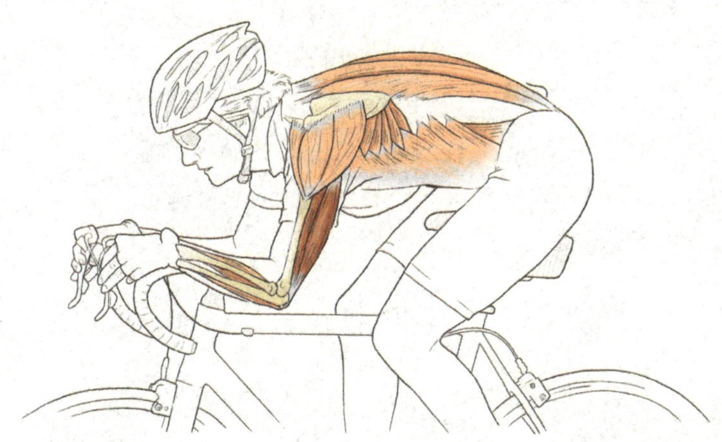

变式

单臂坐姿臂屈伸

以同样的方式进行练习，只是你只能用一只手握一个较轻的壶铃或哑铃。由于重量不对称，这个练习不仅能集中锻炼你的肱三头肌外侧头，还能锻炼你的核心肌群。两侧手臂可以交替进行练习。

肱三头肌下压

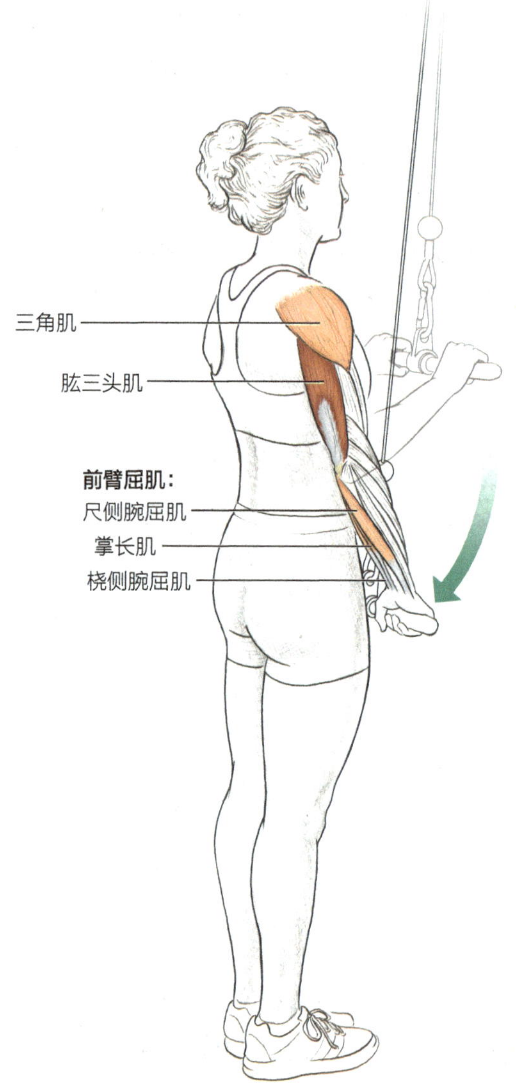

动作分解

1. 面向高位滑轮站立，掌心向下握住直杆，双手间距与肩同宽。
2. 以直杆位于胸前为起始位置，缓慢伸展肘关节，使手部到达大腿根部的前方。
3. 保持肘关节紧贴身体两侧，缓慢回到起始位置。

涉及的肌肉

主要肌肉：肱三头肌。

次要肌肉：三角肌、前臂屈肌（桡侧腕屈肌、掌长肌、尺侧腕屈肌）。

骑行动作要领

公路自行车骑行中最常见的骑行姿势之一就是握住车把的平顶部分（或横把位）。当进行较长时间的训练时，该姿势应该非常舒适。但当你以这个姿势骑行时，肱三头肌会因为身体前倾而持续承受压力。因此，每位自行车手都需要有发达的肱三头肌。肱三头肌下压练习就模拟了这种基本的"手放在横把位"的姿势，以帮助你为接下来的骑行训练做好准备。练习过程中，试着将双手以放在车把上的姿势放在直杆上。在健身房里做几组这样的练习将有助于消除骑行时手臂的疲劳感。记住，必须保持整个肌肉系统的平衡，并且必须保证它能支撑你的骑行姿势。如果肱三头肌无力，肩膀及下背部就会过度代偿，导致疲劳和不适。

变式

肱三头肌绳把手下压

用绳子替代直杆进行这个练习。伸展肘关节并下拉绳子，练习重点放在手腕的内旋处。这会额外增强肱三头肌外侧头。应模拟手握车把的情景进行训练（如前所述）。但是在伸展部分结束时，即当手臂已尽可能伸直时，你应手握绳子末端微向身体两侧拉（使左右两侧的绳子成一条直线）。

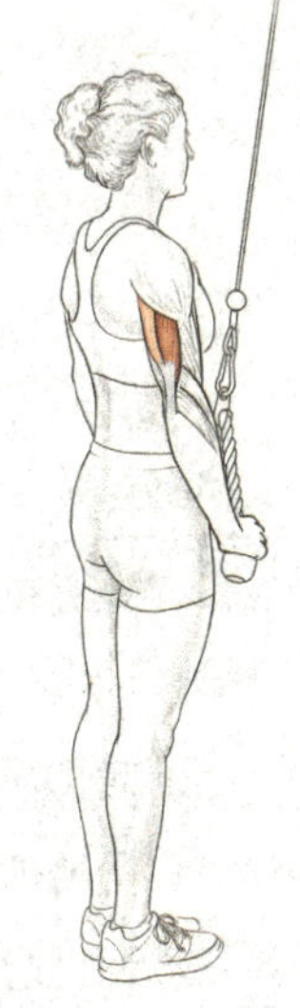

站立式过顶绳索抗阻臂屈伸

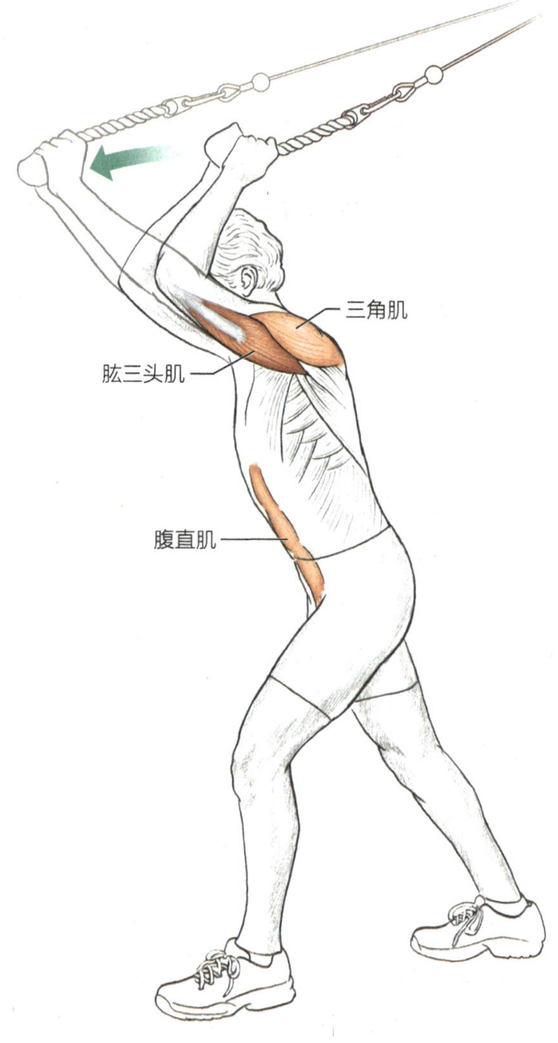

动作分解

1. 在高位滑轮上安装绳把，背向滑轮站立，双手抓住头部上方的绳索。注意此时你的肘关节应保持弯曲，双手应放在头部后方。
2. 腰部向前弯曲呈45度角。双脚一前一后放置以保持身体稳定。
3. 上臂保持不动，只伸展肘关节，向前拉动绳索直到手臂伸直并与地面平行。
4. 回到起始位置，交换前后脚，重复动作。

涉及的肌肉

主要肌肉：肱三头肌。

次要肌肉：三角肌、腹直肌。

骑行动作要领

如前所述，大多数骑行姿势都有赖于肱三头肌的力量。本练习和前一练习骑行动作要领中的两位自行车手的骑行姿势略显不同，但他们都依靠肱三头肌的力量来支撑身体重量。站立式过顶绳索抗阻臂屈伸练习可以使你在后续的骑行训练中轻松一些。当你的骑行姿势恰当时，你的肘关节会微微弯曲。要想在支撑身体重量的同时保持这种弯曲，你需要有发达的肱三头肌。此外，如果你每次蹬脚踏板时，自行车都会左右轻微摇晃，那么你就要靠手臂和肱三头肌的力量来控制并稳定自行车。尽量避免自行车横向摆动会令自行车拥有更好的向前驱动力。这一练习的另一个好处在于，在你辛苦训练后，最终得偿所愿获得奖杯时，你能轻轻松松地将它举过头顶。

变式

仰卧臂屈伸

平躺于长凳上，伸展肘关节，在胸部上方握住杠铃，双手间距略窄于肩宽。上臂（肱骨处）与身体保持垂直，弯曲肘关节，使杠铃落于前额上方处。慢慢伸展肘关节，使杠铃回到起始位置。

杠铃反向弯举

完成姿势

动作分解

1. 手抓杠铃，双手间距与肩同宽，掌心向后。伸展肘关节，将杠铃置于大腿根部前方。

2. 肘关节紧贴身体两侧，屈曲肘关节，抬举杠铃置肩膀处。

3. 使杠铃回到起始位置（肘关节伸展）。

4. 至于前臂附加动作，在重复托举杠铃时，可将腕关节向后弯曲。

涉及的肌肉

主要肌肉：前臂伸肌（桡侧腕长伸肌、尺侧腕伸肌、指伸肌）、肱桡肌。

次要肌肉：肱二头肌、肱肌。

骑行动作要领

自行车手在完成一段下行陡坡后，都会发现手臂异常酸痛。长距离的技巧型下坡可以用于测试前臂及握力的极限。杠铃反向弯举练习能增强握力，提高对车把的控制力。在本练习中，通过手掌向下握住杠铃的方式，自行车手可以模仿骑行姿势。在骑行道路中利用兔跳避开杂物或在崎岖路段中拉起车前轮等动作都需要本练习中训练到的肌肉来发力。当在健身房做该练习时，请想象你要将自行车拉起，以避开道路上的潜在危险。

变式

稳定盘杠铃反向弯举

站在稳定盘上进行本练习会额外增加对身体核心、背部及下肢肌肉的力量训练。本书中涉及的很多练习都可以利用稳定盘进行训练，从而提高训练难度。

哑铃反向弯举

进行该练习时，可使用哑铃替代杠铃。这样可以进一步聚焦于想要锻炼的肌肉，确保左右两侧肌肉的训练效果一致。

手腕伸展

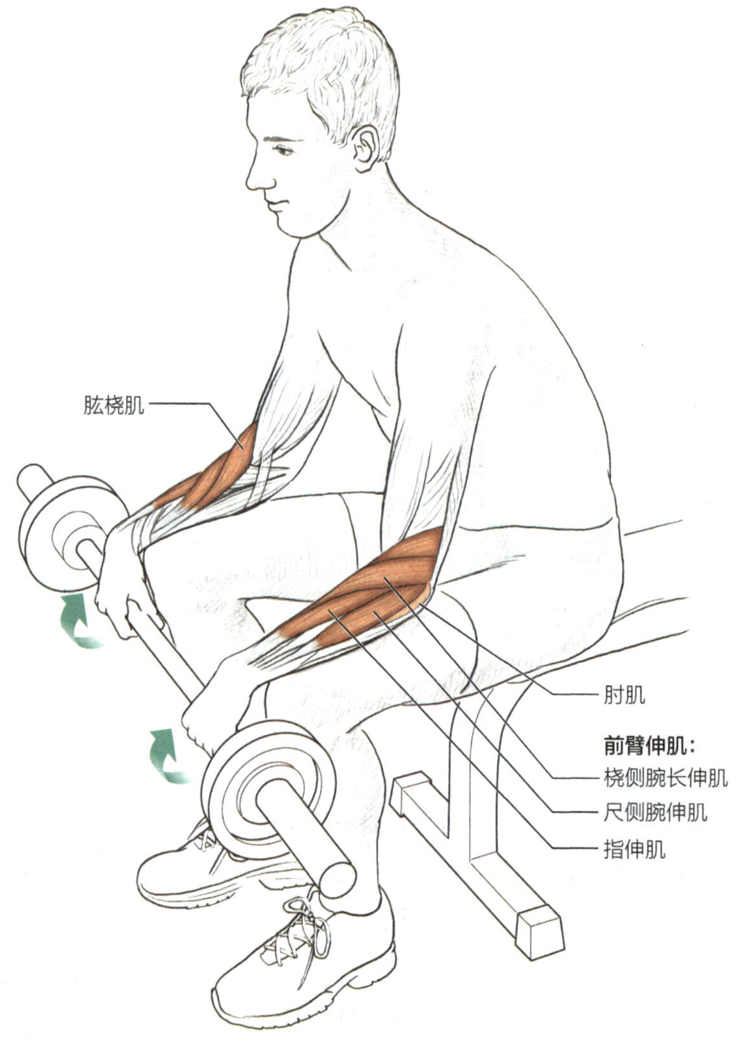

动作分解

1. 坐在长凳上，掌心向下握住杠铃。前臂放于大腿上。
2. 手腕向下弯曲，降低杠铃。
3. 向上伸展腕关节，越过中间的起始位置后尽量将杠铃举高（保持前臂紧贴大腿）。
4. 回到杠铃的最低位置。

涉及的肌肉

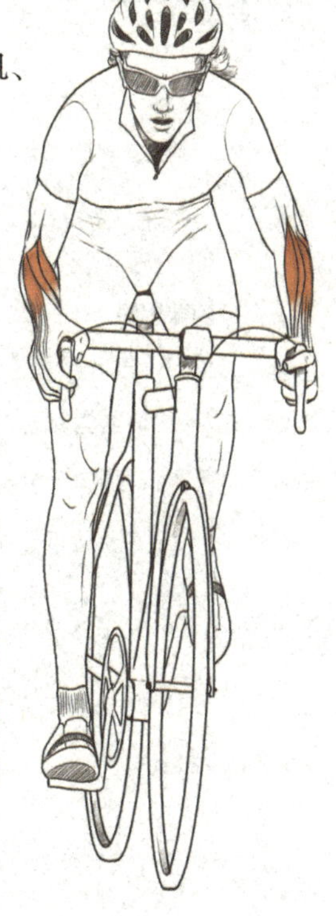

主要肌肉：前臂伸肌（尺侧腕伸肌、指伸肌、桡侧腕短伸肌、桡侧腕长伸肌）、肱桡肌（部分肌肉见图示）。

次要肌肉：手指屈肌（指浅屈肌、指深屈肌、拇长屈肌）、肘肌（部分肌肉见图示）。

骑行动作要领

握力对骑行安全和骑行控制极为重要。你永远无法预知骑行中何时会遇到崎岖路段。自行车手都经历过一些可怕瞬间，例如，因驶上突然出现的坑洼路面或未铺平的路面而几乎松开了车把。请想象自行车手们在著名的巴黎–鲁贝公路赛（Paris-Roubaix）上骑行，一路上他们的前臂肌肉都必须要经历疼痛和疲劳。虽然大多数人永远都无须忍受那样极端的痛苦，但是训练并增强握力及前臂力量可以提高自行车手对自行车的操控能力，减少松开车把的风险。

变式

正握腕关节练习（棍轴晃动）

很多健身房里都有这样一种器械，一根圆棍中间吊着一条绳子或链子，绳子或链子的另一端系着有重量的小圆盘。伸直手臂，保持圆棍在你的前方并与你的肩线保持平行，掌心向下握住圆棍，向下弯曲腕关节使绳子缠绕在圆棍上，将小圆盘举起。该练习会锻炼你的前臂伸肌，并对三角肌有良好的训练效果。感受肌肉“撕裂”的炽热感吧！

手腕弯举

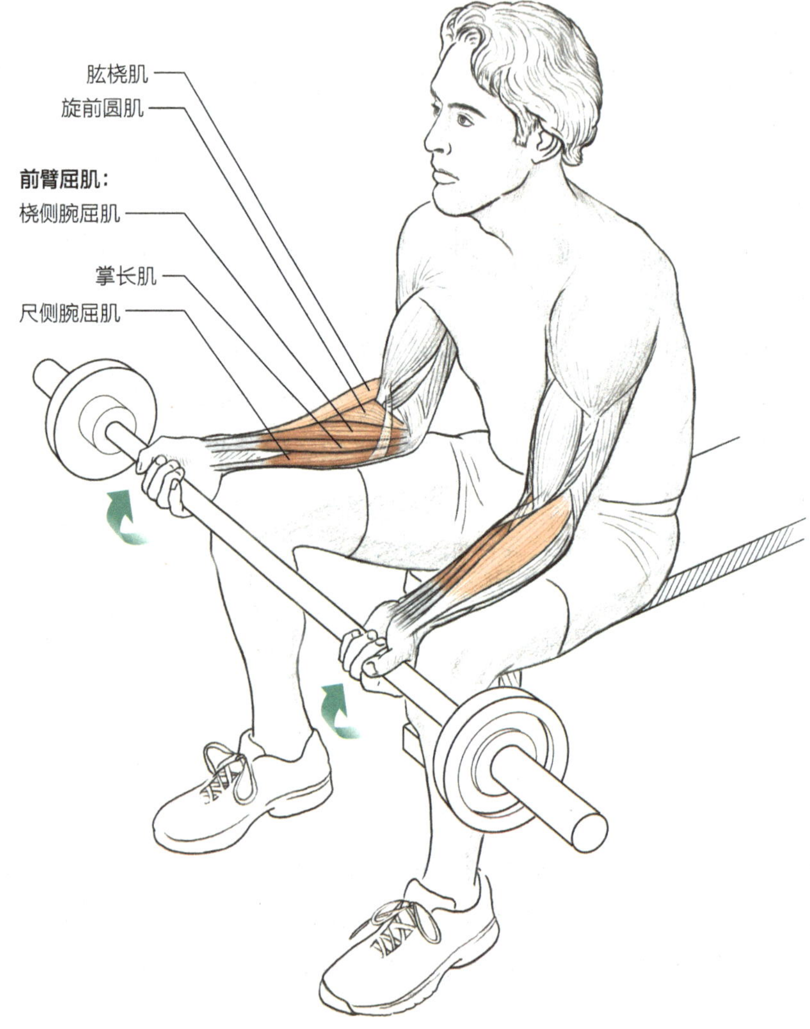

动作分解

1. 坐在长凳上，掌心向上握住杠铃，前臂紧贴大腿。
2. 手腕向下伸展，使杠铃下落。
3. 向上弯曲腕关节，越过中间的起始位置后尽量将杠铃举高（保持前臂紧贴大腿）。

涉及的肌肉

主要肌肉：前臂屈肌（桡侧腕屈肌、掌长肌、尺侧腕屈肌）。

次要肌肉：手指屈肌（指浅屈肌、指深屈肌、拇长屈肌）、肱桡肌、旋前圆肌（部分肌肉见图示）。

骑行动作要领

在冲刺过程中，应该握住下把位，身体呈站骑姿势。每次脚踩踏板时，双手都要使劲向后发力，以抵消腿部产生的扭矩。身体向前倾斜，努力驱动自行车冲向终点。冲刺动作会令全身紧绷，前臂也不例外。手腕弯举练习针对以上肌肉进行训练，可以增强握力和前臂力量。

变式

反握腕关节练习（棍轴晃动）

前面练习中介绍的正握腕关节练习也可以用于加强前臂屈肌。这里的练习与前面描述的掌心向下正好相反，为掌心向上。保持手臂在肘关节处微微弯曲。该练习有利于训练肱二头肌。向上弯曲腕关节，使绳子向上绕过圆棍，举起小圆盘；向下伸展腕关节，解开缠绕在圆棍上的绳子，降下小圆盘。

第4章

肩部和颈部

自行车手在骑行过程中肩部会持续处于紧绷状态。肩部作为连接双臂和身体的主要部位，一直支撑着上半身的重量。无论你骑行时的姿势是站姿、坐姿，还是冲刺姿势，你的肩膀都在与重力做斗争。此外，当你在做高强度运动，如爬坡或冲刺时，你需要用力上拉车把来抵消腿部和臀部驱动踏板的力量。本章重点帮助你训练肩部和颈部，这不仅有利于支撑你的骑行姿势，而且有利于增强你的基础力量。

三角肌是肩部在做爆发性运动时涉及的主要肌肉，下文中的每一项练习重点针对三角肌的不同功能部位进行训练，如三角肌前束、三角肌中束和三角肌后束。同时，本章会提供专项练习，帮助你增强肩袖旋转肌群（包括冈上肌、冈下肌、小圆肌、肩胛下肌等）的力量。许多自行车手经常使用“肩袖”一词，却不完全了解这个肌群在身体运动中所扮演的角色。肩袖在保持肩关节正确排列的同时，又能维持肩关节的稳定，从而使更大的肌群能完成高抗阻运动。肩袖并不像三角肌或斜方肌一样显而易见，所以人们在健身房训练时经常会忽略它。然而，我必须要着重强调肩袖对正确发挥肩部作用、增强肩部力量的重要性。训练时请不要忽视这个肌群。拥有强健有力和充满弹性的肩袖可以让你在运动中免遭疼痛和受伤。

在骑行过程中，自行车手的颈部也起着重要的作用。无论你在骑行中的握把姿势是上把位、下把位，还是横把位，你的颈部在大多数时间里都保持着向前伸的姿势。这种姿势会使你的夹肌和颈部其他伸肌处于紧绷状态。本章的末尾会提供相关练习，帮助你增强相关肌群的力量。如前所述，你需要通过各种练习来保持身体各部位的对称和平衡。为了保护你的脊柱，本章提供了一系列练习，帮助你增强颈部的主要屈肌，也就是胸锁乳突肌的力量。

我在之前的工作中遇到的许多自行车手都有颈部问题。他们颈部受伤的原因复杂多样，但主要有两个罪魁祸首，一个是过度训练，另一个是骑行姿势不正确。你需要逐步推进你的训练计划。当你准备增加骑行的运动量时，你一定要把身体充分恢复的时间计算在内，给身体足够的调整时间。记住前面提到的RACE理念，也就是休息、可量化性、连续性和效率。当你运动后身体得到休息并恢复时，你的力量才会增强。颈部疼痛和颈部问题会影响你的运动表现，所以最好的方式就是避免颈部受伤。花点儿时间去健身房训练，增强你的颈部力量，你就能更好地为接下来的训练中颈部的持续紧绷做好准备。

你的肩部和颈部在整个骑行过程中都会承受压力，所以保持正确的骑行姿势至关重要。在第1章中我们讨论过，你要确保有一辆适合自己的自行车。如果你在骑行过程中身体前倾太多或者车把太低，你都容易感到疲惫或者有可能意外受伤。当选择自行车时，你总要在舒适度和性能（或空气动力学）之间进行权衡，选择更满意的那辆。在你开始训练之前，花点儿时间调整你的姿势。如果你特别想寻得一辆最适合自己的自行车，光顾当地的自行车零售店或自行车俱乐部或许是不错的选择。不过，一辆专业的自行车往往价值不菲。此外，《自行车运动训练指南》（*Fitness Cycling*）（Sovndal, 2013）一书的第14章介绍了如何选择一辆适合自己的自行车。

即使你训练得当、状态满分，自行车运动的本质特性最终也会使你的肩部和颈部趋于紧绷状态。身体前倾、抬头的姿势会逐渐导致你的肩部和颈部肌肉系统不平衡。骑行数年之后，你的颈椎曲度会增加，椎间隙会慢慢变窄。为了够到车把，你要伸出双臂，同时你的胸椎会向前弯曲，肩胛骨将会向前、向下旋转。这就会使你用于稳定肩关节的肌肉变得紧绷。因此，你在训练和骑行中，必须努力应对这些变化。当然，你也可以在日常训练中及时纠正这些问题，这样小问题就不会积少成多，变成大麻烦。

本章不仅可以帮助你训练主要肌肉，而且可以帮助你有效应对上述不良变化，平衡肌肉力量。

肩关节

肩关节属球窝关节，由肱骨近侧端和肩胛骨关节盂构成。肩关节可以进行范围很大的活动，主要涉及6个运动（图4.1）。

前屈：手臂朝前上方摆动。

后伸：手臂朝后上方摆动。

内收：手臂朝身体内侧摆动。

外展：手臂朝身体外侧摆动。

内旋：上臂（肱骨）朝身体内侧旋转。

外旋：上臂（肱骨）朝身体外侧旋转。

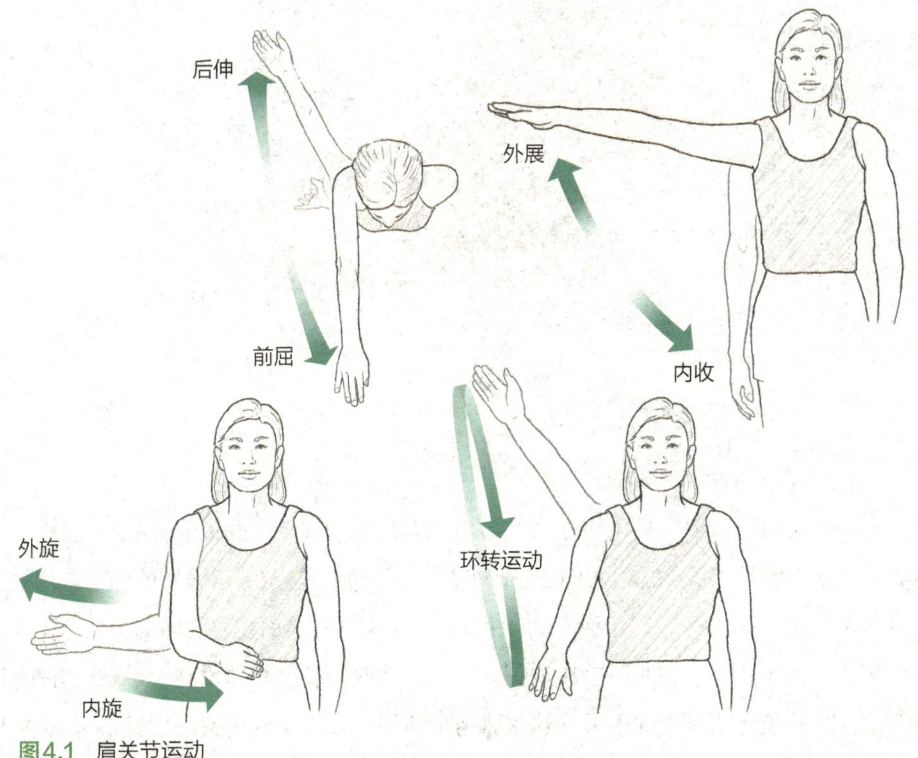

图4.1　肩关节运动

灵活性高往往意味着受伤的可能性也很高。关节的活动范围越大，固定支撑就越少，因此有一个强壮健康的肩关节非常重要。

三角肌

正如我们前面提到的，肩关节可以进行大范围的活动。三角肌作为肩关节运动的主要参与者，高度发达。三块三角肌（前束、中束、后束）（图4.2）的头部结合成一根肌腱，附着于肱骨。三角肌前束起于锁骨，主要负责肩部屈曲。三角肌中束附着在肩峰并负责手臂外展。三角肌后束起于肩胛骨，负责肩部伸展。尽管三块肌肉的功能有交叉，本章仍会提供针对性练习，帮助你增强每块三角肌的力量。

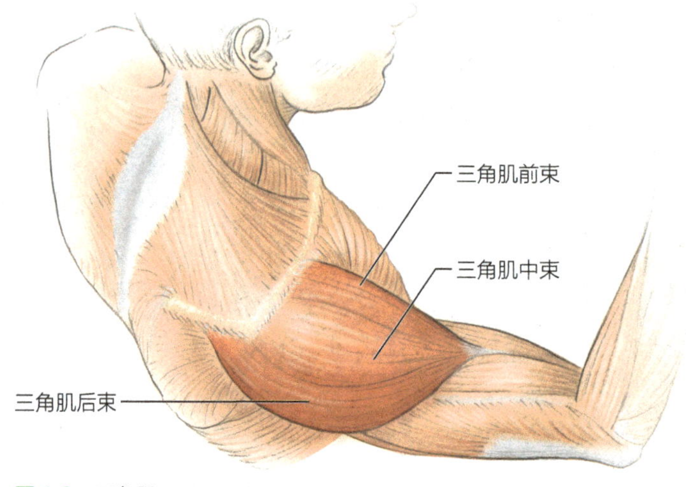

图4.2　三角肌

肩　袖

肩袖，又叫旋转袖，是包绕在肩关节周围起稳定和保护作用的一个肌群（图4.3）。尽管这些肌肉的体积很小，但它们在正确发挥肩部功能上起着非常重要的作用。肩袖由四块肌肉组成，全部附着于肩胛骨。肩胛下肌位于肩胛骨前面，该肌肉的主要作用是使手臂内旋。冈下肌和小圆肌附着在肩胛骨后面。这两块肌肉的作用是使手臂向外旋转。最后，冈上肌位于肩胛骨的上方。这块肌肉可使肩部外展（将手臂抬离身体），也可使肩部外旋。

颈部肌肉组织

颈部是脊柱的一个高度活动且相当脆弱的部分。许多肌肉和韧带一起引发了这种高度活动，同时为脊柱提供足够的支撑和稳定。在本书中，我们集中讨论主要的运动肌肉。头夹肌（图4.3）和颈夹肌使颈部伸展，它们沿着上脊柱向上延伸，并连接着颅底。斜方肌（见第6章）、肩胛提肌和胸锁乳突肌的后部共同帮助夹肌伸展颈部。充分训练这些肌肉对你的健康骑行至关重要。

胸锁乳突肌分为胸骨头和锁骨头，主要负责颈部的前屈和侧屈。顾名思义，这种肌肉与胸骨、锁骨和颞骨乳突相连。长时间骑行会过度使用夹肌，你可能会发现自己的胸

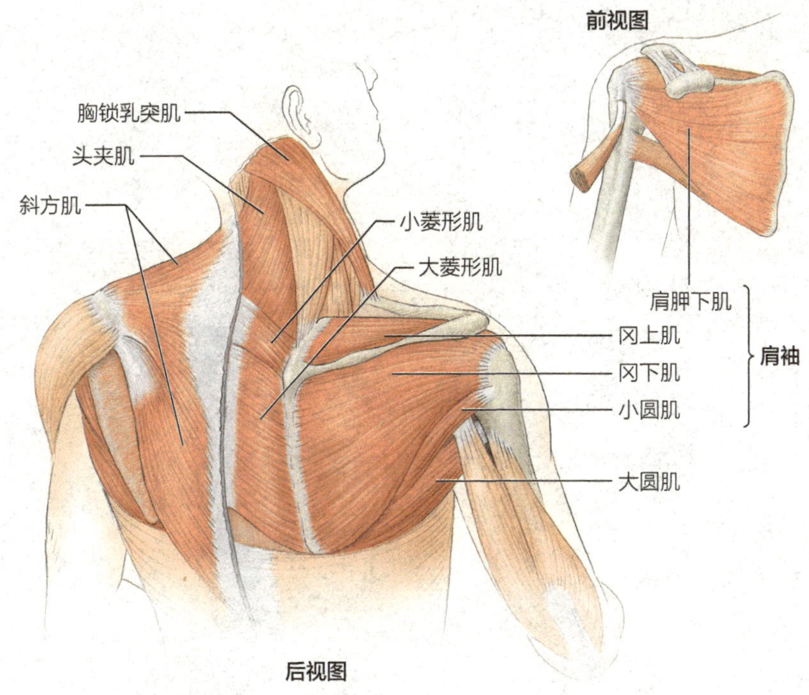

图4.3　肩袖及颈部肌肉

锁乳突肌发育不良。这可能会对你的颈椎造成不当的压力，导致疼痛和椎间盘损伤。

热身和拉伸

在开始训练前，请用10~15分钟进行热身运动，放松你的颈部和肩部。跳绳和在健身器械上划船对于本章介绍的练习来说是绝佳的有氧热身运动。促进血液流动并使毛孔张开后，你应该用一些时间做充分的拉伸运动。如果你不做适当的热身运动就开始锻炼，你的肩部和颈部很容易受伤。肩部向前和向后旋转以及单独拉伸，会确保你的整个肩关节是放松的。肩部可以旋转360度，所以你要确保自己的热身运动到位。正如我在第3章中提到的，如果身边有木棒（扫帚柄），你可以把它放在你的肩膀上，左右旋转身体。你也可以用头部做一个8字形的动作来放松你的肩部和颈部。

前后左右拉伸你的颈部。放松过后，你可以进行一些简单的等长收缩练习，以确保颈部肌肉已经做好锻炼准备。将手放在头上，为颈部运动提供一点阻力。一次持续10~15秒，让每组肌肉都进行抗阻训练。

坐姿哑铃肩上推举

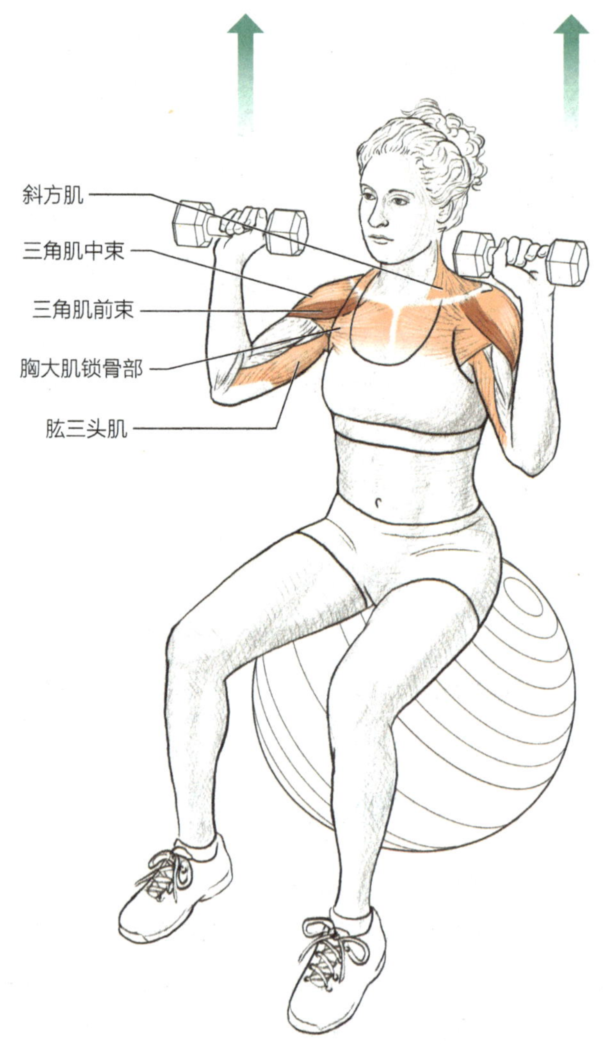

动作分解

1. 坐在瑞士球上，双手握住哑铃，与肩同高，双臂弯曲，手掌朝前。
2. 双手垂直举起哑铃，直至双臂与地面垂直。
3. 回到起始位置。

安全提示 当你做这个练习时，注意不要让瑞士球向后滚。保持背部挺直，使你的重心和臀部微微靠前。

涉及的肌肉

主要肌肉：三角肌前束。

次要肌肉：三角肌中束、肱三头肌、胸大肌锁骨部、斜方肌。

骑行动作要领

正如本章介绍部分所说，你在骑行过程中，肩部会持续处于紧绷状态。每一个骑行姿势都需要借助肩部施加在车把上的力量来支撑身体的重量，从而使自行车保持稳定。肩上推举是增强三角肌前束和三角肌中束的基本练习。当你脚踩踏板时，这些肌肉主要负责保持你的身体稳定。许多自行车手在骑行时左摇右晃，就是由于这些肌肉力量不足。记住，骑行中的任何运动，如果不能有助于自行车向前行驶，都是毫无用处的，所以要尽量减少这些运动。左右摇晃自行车会耗费体力，这些体力本可以用来提升你的骑行速度。

变式

阿诺德推举

阿诺德推举是以阿诺德·施瓦辛格（Arnold Schwarzenegger）的名字命名的练习。我经常在锻炼中使用这一变式练习。如果你在做一个标准的“双肘外展”坐姿哑铃肩上推举动作时感到肩部或肘部不适，阿诺德推举将是一个不错的选择。开始练习时，肘部向前，手掌朝向面部。一次向上伸出一只手臂，在推举过程中旋转180度。

直立杠铃划船

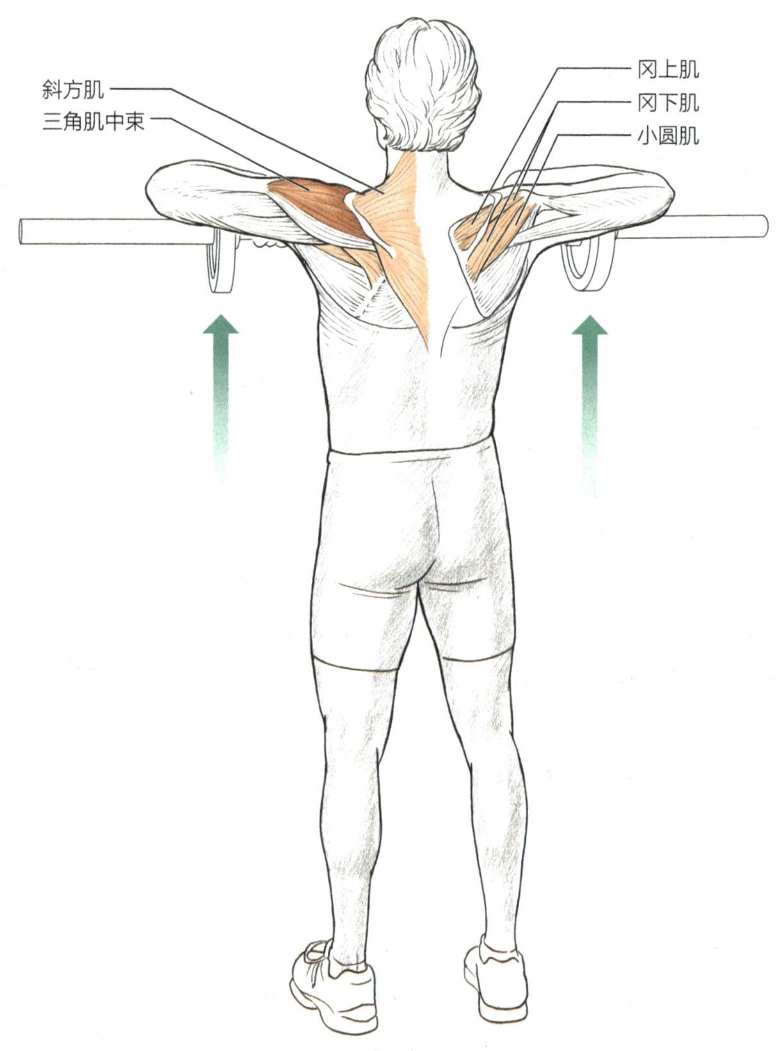

动作分解

1. 双臂向下，双手握住杠铃，手掌向下，双手分开略窄于肩宽。
2. 双手垂直向上拉杠铃，拉至胸部上方，肘部尽可能抬高。
3. 慢慢回到起始位置。

涉及的肌肉

主要肌肉：三角肌前束、三角肌中束（部分肌肉见图示）。

次要肌肉：冈下肌、冈上肌、小圆肌、斜方肌。

骑行动作要领

在长距离爬坡过程中，你可能会发现你的手放在车把的顶部。如果你准备尽可能快地完成爬坡，你需要在每次转动曲柄的时候向上拉车把。在环法自行车赛中的山地骑行阶段，观察任何一个自行车手，你都会发现一旦他进入爬坡阶段，他就会采取这种向上拉车把的姿势。因此，当你在做直立杠铃划船练习时，你应该集中注意力保持正确的身体姿势。通过增强肩部、手臂的力量及握力，你将为未来的爬坡做足准备。如果你在爬坡时站立，双手放置在横把位处，和很多自行车手准备冲刺时一样，你需要更多地依靠此练习中训练的肌肉来完成比赛。

变式

壶铃划船

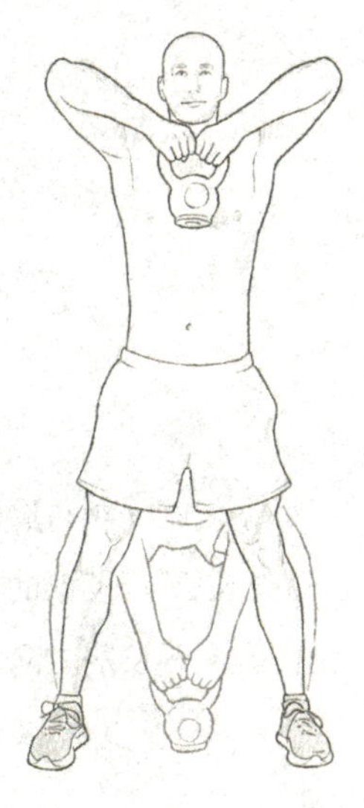

身体蹲坐，双手抓住壶铃，掌心朝向身体内侧。按照直立杠铃划船动作分解步骤进行练习。记住，始终保持背部挺直，肘部尽可能抬高。向上拉壶铃至胸部上方，保持该姿势不动，过一会儿慢慢放下壶铃，回到起始位置，双臂在身体前方完全伸展。

稳定盘壶铃划船

按照壶铃划船动作步骤进行练习，但训练时要站在稳定盘上。这是使用稳定盘的一个很好的训练方法。使用稳定盘不仅能够使你的小腿用力以稳定你的姿势，还可以增强你的背部和躯干力量。

杠铃片环绕

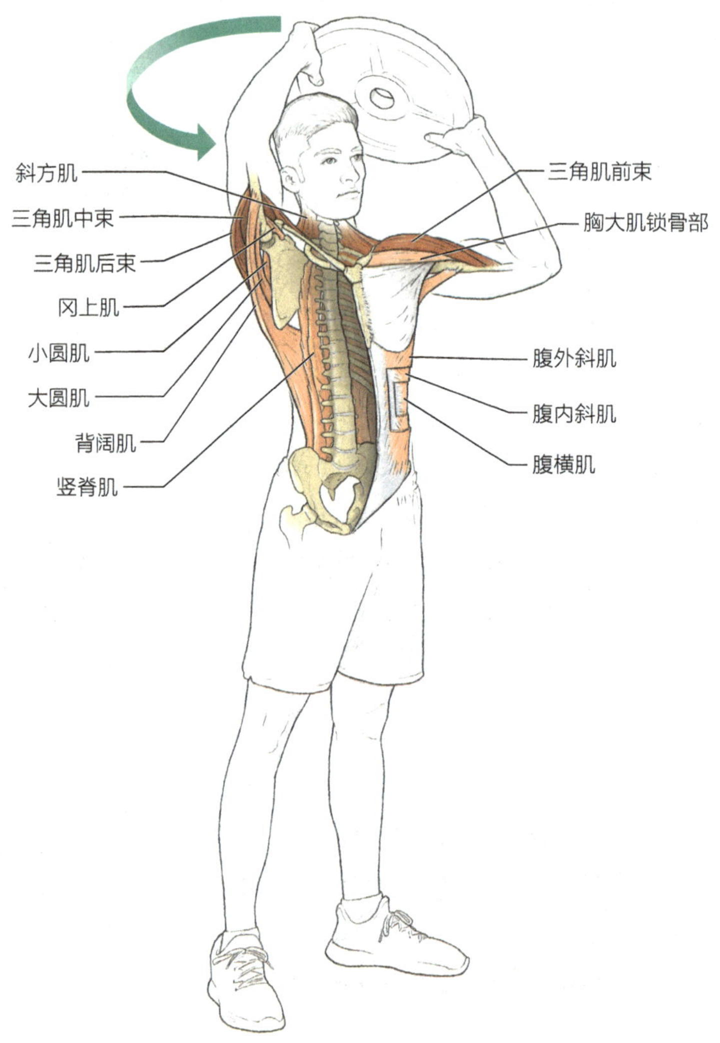

动作分解

1. 双脚间距与肩同宽，双手握住杠铃片，双臂向身体前方伸展。
2. 以圆周运动的方式，绕着头旋转杠铃片，完成360度旋转，最后回到起始位置。
3. 向相反的方向完成同样的动作，再次回到起始位置时结束。

涉及的肌肉

主要肌肉：三角肌前束、三角肌中束、三角肌后束、斜方肌。

次要肌肉：胸大肌锁骨部、冈上肌、冈下肌、小圆肌、大圆肌、菱形肌、背阔肌、腹横肌、腹外斜肌、腹内斜肌、竖脊肌（髂肋肌、最长肌、棘肌）（部分肌肉见图示）。

骑行动作要领

这项练习几乎可以锻炼肩部和臂部的每一个肌群。我非常喜欢把这项练习纳入我的训练计划，它可以同时锻炼多个肌群，所以非常高效。想象一下，你在山地骑行时前后推拉自行车以在崎岖不平的山路上保持稳定，同时冲顶加速骑行。同骑行一样，这个练习也需要一气呵成。爆发性的横扫动作除了可以增强肌群的爆发力，还有助于稳定肩部。

变式

BOSU球训练器上杠铃片环绕

站在不稳定的表面上练习有助于增强核心肌群和背部力量，同时有助于增强腿部和臀部肌肉的力量。

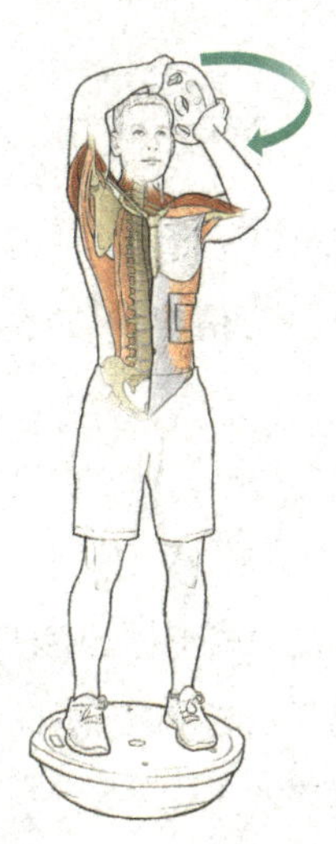

双臂悬挂划船

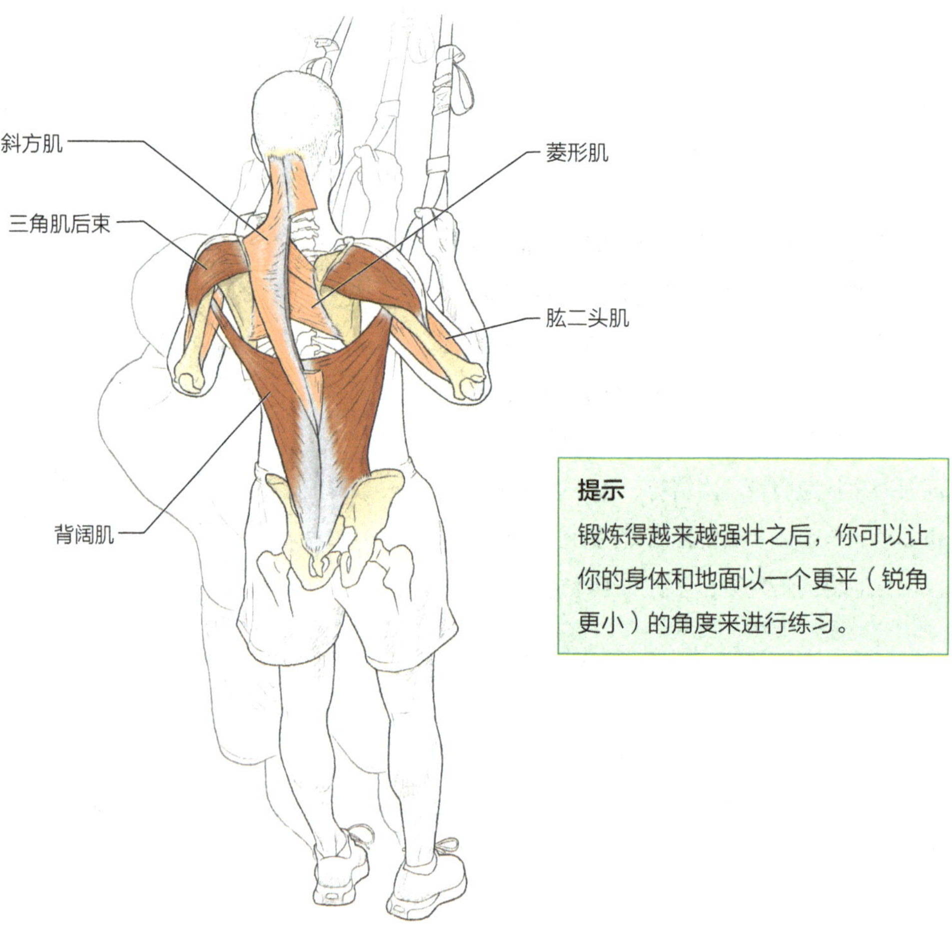

提示

锻炼得越来越强壮之后，你可以让你的身体和地面以一个更平（锐角更小）的角度来进行练习。

动作分解

1. 站在悬吊系统下。悬吊系统可以是带把手的带子，也可以是固定在机架系统或史密斯机上的奥林匹克杆。拉住把手或奥林匹克杆向后倾斜，身体和地面之间形成45度角。
2. 保持双臂伸展，身体呈悬挂姿势后，胸部向把手或奥林匹克杆的高度靠拢，保持背部和身体挺直。
3. 在动作完成时（胸部上拉到把手或奥林匹克杆的高度）停顿一会儿，然后慢慢回到起始位置，即双手握住把手或奥林匹克杆，向后倾斜，直到手臂完全伸展。在整个锻炼过程中保持身体挺直。

涉及的肌肉

主要肌肉：三角肌后束、背阔肌。

次要肌肉：斜方肌、菱形肌、肱二头肌。

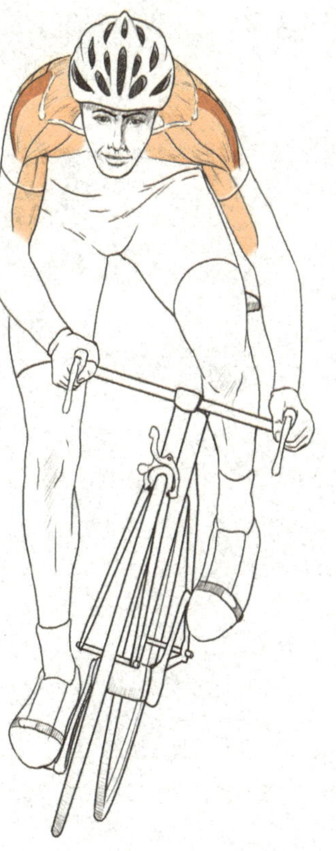

骑行动作要领

这项练习的方向虽然与骑行时的方向相反，但是能够让你在练习中保持骑行姿势。你在健身房里做这项练习时，可以想象自己正在骑行比赛中全力冲刺。当你站起冲刺时，你不仅腿部用力蹬踩踏板，双臂也会用力握紧车把以保持车体平衡。尽管是用悬挂的方式进行练习，但双臂悬挂划船能模拟你的手臂在骑行中产生的强大拉力，帮助你在冲刺中全力以赴并取得好成绩。做这个练习的时候，想象你正在赛场上挥洒汗水，为胜利而战。当你的肌肉因为这一练习变得紧绷时，试着想象你在冲刺时双手紧握车把的场景。

变式

单臂哑铃划船

一只手扶在长凳上支撑身体，同侧的膝盖弯曲并支撑在长凳上，另一只手握住哑铃。保持背部平直，手向上举哑铃至胸部高度。集中注意力感受两个肩胛骨之间的挤压。

哑铃交替前侧平举

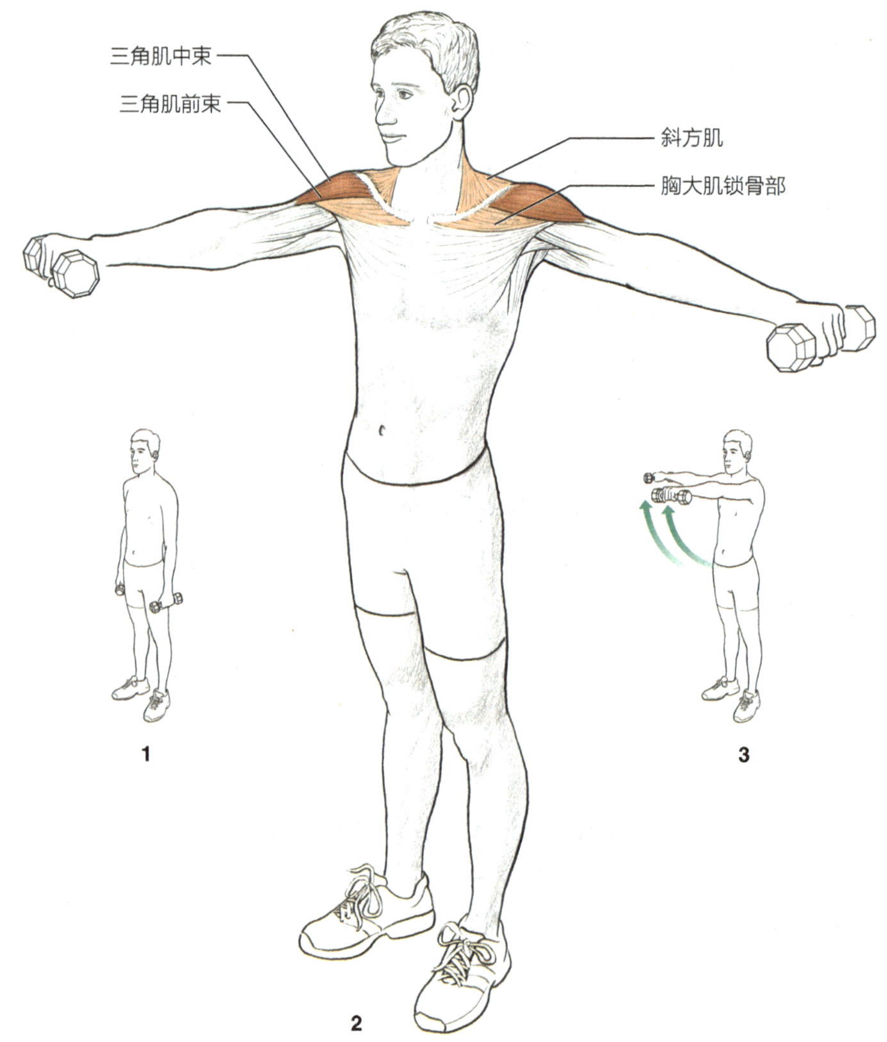

动作分解

1. 双手各握一个哑铃，双臂伸展，自然垂于身体两侧。

2. 保持双臂伸直，右臂朝前举至与地面平行。同时，左臂侧举至与地面平行。

3. 在水平位置上，变换手臂位置。将右臂横向向外移动到右侧，然后将左臂直接移动到前方。

涉及的肌肉

主要肌肉：三角肌中束、三角肌前束。

次要肌肉：斜方肌、胸大肌锁骨部、三角肌后束、冈上肌、竖脊肌（髂肋肌、最长肌、棘肌）、腹内外斜肌、前锯肌（部分肌肉见图示）。

骑行动作要领

对于自行车手来说，这是一项绝佳的练习。它可以同时增强肩部肌肉和核心肌群的力量。当你站起身子爬坡时，你的身体会不断地从一边晃动到另一边，以增加踏板动力（平地骑行时为了超越前面的自行车手或冲刺至终点也会用到这一姿势）。这一姿势需要你反复扭动你的上半身，并且压迫你的肩关节。通过同时模拟侧向和前向应激源，哑铃交替前侧平举会使你的背部和躯干努力阻止上半身运动。在这项练习中，你的身体重心会动态转移，你必须不断调整。这项练习不仅会增强你的三角肌力量，也能提高你的核心肌群的稳定性。

变式

哑铃前平举和哑铃侧平举

这两项练习可以分别锻炼你的三角肌前束和三角肌中束。哑铃前平举还可以借助健身带或杠铃来完成。

A字形练习

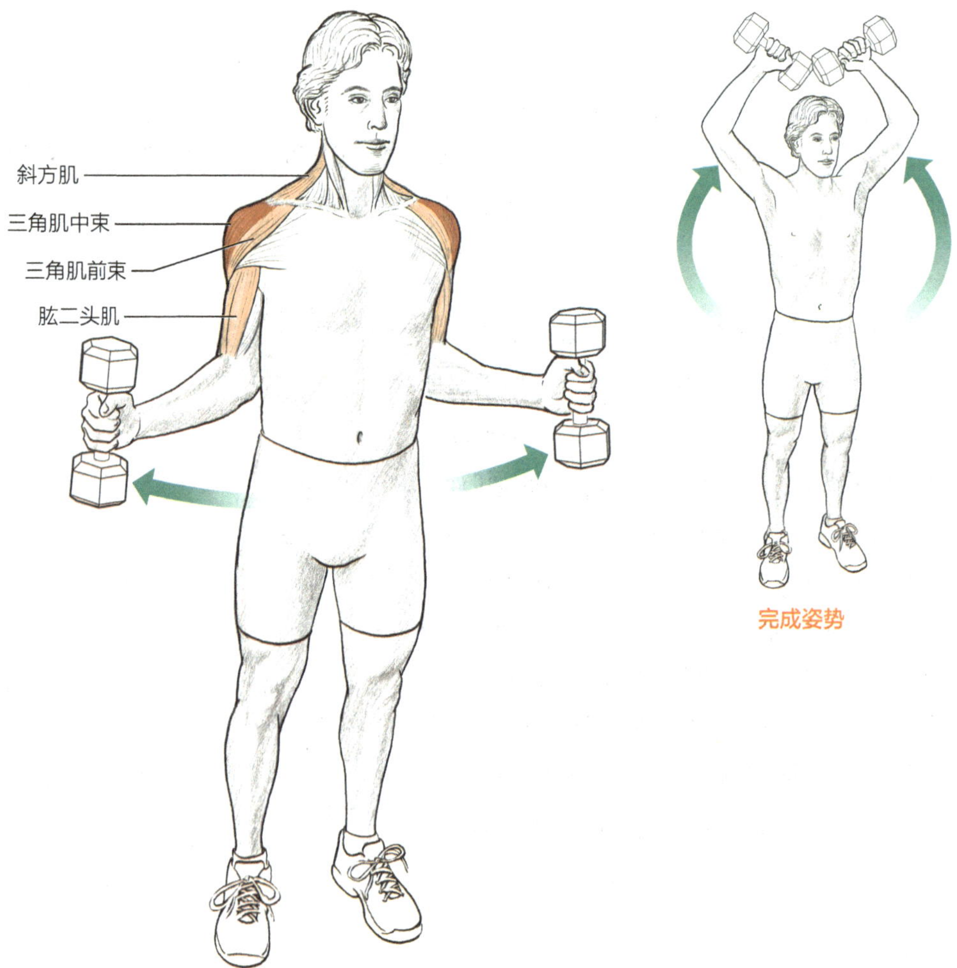

动作分解

1. 双手竖直握住哑铃，拇指放在最上面，手肘放于腰间，前臂位于身体前方。
2. 向两侧移动哑铃，同时保持前臂与地面平行。
3. 保持手肘锁定在90度，双手将哑铃举过头顶，直到它们相互接触（见完成姿势）。
4. 将哑铃放回到腰侧，向中间移动哑铃，与之前的动作刚好相反。

涉及的肌肉

主要肌肉：三角肌中束、肩袖（肩胛下肌、冈下肌、冈上肌、小圆肌）（部分肌肉见图示）。

次要肌肉：三角肌前束、三角肌后束、斜方肌、肱二头肌（部分肌肉见图示）。

骑行动作要领

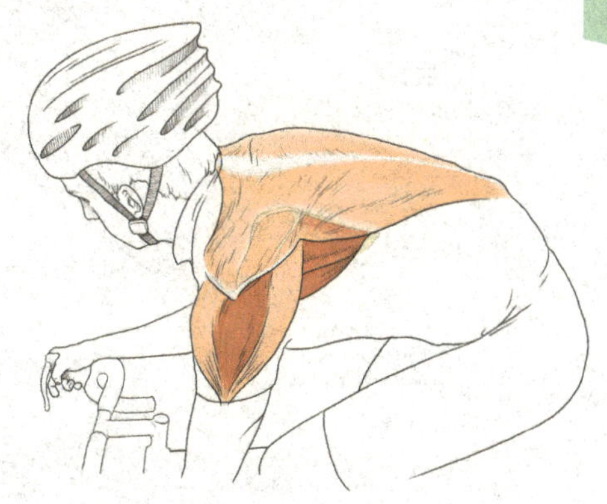

这项练习中的旋转动作是特别针对肩袖的训练。自行车手们经常想不到训练他们的肩袖部位，但是肩袖的肌肉几乎对每一位自行车手来讲都是至关重要的。当你骑行时，肩袖可以保持你的肩部固定不晃动，从而使你能够支撑身体的重量，保持自行车稳定。肩袖是稳定肩部的基础，如果你的肩袖不够强壮或者缺乏锻炼，骑行中源源不断的压力会使你感到肩部疼痛和不适。在碰撞中，自行车手如果不小心弄伤了肩袖，他就会明白骑行时没有一个健康强壮的肩袖是一件多么痛苦的事情。

变式

哑铃外旋

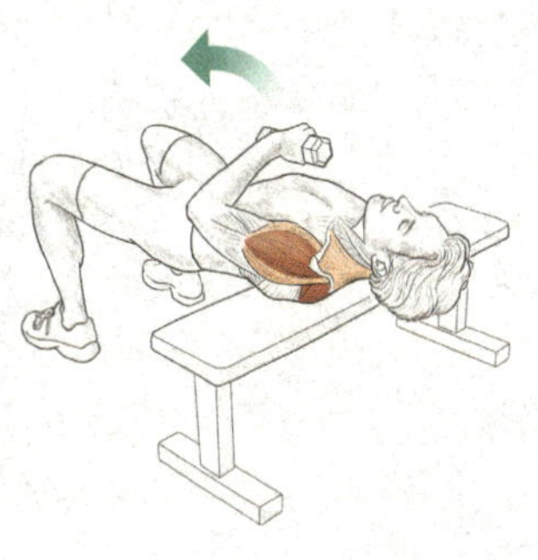

仰卧，上背部和肩部放在长凳上。单手举哑铃，将同侧前臂放在腰部，使其与地面平行。保持上臂紧贴身体，旋转肩部，使前臂从腰部向与地面垂直的位置呈拱形移动。回到起始位置。

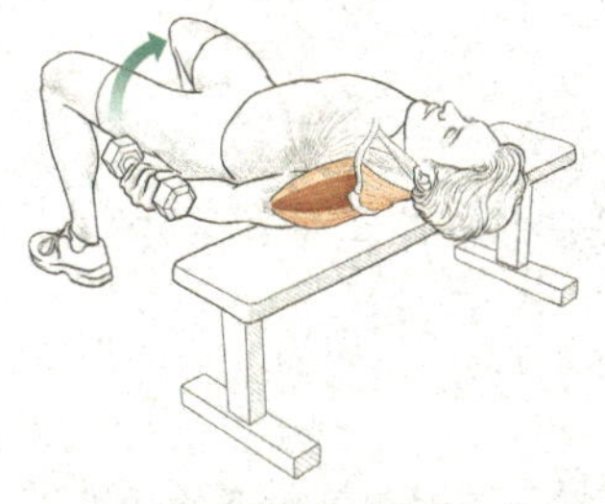

哑铃内旋

仰卧，上背部和肩部放在长凳上。单手举哑铃，同侧前臂向身体外侧伸展，使其与地面或长凳平行。保持上臂紧贴身体，旋转肩部，使前臂从长凳向与地面垂直的位置呈拱形移动。

提示

你可以把哑铃内旋和外旋两种练习方法结合起来，完成一个180度的旋转。

俯身低位拉力器侧平举

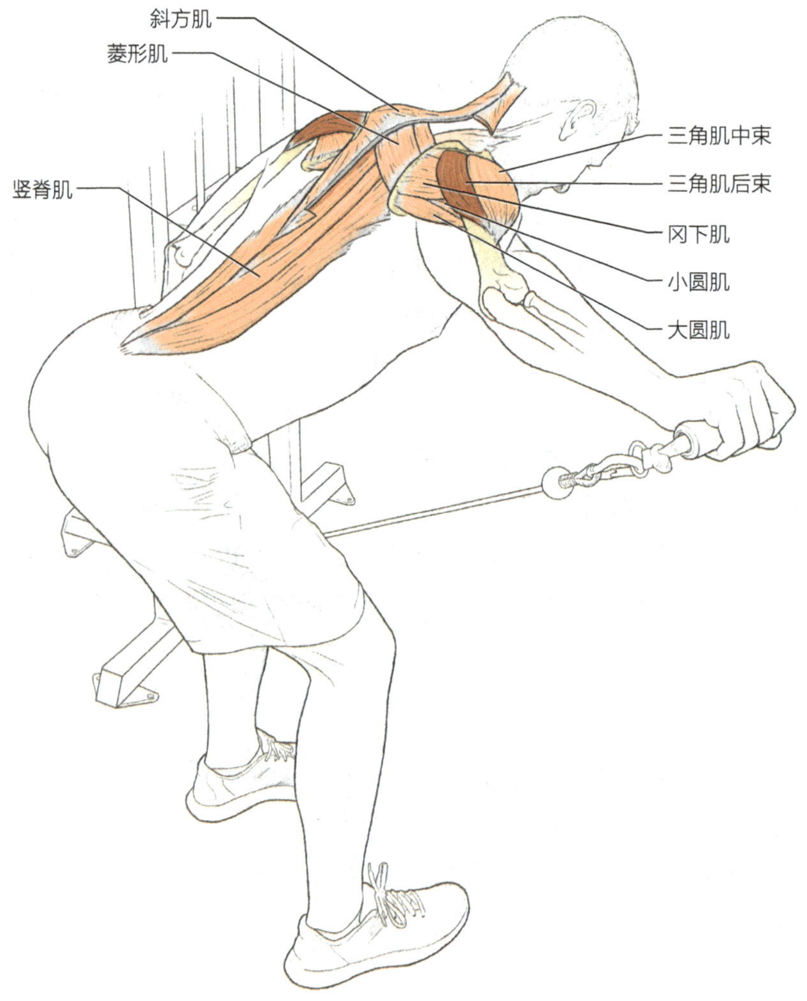

动作分解

1. 垂直于拉力器站立，双脚分开与肩同宽，身体向前弯曲。保持膝关节轻微弯曲，并保持背部挺直（不要拱起）。
2. 外侧的手掌朝下，抓住拉力器的手柄。
3. 伸展手臂，直到与地面平行。在整个运动过程中，尽量保持肘关节的弯曲角度不变。你应该绕肩关节，而不是绕肘关节或腕关节转动。
4. 回到起始位置。完成一侧的动作后，换到另一侧开始练习。

涉及的肌肉

主要肌肉：三角肌后束。

次要肌肉：三角肌中束、斜方肌、菱形肌、冈下肌、小圆肌、大圆肌、竖脊肌（髂肋肌、最长肌、棘肌）。

骑行动作要领

当你骑行时，你的臂部和肩部通常会承受两种力量。第1种是你的体重和骑行姿势施加在车把上的力量，这种力量是向下的；第2种是当你冲刺和爬坡时，你的臂部施加在车把上的力量，这种力量是向上的。俯身低位拉力器侧平举练习注重控制后一种力量，并且增强你的肩后部力量。因为在骑行时，大多数时候你的身体都呈前倾姿势，所以骑行时主要锻炼肩前部。这就是为什么健身房训练如此重要。记住你的身体要保持对称。为了平衡肩前部的肌肉，你需要专注于这项练习来训练你的肩后部。这将有助于正确调整你的肩关节，预防更严重的伤害。

变式

瑞士球哑铃侧平举

如果你想在锻炼中加入一些不稳定因素，可以借助瑞士球来进行练习。在你举起哑铃时，你的身体一定要在瑞士球上保持平衡。你可能没办法达到肩关节的全部运动幅度，因为手臂会着地，但是这项练习对你的背部和颈部伸肌来说是一个很好的锻炼方法。

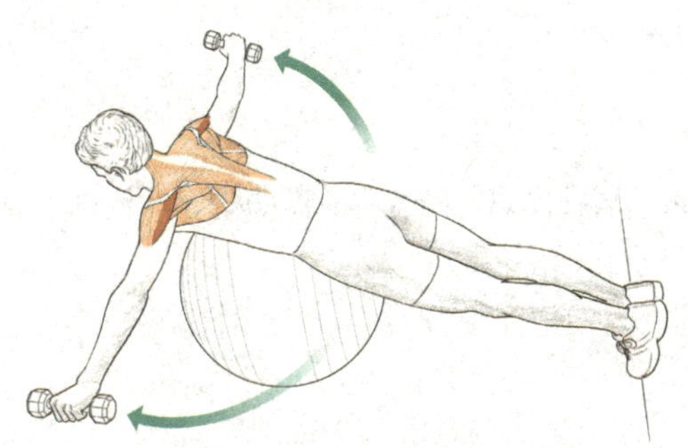

瑞士球拱桥（伸展）

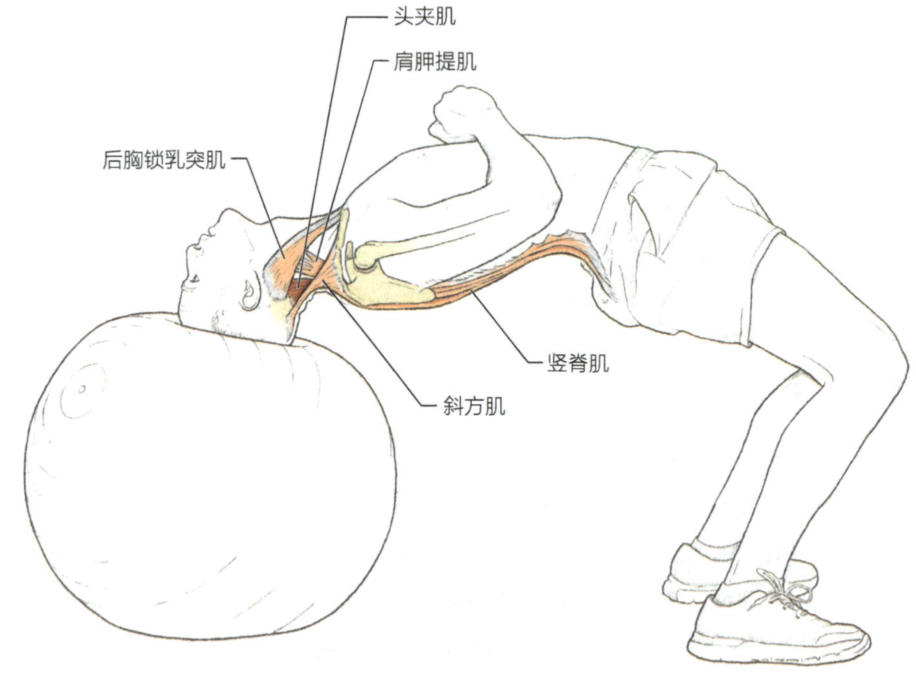

动作分解

1. 双脚分开，与肩同宽，身体向后靠在一个瑞士球上。你的脚后跟离球越远，练习难度就越高。
2. 通过向上看和向后看，慢慢地向后伸展你的颈部，抬起你的肩膀和身体，离开瑞士球。在这个过程中，保持背部挺直。
3. 慢慢向前转动你的颈部，回到起始位置。

涉及的肌肉

主要肌肉：头夹肌。

次要肌肉：斜方肌、肩胛提肌、竖脊肌（髂肋肌、最长肌、棘肌）、后胸锁乳突肌。

安全提示 在做这项练习之前，你必须确保你已经做了充分的拉伸。你还必须确保不要过度伸展颈部。你要避免颈部过度后伸，使身体重量压在头顶。

骑行动作要领

对于保持颈部健康来说，这是一个基本的练习方法，尤其适用于长期骑行的自行车手。你在骑行中的大多数时间里颈部都处于伸展状态。如果你停止一段时间，之后重新开始骑行，你会发现你的颈部通常是身体最痛的一个部位。拥有一个强壮的颈部能够帮助你维持正确的脊柱排列，同时能预防一些潜在的问题。当你开始做这项练习时，一定要记住不要过度练习。因为这样你可能一开始会感觉很棒，但在接下来的一天里你可能就要忍受过度练习所带来的疼痛了。几年前，在横越美国自行车赛中，一名自行车手的颈部因为不断伸展而变得非常疲劳，以至于他甚至不能抬头。为此，他的技术指导不得不做一些紧急措施来帮助他完成比赛。他设计了一个支撑夹板，可以连接自行车手的肩部和头盔，从而使他的头保持直立，这样他就能看清前进的方向！

变式

瑞士球拱桥左右移动（伸展）

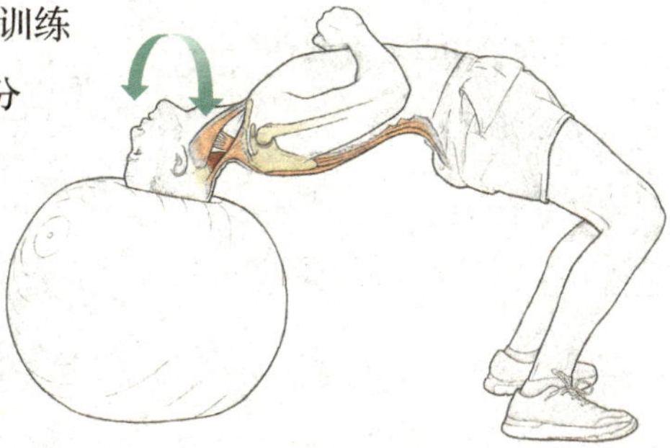

我从我的摔跤手儿子们那里学到了这个训练方法。你可以按照标准的瑞士球拱桥动作分解步骤进行练习，伸展时稍微左右移动你的头。这可以通过向上看和向后看每一侧来实现。注意，只有当你的颈部有基础力量时，你才可以尝试这个动作。因为做这个动作时，颈部很容易扭伤，所以你要谨慎。

颈部仰起

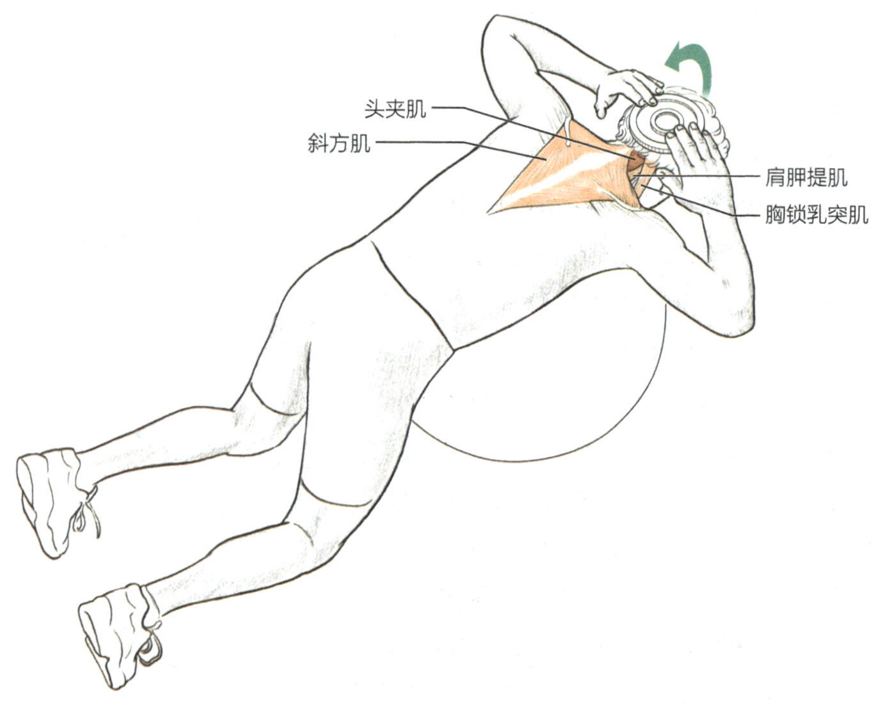

动作分解

1. 跪在瑞士球旁。胸部前倾靠在瑞士球上，双手握住一块杠铃片放在头部后方。
2. 以颈部前屈的姿势开始，慢慢伸展颈部，将头部抬起，模拟骑行时的颈部姿势。
3. 回到起始位置。

涉及的肌肉

主要肌肉：头夹肌。

次要肌肉：斜方肌、肩胛提肌、竖脊肌（髂肋肌、长肌、棘肌）、胸锁乳突肌（部分肌肉见图示）。

骑行动作要领

骑行对颈部伸肌的要求极高，为此我针对这一部分肌肉专门制定了两种练习方法。你可以想象一下，如果进行时间测试，在符合空气动力学的骑行姿势下，颈部的极限伸展时间是多久。虽然你可能永远都不需要进行这种极限时间测试，但是，不可否认的是，几乎所有的骑行姿势都需要你的颈部支撑你的头部，这样你才能看清路。这项练习可以模仿你在骑行中的颈部姿势，增强颈部所需力量，并且效果极佳。但是要记住，在做这些颈部练习时，杠铃片的重量在一开始越轻越好，等肌肉更有力量时可以适当增加杠铃片的重量。这项练习的目的就是避免你在骑行时受伤，所以在健身房练习时一定要量力而为，保护好自己。

坐姿颈部仰起

如果身体靠在瑞士球上时你的背部或者膝关节不舒服，你可以坐在长凳上进行同样的练习。这项变式练习可以提供更高的稳定性，同时可以达到相同的肌肉训练效果。

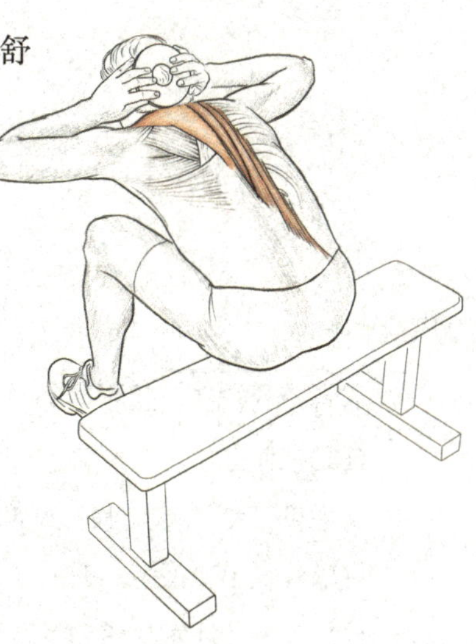

前颈部（屈肌）支撑

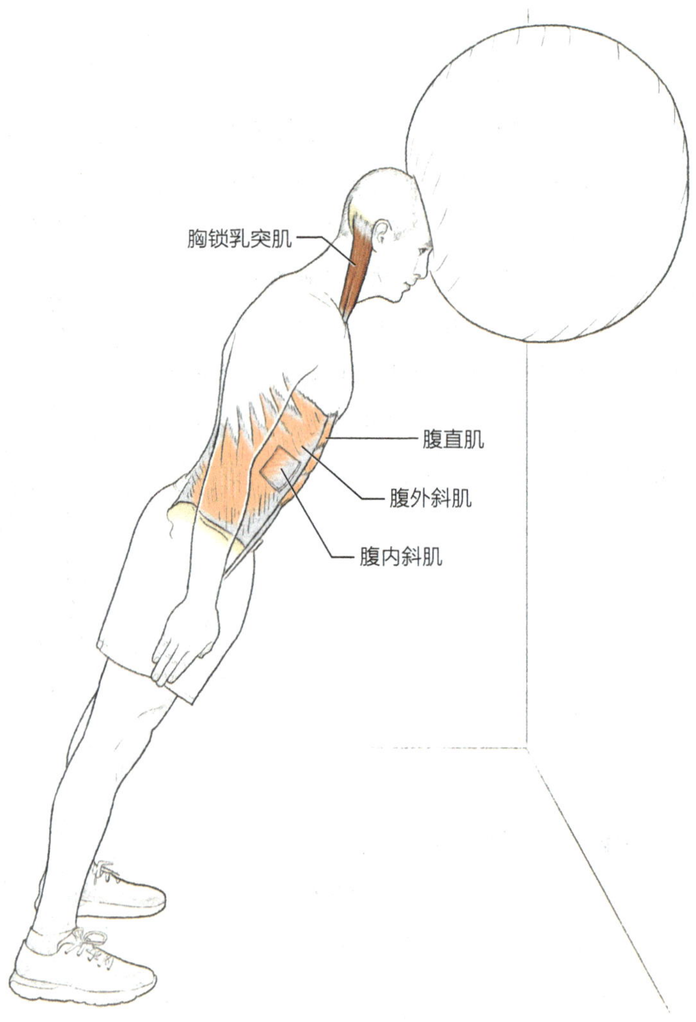

动作分解

1. 双脚分开站立，间距与肩同宽。在你的前额和墙壁之间放置一个瑞士球，保持脊柱完全伸直。
2. 前额抵住瑞士球，利用颈部发力。开始坚持10秒时间，随着颈部力量增强，你可以延长单次锻炼的时间。
3. 休息一下。注意，这项练习中没有移动动作，只需要保持静止。

涉及的肌肉

主要肌肉：胸锁乳突肌。

次要肌肉：腹直肌、腹外斜肌、腹内斜肌。

骑行动作要领

如前所述，健康的身体和体能都是关乎平衡的。骑行会给你的颈部伸肌带来压力，因此这些肌肉会比你的胸锁乳突肌更为发达。在这种情况下，颈部伸肌会使脊椎的后部被过度压迫，从而出现不对称。时间久了，这种不对称会使你的脊椎错位并引起疼痛。我的一个朋友，也是一个很有名的自行车手，他在50多岁的时候，就曾因为颈部疼痛不得不完全停止骑行。经过6个月的物理治疗，他的颈部和背部肌肉得到了平衡，他又可以重新开始骑行，并且骑行时一点儿疼痛的感觉都没有。

变式

无瑞士球前颈部（屈肌）支撑

这项颈部屈伸变式练习可以帮助你随时随地进行练习。你需要做的就是身体前倾，将前额靠在墙上（为了更舒适，你可以在前额和墙之间放置垫子）。做这项练习时，你可以通过改变你的脚与墙的距离来改变颈部承受的压力。

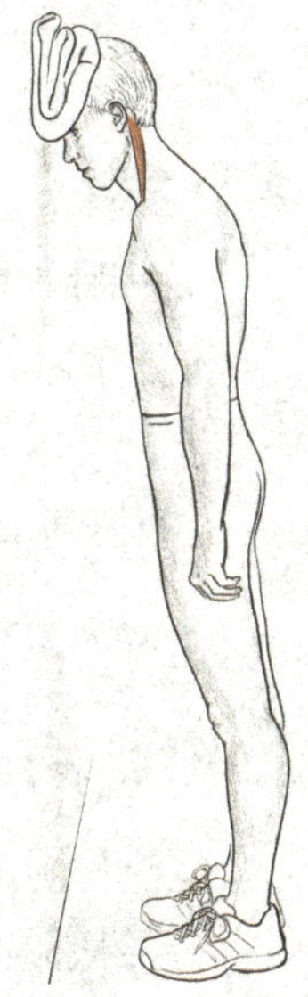

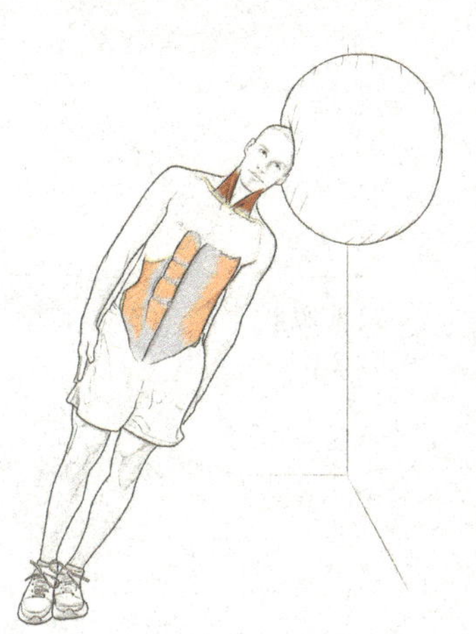

侧颈部支撑

无论是否使用瑞士球，都可以进行侧颈部支撑练习，这项练习要求用头的一侧抵住瑞士球或墙壁。保持一段时间后，换另一侧进行练习。

侧颈部提拉

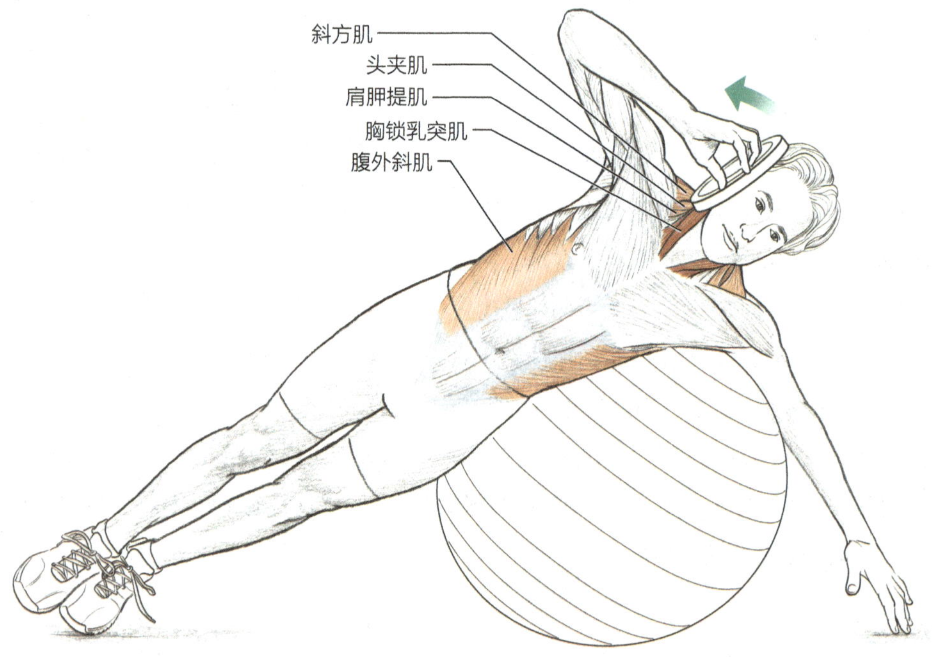

动作分解

1. 侧卧，将一只手臂搭在瑞士球上。用另一只手握住一块小的杠铃片，放在头的一侧。
2. 以朝下一侧的耳朵靠近肩膀的姿势开始。保持眼睛向前看，并侧向弯曲颈部，直到朝上一侧的耳朵接近你的肩膀。
3. 回到起始位置。换身体另一侧进行重复练习。

涉及的肌肉

主要肌肉：胸锁乳突肌。

次要肌肉：头夹肌、竖脊肌（髂肋肌、最长肌、棘肌）、肩胛提肌、斜方肌、腹外斜肌、腹内斜肌（部分肌肉见图示）。

骑行动作要领

胸锁乳突肌可以让你在骑行比赛中回头看竞争对手离你有多远。侧颈部提拉练习的主要目的是帮助你提高颈部的稳定性。更为重要的是，这项练习会帮助你保持脊柱的正确排列。椎孔是脊椎中间的通道。脊髓通过这个空间，沿着你的脊柱向下延伸，这个空间能够避免脊髓受伤。而脊柱排列不良会导致一个或多个椎骨撞击这个空间，这会引起明显的疼痛及潜在的功能缺陷。

变式

器械侧颈部屈曲

所有的颈部练习都可以借助健身器械来进行。杠杆器械操作简单，易于使用，同时可以提高练习的稳定性。

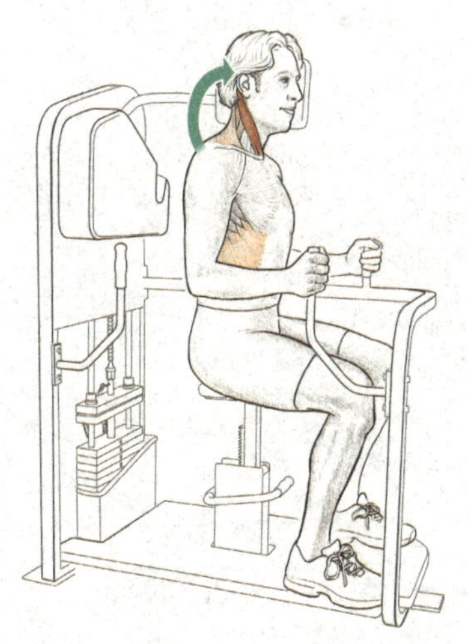

第5章

胸　部

一个真正优秀的自行车手在拥有健康身体基础的同时往往还有一个强壮和平衡的肌肉系统。大多数自行车手通常不会花时间思考或训练他们的胸部肌肉。然而，就像拼图的每一块都是构成整体的一部分一样，胸部肌肉在自行车手和自行车、肩膀和手臂的连接中起着重要的作用。正如我们前面讨论的，保持身体肌肉的对称和平衡对提高运动表现以及避免受伤是非常必要的。无论骑行的时间有多长，你的骑行姿势带来的压力都会增大你的背部肌肉。而胸部肌肉只有在你非常用力地爬坡或冲刺时才会用到，所以在骑行训练的过程中，你的胸部肌肉并不会像背部肌肉一样得到加强。因此，你需要在健身房进行增强胸部肌肉的专项练习。

每当自行车手鼓足力量爬坡或冲刺时，胸部肌肉就会被激活。腿部有力地向下蹬踩踏板会迫使自行车向一侧摆动。但通过车把可以稳定自行车，抗衡车身的摆动，保持车身平衡。如果没有坚实的基础，大部分传送给自行车的力量将会丢失，自行车将无法保持平衡。在施加最大力量的时候，我们需要最高的效率。你下一次观看自行车赛接近尾声时，可以注意观察自行车手们上半身的动作以及他们怎样全力以赴地向终点冲刺。胸部、臂部和腿部的力量都会帮助自行车手用力冲刺，成功达到终点。

胸大肌

图5.1展示了胸部肌肉。胸大肌是胸部的主要肌肉，起于锁骨内侧2/3段、胸骨前面和第1~6肋软骨及腹直肌鞘前臂上部，止于肱骨大结节嵴。近固定时，可使上臂屈曲、内收、旋内；远固定时，拉引躯干向上臂靠拢，还可提肋助吸气。

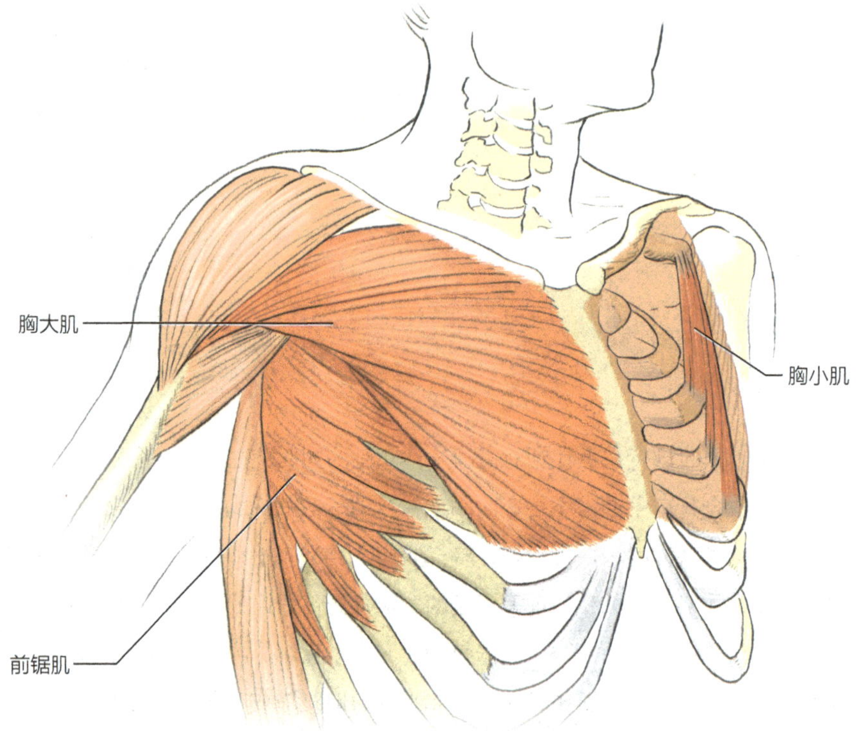

图5.1 胸部肌肉

胸大肌的主要功能包括肩关节的内收、屈曲和内旋。这些功能使你的手臂可以在胸前做有力的动作，例如把车把从一个方向扭动至另一个方向。胸大肌有3个不同的功能区域。这3个功能区域的肌纤维都是根据手臂与肩关节的角度来激活的。本章介绍的练习是根据这3个功能区域划分的，包括锁骨部、胸肋部和腹部3个重点部分。经过练习，整个胸大肌都会得到训练，但练习主要针对的部分将承担大部分的运动量。此外，本书介绍的练习只是所有可用练习的一个示例。你可以随意修改这些练习，把训练重点放在胸大肌的不同部分。例如，把一条长凳放置在上斜或下斜的平面上，这样你可以在做相似练习的时候锻炼不同的肌纤维部分。

胸小肌

胸小肌位于胸大肌深面，由于体积小，所以在外部几乎看不到。起自第3~5肋骨的前面。所有肌纤维聚在一起插入肩胛骨的喙突。胸小肌的功能是减小肩胛骨的角度，从而推动肩部向前活动。

前锯肌

前锯肌位于胸部的两侧，包裹在身体上8根或9根肋骨的外侧，并插入肩胛骨内侧。这块肌肉通常被称为拳击手的肌肉，它的功能是拉肩胛骨向前并紧贴胸廓。这和出拳时的动作一样。如果下次你观看拳击手比赛，可以注意他高度发达的前锯肌。对自行车手来说，前锯肌有助于稳定肩胛骨和肩关节。本章和第7章中的许多练习都有助于锻炼前锯肌。

相比于背部的许多肌肉，胸部的前锯肌体积较小，并且结构简单。在自行车运动中，三块主要胸部肌肉（胸大肌、胸小肌和前锯肌）要承担全部的运动量并负责保持身体的稳定。因此，你在锻炼时，要注意锻炼肌肉的每一个部分（如前面所描述的那样），并思考这部分肌肉将如何提升你的骑行表现。

热身和拉伸

在开始练习之前，你需要做一些有氧运动，例如在跑步机、踏步机或划船机上做运动，热身10~15分钟。当你开始流汗，你要集中精力拉伸你的上半身。你可以在地面上做俯卧撑来拉伸胸部。保持胸大肌和胸小肌拉伸15~30秒。如果你能使用俯卧撑手柄或悬吊系统，拉伸效果会更好。慢慢做几个膝关节着地的俯卧撑，直到你感到身体热起来了。你也可以使用双杠练习臂屈伸来热身，站在一个平台上，而不是身体完全悬空，避免给胸部和手臂的肌肉过多的负荷。缓慢地重复这个动作，以充分拉伸你的胸部和手臂。

上斜哑铃卧推

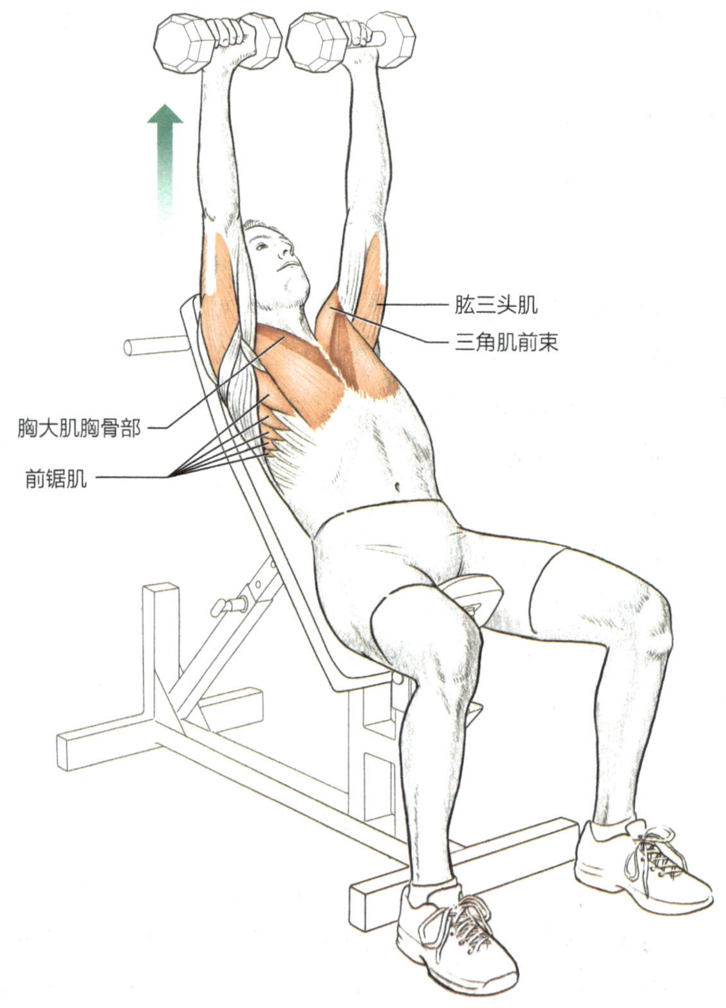

动作分解

1. 双手朝上正握一对哑铃，躺在上斜长凳上，手臂伸直。
2. 垂直下放两个哑铃至胸部位置，肘关节慢慢屈曲。
3. 慢慢向上推举哑铃，回到起始位置。

涉及的肌肉

主要肌肉：胸大肌胸骨部。

次要肌肉：三角肌前束、肱三头肌、前锯肌。

骑行动作要领

你原本一直遥遥领先，现在突然出现这样一种情况：你正向着终点冲刺，你能感觉到其他自行车手正在奋力追赶并且马上就要超越你。你火力全开，率先抵达终点并把自行车向前一甩，只为了超出旁边的自行车手一段距离。幸运的是，你早已刻苦训练，为迎接这一刻的胜利做足了准备。上斜哑铃卧推练习可以锻炼你的肌肉，使你能够在最后一分钟把自行车推到竞争对手前面。当然，你还可以从这个练习中获得其他益处。就像本章提供的其他练习一样，上斜哑铃卧推练习将增强你的躯干的稳定性，并有助于防止身体由于长时间前倾而出现疲劳。

变式

单臂上斜哑铃卧推

练习步骤与上斜哑铃卧推相同，但是在这项练习中，一次只练习一侧手臂。这种不对称训练可以增强你的核心肌群的力量。

反握上斜杠铃卧推

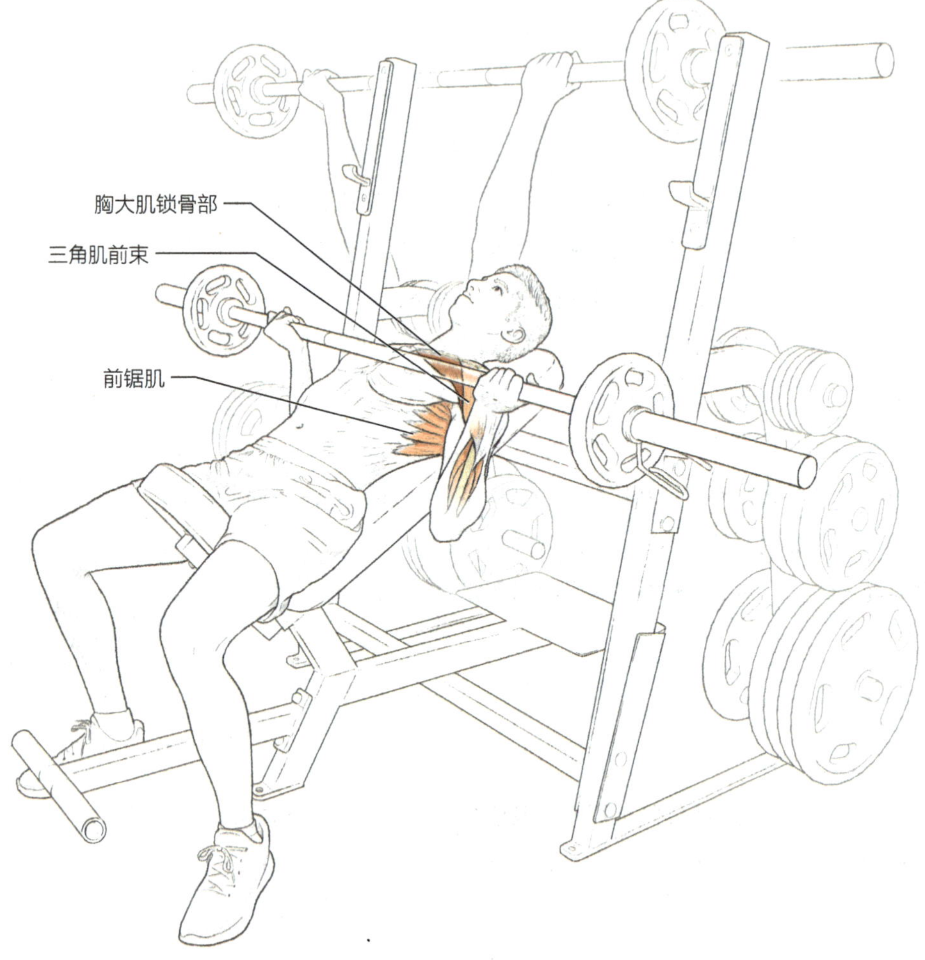

动作分解

1. 将上斜长凳的角度设置为约45度，平躺在长凳上。
2. 双手反握杠铃，手掌朝向身体。
3. 确保双手握紧杠铃，慢慢地把杠铃降低到胸部位置，注意不要让你的肘关节外翻。
4. 回到起始位置。

安全提示 反握杠铃需要一些时间来适应。所以你应从轻重量开始练习，这样你才能慢慢找到卧推的感觉。必要时，你需要在有人陪伴的情况下进行练习。

涉及的肌肉

主要肌肉：胸大肌锁骨部。

次要肌肉：三角肌前束、肱三头肌、前锯肌（部分肌肉见图示）。

骑行动作要领

RACE理念：休息、可量化性、连续性和效率。尽可能地提高你的训练效率，这是我想强调的。那么如何把它和胸大肌锁骨部的锻炼联系在一起呢？研究表明，相较于标准的长凳推举，上斜卧推更有助于增强胸大肌锁骨部的力量。记住，本书中的许多练习你都可以通过反握来进行变式练习。

变式

反握上斜哑铃卧推

你可以参照反握上斜杠铃卧推的动作分解步骤使用哑铃进行练习。你可以双臂同时做卧推动作，也可以单臂依次进行交替练习。

地雷管胸前推

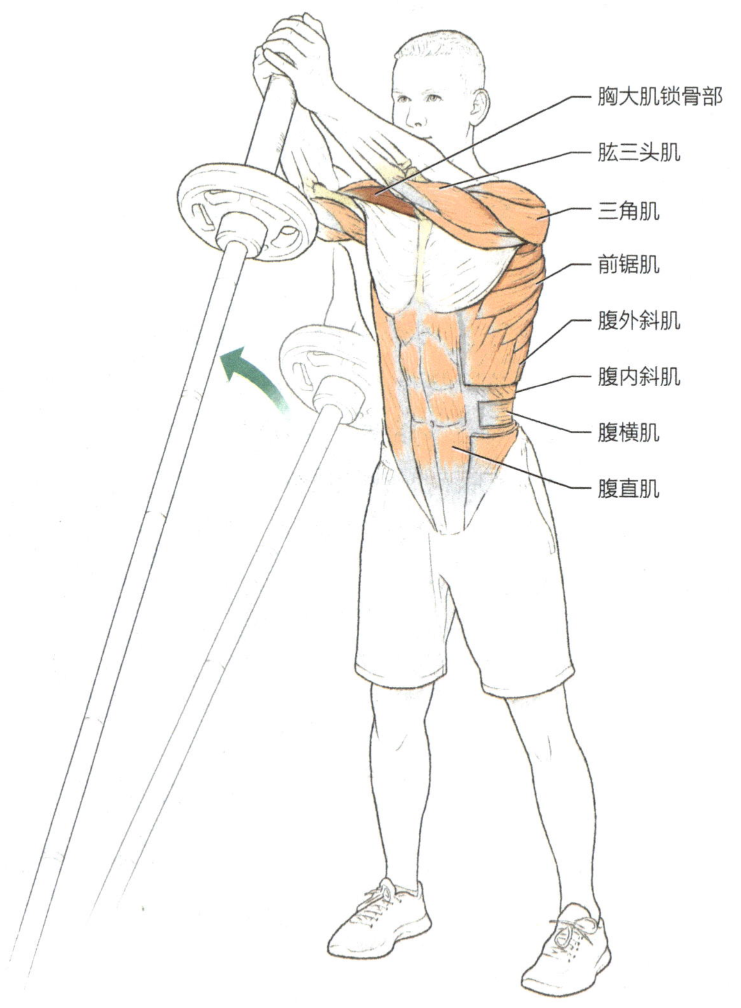

动作分解

1. 将杠铃的一端放置在墙的底部。拿起杠铃的另一端，双脚分开，齐肩站立（你也可以采用跪地的方式进行练习）。
2. 抓住杠铃的末端，双手握紧杠铃，向内推，手掌相互压紧。将杠铃收至下巴下方。身体稍微前倾。

3. 保持肘关节紧贴身体，背部挺直，双臂伸直将杠铃前推。在整个运动过程中，双手紧握杠铃。

4. 回到起始位置，将杠铃收至下巴下方。

涉及的肌肉

主要肌肉：胸大肌锁骨部。

次要肌肉：三角肌、肱三头肌、腹横肌、腹内斜肌、腹外斜肌、腹直肌、前锯肌、竖脊肌（髂肋肌、最长肌、棘肌）（部分肌肉见图示）。

骑行动作要领

想象一下你骑着山地自行车穿越技术路段，或者骑着公路自行车穿越高速技术路段的场景。你需要对自行车的稳定性、流动性和控制力足够有信心。这是一项等长和动态的锻炼，可以锻炼你的胸部和肩部。当你在骑行过程中遇到一些比较棘手的路段时，这项练习增强的力量可以帮助你顺利前行。

变式

单臂地雷管胸前推

这项练习每次只练习一只手臂，这种不对称训练可以使你的核心肌群得到额外锻炼。

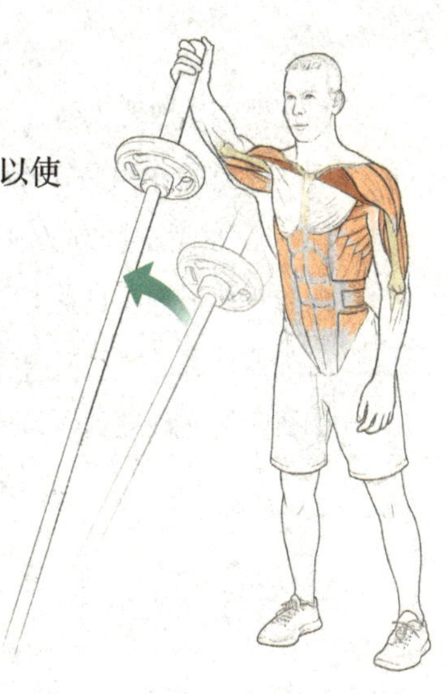

铁链平板卧推

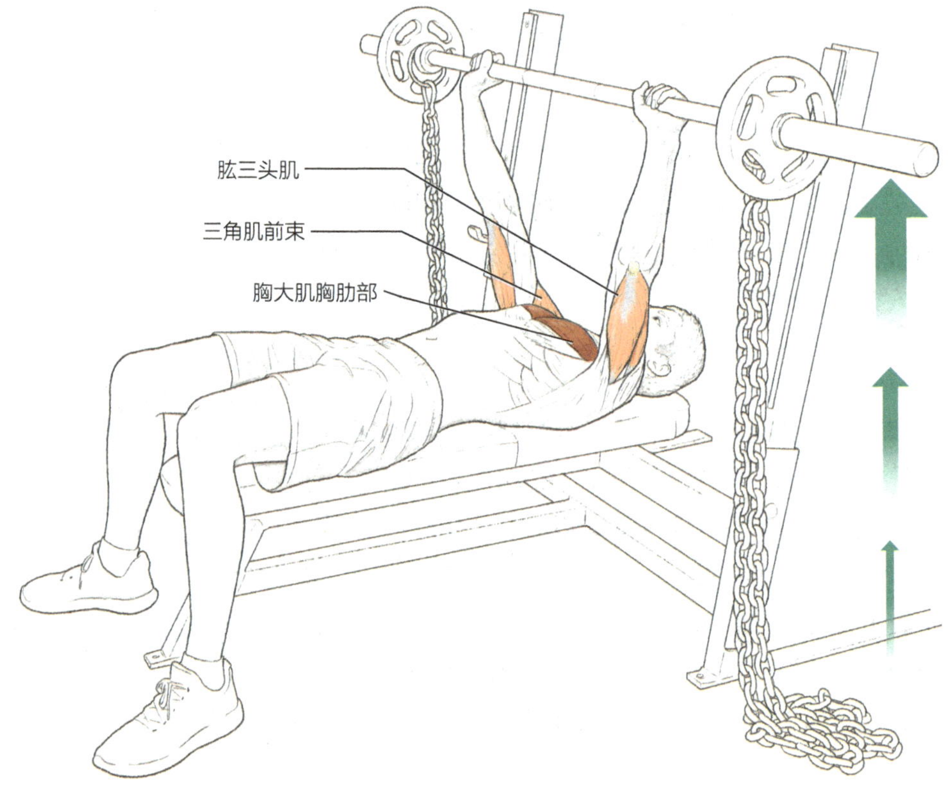

动作分解

1. 在杠铃两端放置铁链，调整铁链长度，使杠铃放在架子上时铁链的一部分接触地面。铁链的作用是在你把杠铃放低至胸部位置时帮你减轻一部分重量（也就是说，当你把杠铃放低的时候，更多的链条会落在地上，减少你所支撑的总重量）。
2. 保持背部平躺在长凳上，双手间距比肩距稍宽，正握杠铃。
3. 肘关节伸直，然后慢慢将杠铃降低到胸部位置。
4. 不要让杠铃触碰到你的胸部，将杠铃向上推至起始位置。

安全提示 推举时背部不要向上拱起。这样会给你的背部带来不必要的压力，并且不利于胸大肌的锻炼。

涉及的肌肉

主要肌肉：胸大肌胸肋部。

次要肌肉：三角肌前束、肱三头肌。

骑行动作要领

卧推是健身房最有名的运动之一。我们在此基础上增加了铁链。当杠铃放在胸前时，你支撑的重量是最小的。铁链是一个“可变”的重量，其重量随着你伸展手臂而增加。铁链平板卧推可以锻炼胸大肌，同时支撑背部和脊柱。自行车手可以从这项练习中受益，因为它模拟了自行车手骑行时的基本姿势。无论你在骑行中的握把姿势是上把位、下把位，还是横把位，你的胸大肌都在支撑你的身体方面发挥着主要作用。看这里的插图，你会发现铁链平板卧推的起始姿势与你骑行的姿势非常相似。长时间骑行会让你的身体慢慢疲劳，因此你所有的支撑肌肉的力量越大，你的骑行表现就会越好。

变式

杠铃窄距卧推

双手握住杠铃，间距与肩同宽或略窄于肩距。这项变式练习不仅可以锻炼你的胸部肌肉，而且可以增强你的肱三头肌和三角肌前束的力量。

悬吊俯卧撑

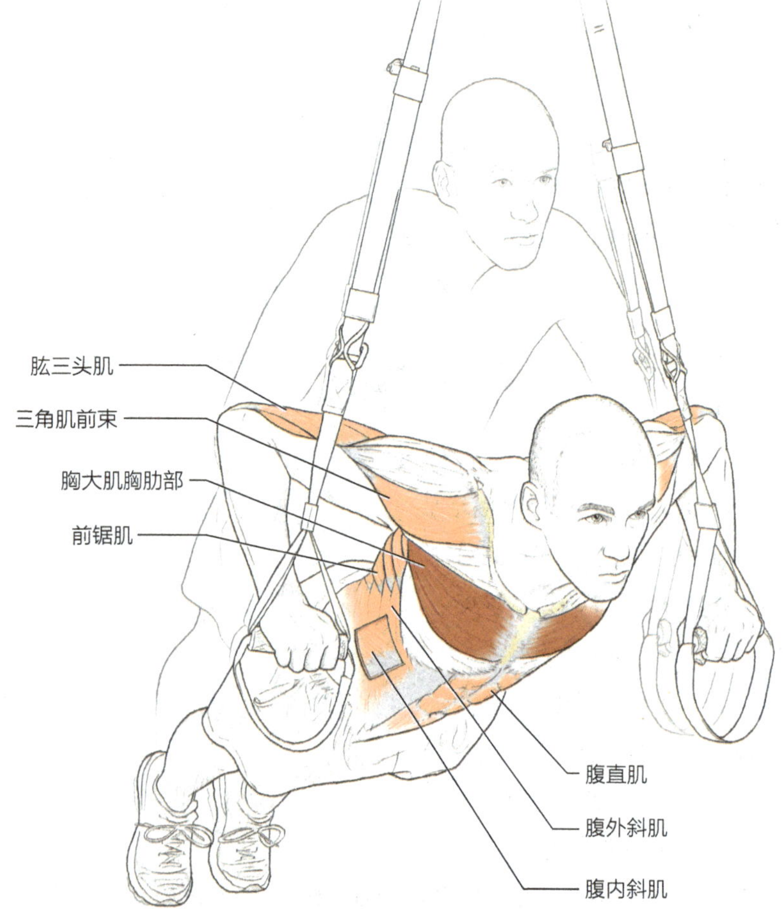

动作分解

1. 借助悬吊系统，并根据自身力量调节训练带的长度。训练带越长，与地面的距离越短，俯卧撑的难度就越大。

2. 身体呈标准的俯卧撑姿势，双手握住悬吊训练带的手柄。保持背部挺直。

3. 背部挺直，让身体缓缓下降，直到胸部与双手齐平。

4. 回到起始位置（肘关节伸展）。

涉及的肌肉

主要肌肉：胸大肌胸肋部。

次要肌肉：三角肌前束、肱三头肌、腹直肌、腹外斜肌、腹内斜肌、前锯肌。

骑行动作要领

俯卧撑对于自行车手来说是一种很好的训练方法。这项练习不会让你增加很多肌肉，但是可以增强你的臂部、胸部、肩部、背部，以及整个身体的力量。悬吊训练带会增强练习的不稳定性，这样可以增大锻炼范围并增强柔韧性，同时有助于增强核心肌群的力量。在整个骑行过程中，你基本上都要保持这种类似于俯卧撑的姿势。健康稳定的身体可以为踏板骑行提供坚实的力量基础。倦意袭来时，你就会无法保持训练状态。当你的训练状态动摇时，训练效率自然就会下降。你可以通过在健身房做俯卧撑来增强骑行的力量和耐力。

变式

瑞士球俯卧撑

在瑞士球上做俯卧撑练习可以增加训练难度。你在练习时，不仅要完成俯卧撑动作，还要保持瑞士球的稳定。此外，你还必须向内按压球的侧面，这样你的手才不会滑到地面上。刚开始做这项练习时，你的双脚可以着地（图a）。如果想要增加难度，你可以尝试着把双脚放在长凳上进行俯卧撑练习（图b）。一旦你掌握了把双脚放在长凳上的练习方法，你就可以解锁单脚练习的姿势，不过要注意保持你的膝关节伸直。当然，这会进一步增加练习的难度。

安全提示 一定要循序渐进，逐步增加练习的难度。如果你没抓稳，双手从瑞士球上滑下来，你很可能会受伤。

瑞士球哑铃飞鸟

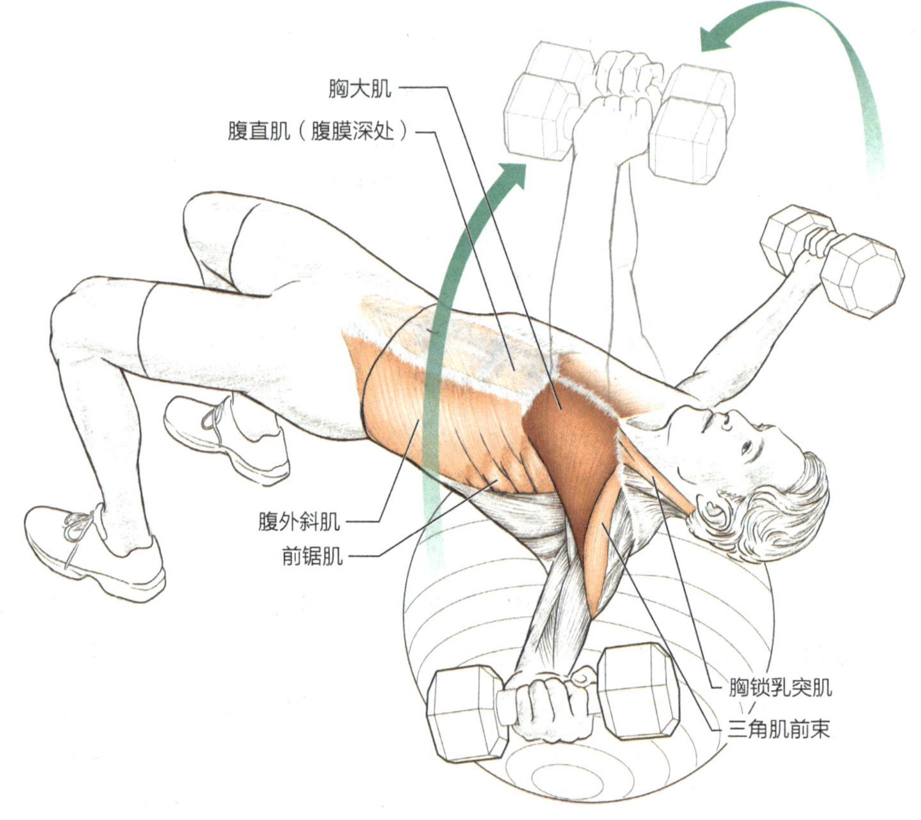

动作分解

1. 身体向后躺，肩部放在瑞士球上，颈部和头部不要放在瑞士球上。双手各握一只哑铃，掌心朝向身体内侧。
2. 双臂向两边伸展，肘关节微微弯曲（上臂和前臂之间呈约150度角）。
3. 保持肘关节角度不变，双臂慢慢将哑铃往胸部上方靠拢。
4. 回到起始位置。

涉及的肌肉

主要肌肉：胸大肌。

次要肌肉：三角肌前束、胸锁乳突肌、腹直肌、腹外斜肌、腹内斜肌、前锯肌（部分肌肉见图示）。

骑行动作要领

计时赛是非常残酷的。你已经在之前的骑行中耗尽了力气，但现在你必须激励自己在最后100米拼尽全力冲向终点。每一次你奋力蹬踩踏板，自行车都会向外侧摆动。你的双臂和胸部可以防止这种摆动过度消耗你的力量或控制力。从插图中你可以看出，自行车手的手臂姿势和瑞士球哑铃飞鸟练习的手臂姿势相似。记住，你需要将所有的力量用来使自行车向前行驶。因此，你必须借助你的胸大肌的力量来保持自行车的平衡。

变式

蝴蝶机夹胸

蝴蝶机夹胸练习是针对胸大肌进行的训练。你要确保你的身体处于良好的运动状态，保持背部紧贴垫子。在练习过程中，你要专注于胸部肌肉的练习，不要试图通过改变手臂姿势获得额外的杠杆力量。

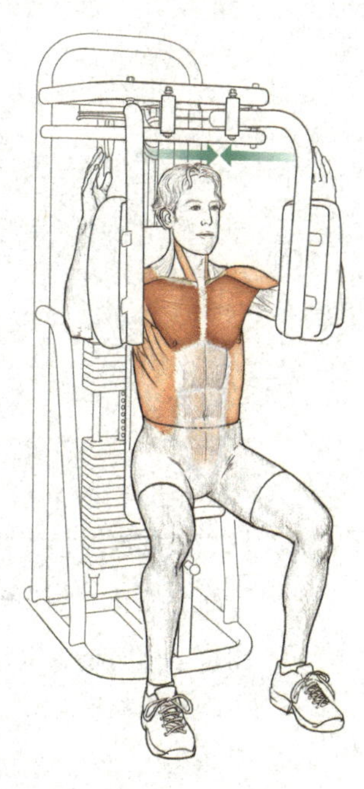

双杠臂屈伸

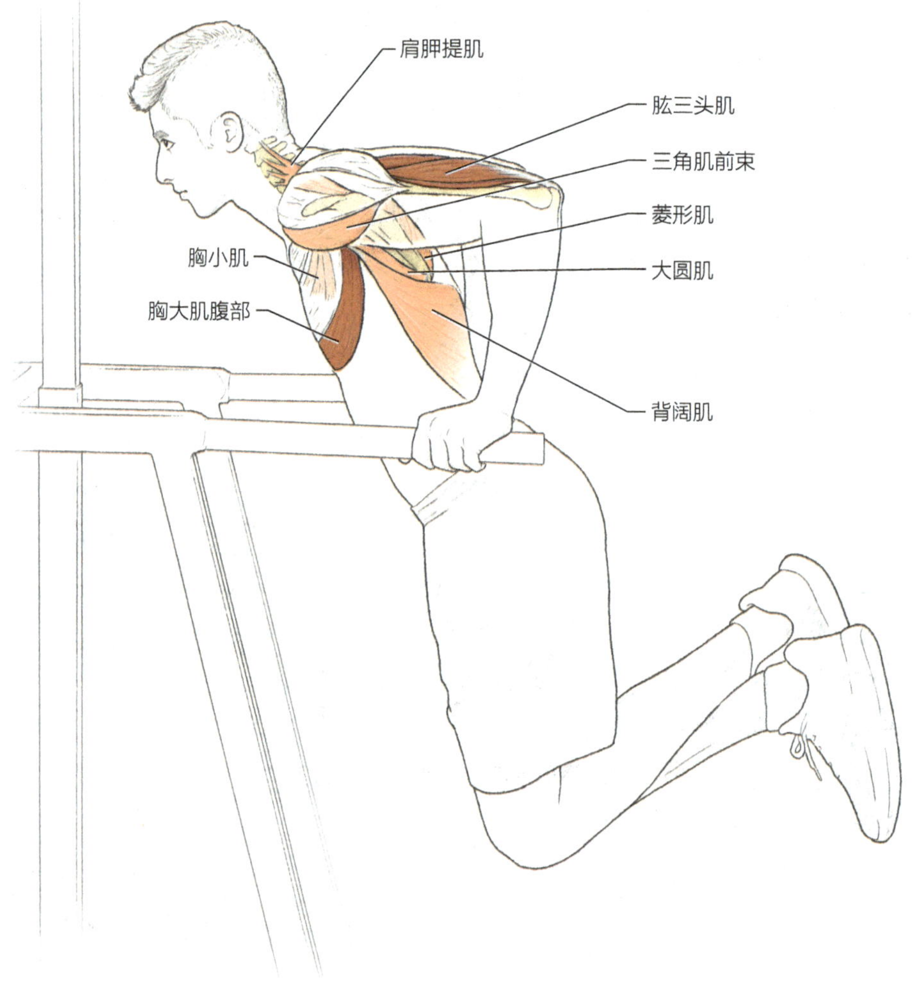

动作分解

1. 双手握住横杆，双臂伸展，胸部向前倾斜约30度。
2. 弯曲肘关节，放低身体，直到你的上臂（肱骨）与地面平行（肘关节弯曲至90度）。
3. 将自己推回起始位置。

涉及的肌肉

主要肌肉：胸大肌腹部、肱三头肌。

次要肌肉：三角肌前束、背阔肌、胸小肌、肩胛提肌、大圆肌、菱形肌。

骑行的动作要领

将练习插图与自行车手冲刺进行比较，你会更加了解这项练习的价值。双杠臂屈伸是我最喜欢的胸部练习方法，它可以同时锻炼支持上半身力量的多块肌肉。当你在比赛中冲刺时，胸部肌肉可以为你提供爆发力，帮助你稳定自行车，以及控制转向。你的双腿在冲刺过程中会产生巨大的扭矩，而胸大肌的力量可以平衡因此而左右摇摆的车身，从而保持车身平衡。你的腿部的所有力量都应该用来推动自行车前进，而不是让自行车扭来扭去。双杠臂屈伸练习能增强你的整个肩关节的力量，为你提供额外的力量和耐力来帮助你完成后半程的骑行。

器械双杠臂屈伸

如果你在没有任何辅助的情况下无法进行练习，借助器械进行双杠臂屈伸练习不失为一种有效的方法。这种器械通常包含一个平面，在你握住横杆的时候，你可以将你的膝盖放在平面上。你可以设置一个重量值，平面会在锻炼过程中帮助你提升和降低你的身体。

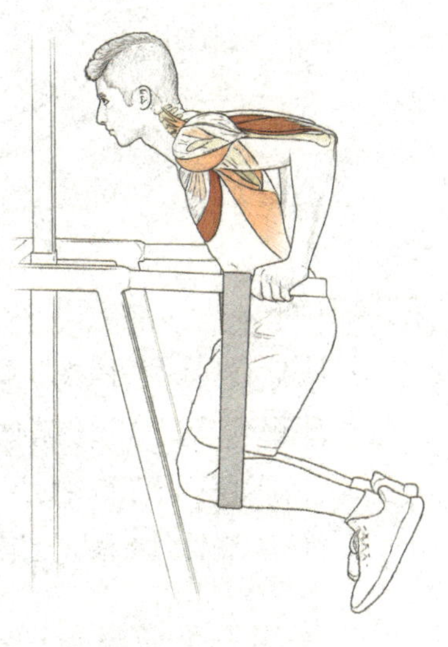

训练带辅助双杠臂屈伸

如果你在没有任何辅助的情况下无法进行练习，你可以在双杠的两个横杆上分别缠绕一圈训练带，将你的膝盖弯曲并放置在训练带上，这样训练带就可以支撑你的膝盖下方的小腿或脚踝。我经常在感到疲惫时使用这种练习方法。

下斜哑铃卧推

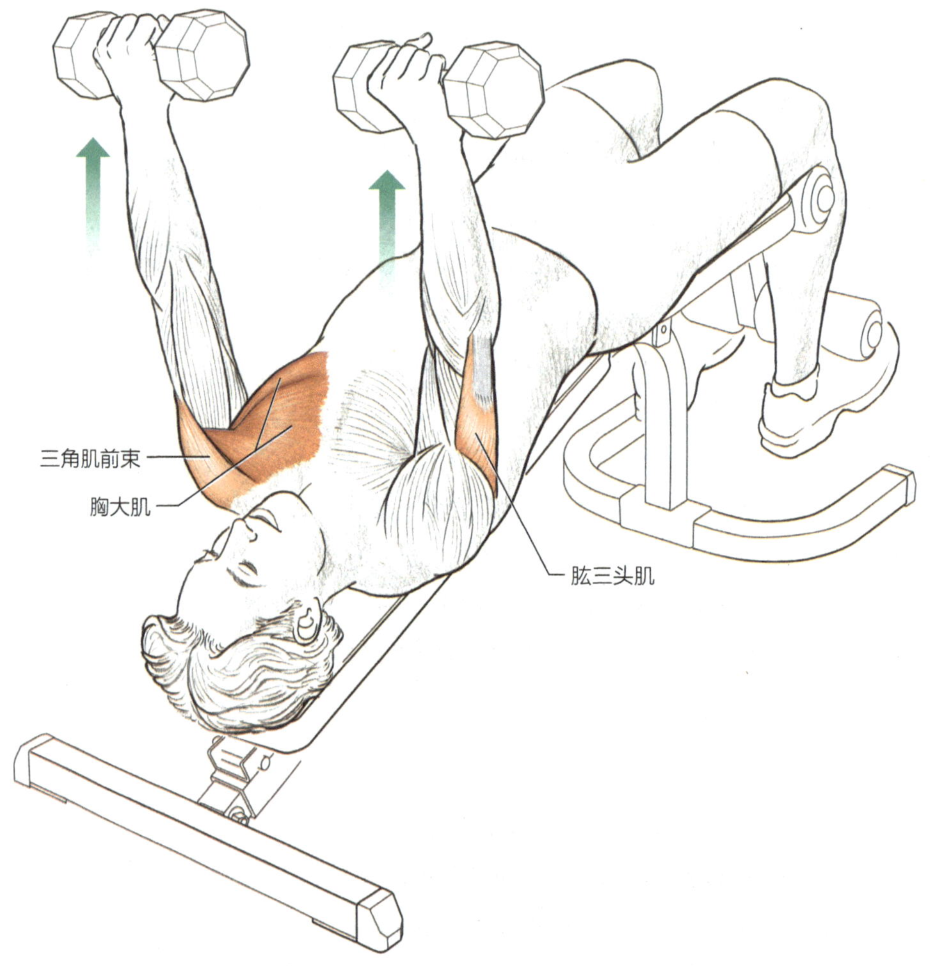

动作分解

1. 设置下斜长凳的倾斜角度为20度~40度。身体躺在下斜长凳上，双手分别握住一只哑铃。双臂伸展，掌心朝向天花板。
2. 将两只哑铃降至胸部位置。保持掌心朝向天花板。
3. 将两只哑铃向上推，直至回到起始位置。

涉及的肌肉

主要肌肉：胸大肌。

次要肌肉：肱三头肌、三角肌前束。

骑行动作要领

下斜哑铃卧推的姿势是在模拟爬坡时双手放在上把位上的姿势。当你站起身准备爬坡时，身体前倾会帮助你用力蹬踩踏板向前骑行。这种骑行姿势会增加你的臂部、肩部和胸部承受的压力。你的胸大肌腹部会帮助你保持自行车稳定，给你的身体提供支持。每踩一次踏板，自行车就会从一边摇晃到另一边。你的胸大肌会控制这个动作，帮助你保持有效的骑行姿势。

变式

下斜杠铃卧推

借助杠铃可以增强下斜卧推练习的稳定性。当你使杠铃下降时，杠铃一接触到胸部就应停止下降动作。这样会避免潜在的伤害发生。使用杠铃的缺点是它会限制手臂的自由和活动范围。在练习过程中，为了保持正确的训练姿势，手臂越不稳定，你需要锻炼的次要肌肉就越多。

绳索抗阻大飞鸟

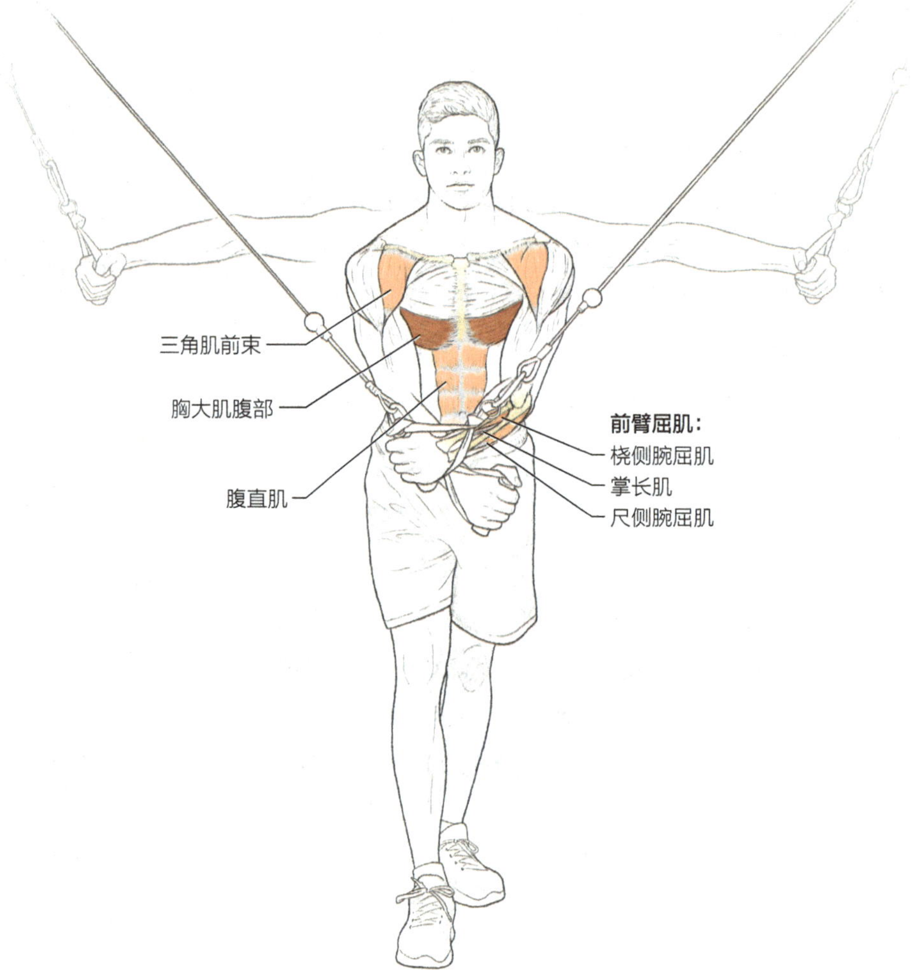

动作分解

1. 双手抓住高位滑轮的手柄，身体微微前倾。双臂向外伸展，肘关节稍微弯曲。
2. 保持肘关节的弯曲角度，将手柄绕过身体向前拉，直到你的手腕在腰部位置交叉。
3. 慢慢回到起始位置。

涉及的肌肉

主要肌肉：胸大肌腹部。

次要肌肉：三角肌前束、腹直肌、前臂屈肌（桡侧腕屈肌、掌长肌、尺侧腕屈肌）。

骑行动作要领

计时赛的开始部分可以称得上是自行车比赛中最具爆发性的时刻之一了。比赛一开始，你就需要迅速进入战斗状态。自行车通常有气动轮和气动杆，它们可以增强自行车的惯性。随着倒计时结束，裁判大喊“出发”，你就要拼尽全力往前冲了。当你的每条腿向下蹬踩踏板时，你的上半身会将车把向上拉来维持力量平衡。这需要你的胸大肌、肱二头肌和腹直肌强有力地收缩。绳索抗阻大飞鸟练习将有助于增强你的身体力量，从而使你更好地完成这一强度极大的收缩运动。

变式

坐姿绳索抗阻大飞鸟

你可以坐在瑞士球上进行大飞鸟练习，这样训练难度会更高，并且尤其需要用到腹部的肌肉。你会注意到你的整个核心非常稳固，并且肌肉收缩可以保持姿势稳定。

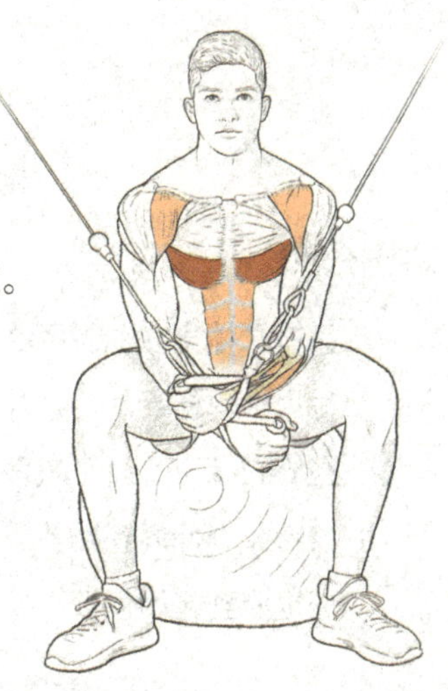

杠铃片挤压

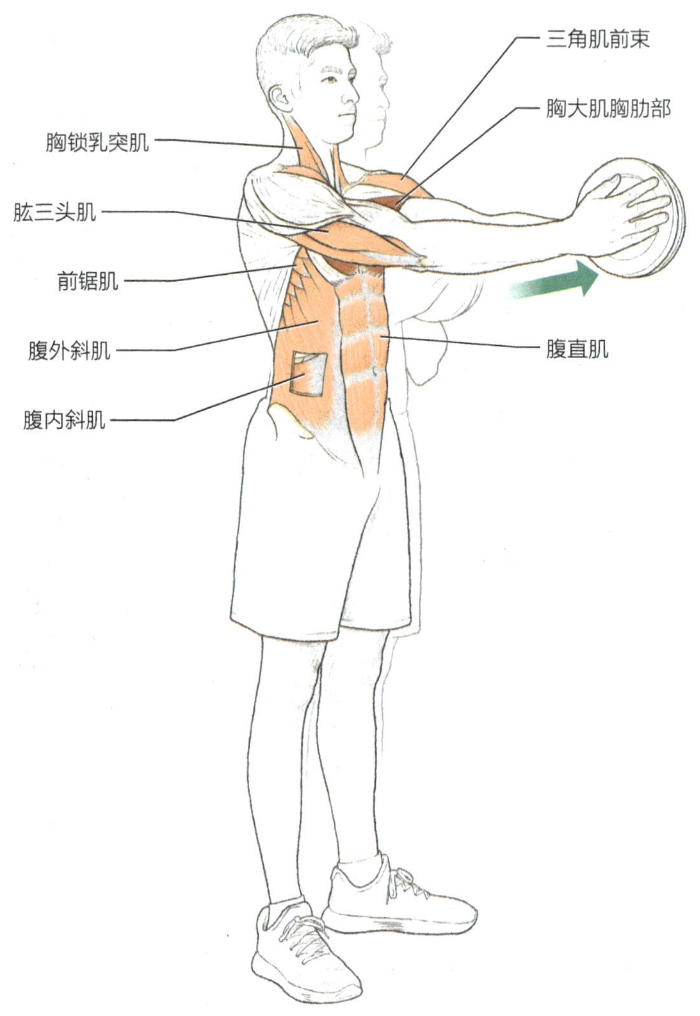

动作分解

1. 保持身体直立。将两块杠铃片夹在双手之间，与胸部齐平（如果需要，你可以从使用一块杠铃片开始练习），掌根贴近胸部。
2. 在等长练习阶段，双手集中力量用力按压杠铃片。
3. 双臂完全伸展到胸前，与地面平行，用力把杠铃片挤压在一起。
4. 慢慢回到起始位置。

涉及的肌肉

主要肌肉：胸大肌胸肋部。

次要肌肉：三角肌前束、肱三头肌、胸锁乳突肌、腹直肌、腹外斜肌、腹内斜肌、前锯肌。

骑行动作要领

对于自行车手来说，计时赛是一项非常严峻的考验。在比赛中争分夺秒是一种精神上的挑战，加之自行车手要努力控制自行车身以保持稳定，而握住气动杆转弯并非易事。通过弯道或崎岖路段时，要想保持自行车稳定，最好的办法就是等长收缩你的胸部肌肉，以稳定手臂在气动杆上的位置。要想达到这样的效果，自行车手必须在平时多加练习。

变式

杠铃片挤压接垂直移动

你可以按照杠铃片挤压的动作分解步骤进行练习，但是当你的双臂完全伸展时，双臂应放低至腰部以下（肘关节保持伸展状态），然后双臂向上举越过头部。这个练习比看上去难很多，所以让你的肌肉尽情燃烧吧！

哑铃仰卧屈臂上拉

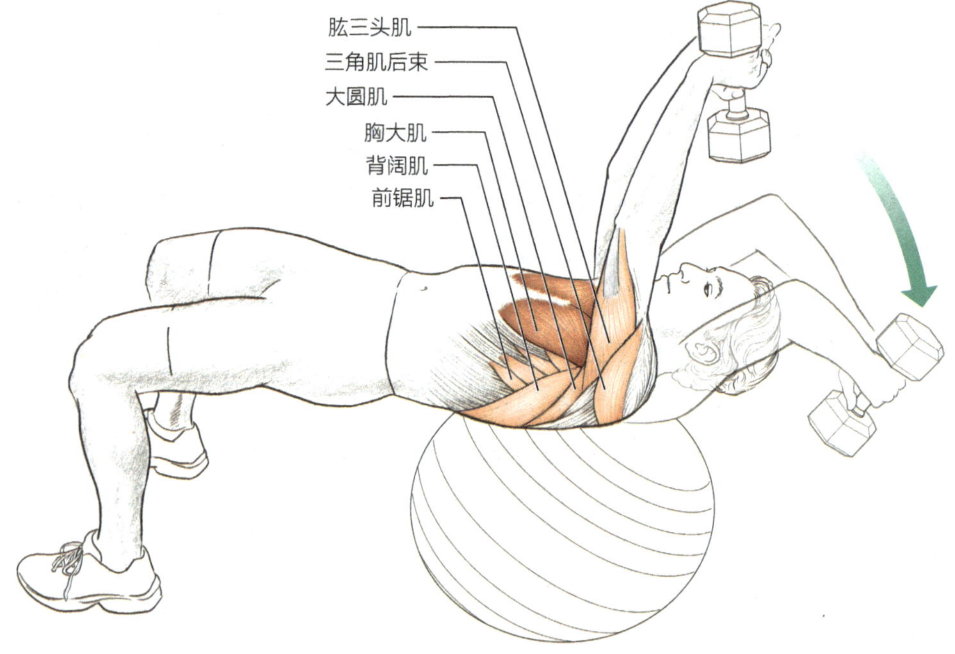

动作分解

1. 上背部仰卧在瑞士球上，双手握住哑铃（或壶铃）铃片的内侧边缘。
2. 将哑铃置于头部上方，肘关节微微弯曲，然后慢慢将哑铃向头顶后方落下，直到哑铃与头部齐平。
3. 保持肘关节弯曲，旋转肩部，将哑铃重新举回至与地面垂直的位置。

涉及的肌肉

主要肌肉： 胸大肌。

次要肌肉： 背阔肌、前锯肌、大圆肌、三角肌后束、肱三头肌、菱形肌、胸小肌（部分肌肉见图示）。

骑行动作要领

在计时赛中奋力穿过一条很长的直道时，你会用到这个练习锻炼的肌肉。在做这个练习的过程中，你会发现这个姿势类似于一个飞驰的自行车手的姿势。在每一次用力踩踏板时，你都会向后拉车把，使你的脚更加用力蹬踩踏板。简而言之，计时赛的关键是要快。我的一个朋友也是一位职业自行车手，他最近对在计时赛中快速骑行有了一个新发现。他说："你只需要更用力地蹬踩踏板就能比别人更快，这是专业人士之间的秘密！"

变式

长凳直臂杠铃上拉

这项练习不再使用哑铃，你可以使用杠铃进行练习。在练习过程中，你要保持双臂伸直，这有助于提高相应部位的柔韧性。

第6章 背　部

无论在骑行体能、身体健康，还是运动表现方面，拥有一个强壮和健康的背部都是至关重要的。背部和脊柱为你保持骑行姿势并发力提供了基础。然而，背部问题却是自行车手们经常抱怨的一个问题。由于骑行时背部呈弯曲姿势，所以背部肌肉一直处于紧绷状态。如果你没有通过训练来增强自己持续承受这种压力的能力，那么这种压力就会对你的身体造成严重的伤害。无论你骑行的姿势是站姿还是坐姿，你的背部都需要为你提供稳固的基础。正是通过这个基础，你的髋部、臀部和腿部才得以在整个蹬踩踏板的周期动作中产生力量。

要想拥有一个健康的背部，最好的方法就是主动锻炼你的背部肌肉，避免背部出现问题。本章介绍的练习将帮助你增强背部肌肉。在训练过程中，你需要循序渐进，从轻一点儿的重量开始练习。在增强背部力量方面投入时间，你可以获得长远的益处。如果你的背部本身就很强壮，那么刚开始练习较轻的重量时，你可能感觉不到力量的提升。但是，你一定要有耐心。轻重量练习是为了给你之后逐渐增大重量打好基础。如果你认真练习，并且随时关注自己的训练情况，你一定会在增强力量方面获得很大的进步。即使你认为自己正在用最小的重量负荷进行练习，你也能在一段时间后感觉到自己练习的效果。记住，你的身体是在休息的时间里完成适应的，所以你要给你的肌肉留出充足的恢复时间。意思就是，你不能在完成健身房背部训练后马上进行大量的自行车运动。

本章包含大量练习，它们可以帮助你为骑行或比赛时背部承受压力做好准备。和本书中的许多练习一样，背部的练习也和其他练习有交叉，这意味着一个练习可能会同时锻炼多块肌肉。但是，你的训练重点应该放在每项练习专门针对的肌群上，这样才能达到最优的训练效果。专注于各个部位的肌群进行专项练习，你会在健身房和骑行中获益良多。

骨骼解剖

脊柱是身体的支柱。它包含7块颈椎、12块胸椎、5块腰椎、1块骶骨和1块尾骨。躯干和颈部的所有支撑和运动都是由每一块支撑脊髓的椎骨共同完成的。每个椎骨与上下对应的椎骨之间都有多个接触点（图6.1），这些接触点称为关节面。每一层都有一个侧管（椎间孔），使神经可以从脊髓延伸到全身各处。大量的韧带有助于稳定和保持椎体之间的连接。

椎间盘可以缓冲两块椎骨之间的交叉部位，从而使脊柱平稳运动。椎间盘的纤维外层称为纤维环。帮助分散压力和应力的内层称为髓核。当纤维环破裂、髓核突出时，椎间盘就会突出。椎间盘周围的任何地方都有可能突出，当它发生在椎孔附近时，它就会压迫神经，产生令人难以忍受的疼痛和无力。

自行车手们经常出现背部问题，这是由于自行车手的骑行姿势会对脊柱的自然弯曲产生压力。正常情况下，背部下方会有一个前凸曲线，这个曲线导致腰椎向内弯曲。自行车手在骑行时，这条曲线会变平。自行车手喜欢“平背”骑行，他们认为这样进行骑行速度会更快。然而，脊柱前凸曲线变平会增加腰椎和椎间盘前方承受的压力。如果压

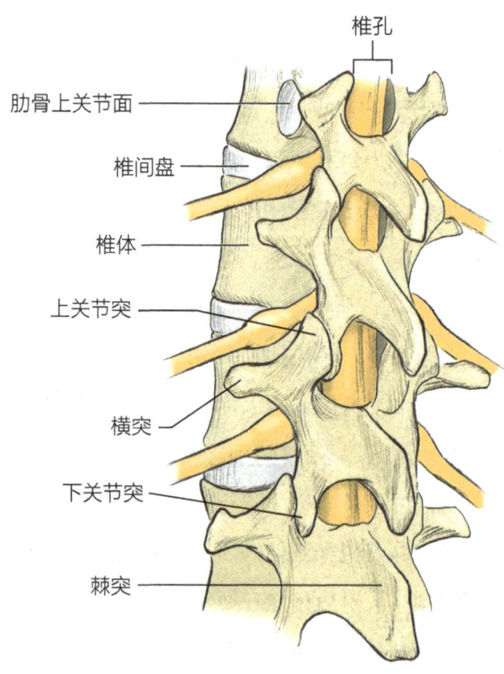

图6.1　脊柱

力过大，就可能导致椎间盘突出。你可以进行放松训练，在健身房锻炼背部和腹部的肌肉，这样可以避免骑行时可能出现的许多问题。

背部肌肉组织

作为一名长期骑行的自行车手，你需要拥有强壮的肌肉组织，而且背部应该成为你整个身体锻炼的主要部位。多层肌肉为脊柱和肩部提供支撑并帮助其运动（图6.2）。注意图6.2中肌纤维的方向，这些肌纤维的收缩和放松将是你锻炼的重点。

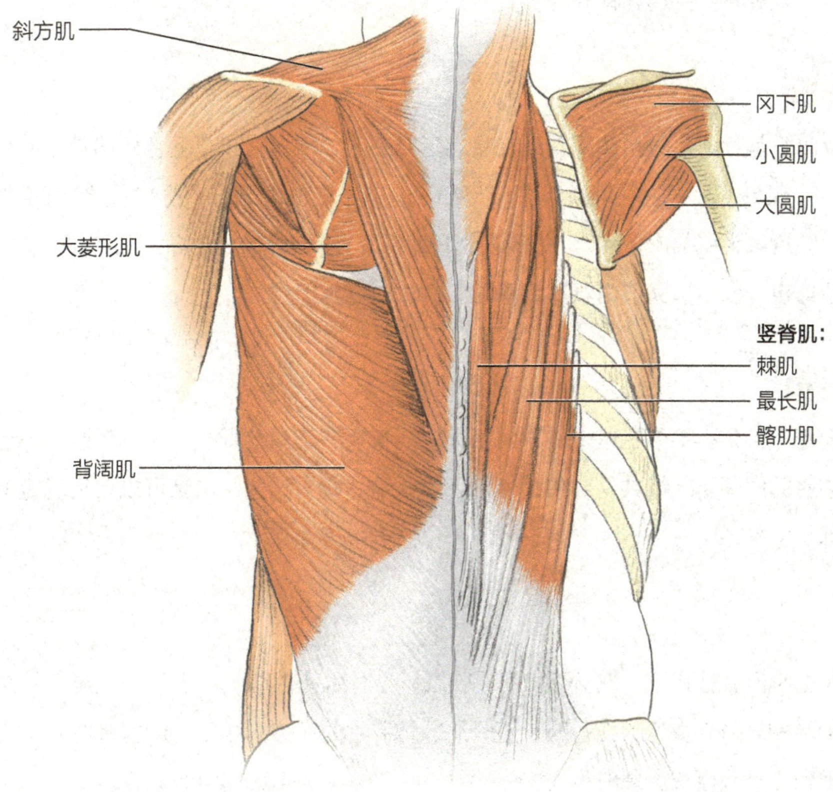

图6.2　背部肌肉

斜方肌

斜方肌体积较大，形状为扇形，是背部最外面的肌肉。它起源于颅骨底部，沿着脊柱，穿过背部附着于肩胛骨和锁骨。斜方肌负责执行多种动作，因为体积大并且呈扇形展开，纤维向多个方向延伸。从功能上看，斜方肌可以分为3部分；肌纤维的组合实现了第4种功能。

上部肌纤维：使肩胛骨抬高和肩关节外展（耸肩或抬起肩膀）。

中间肌纤维：使肩胛骨收缩（在中线处将肩胛骨拉在一起）。

下部肌纤维：使肩胛骨下降（下拉肩胛骨）。

肌纤维组合：使肩胛骨旋转。

背阔肌

背阔肌是背部另一块体积较大且呈扇形展开的肌肉，它起于下脊柱和骨盆的后上脊（髂嵴）。在另一端，肌纤维聚集在一起形成一条坚硬的纤维带（肌腱），附着于肱骨的上部（靠近胸大肌的附着点）。背阔肌的收缩将肱骨向下和向后拉，从而使肩关节伸展。这块肌肉也可以使肩关节内收（将手臂向身体内侧拉）。

菱形肌

大菱形肌和小菱形肌位于斜方肌下方，连接肩胛骨和上脊柱。大菱形肌、小菱形肌与斜方肌的中间肌纤维共同作用，使肩胛骨收缩。所有这些肌肉都可以帮助稳定肩部和上背部。

竖脊肌

竖脊肌沿脊柱排列。它分成3列：棘肌、最长肌和髂肋肌。它们的主要作用是稳定和延伸脊柱。当你在弯腰骑行时，竖脊肌收缩并承受压力。本章中的许多练习将直接或间接地锻炼这些至关重要的肌肉。

热身和拉伸

正如前面章节提到的，合理的热身运动是避免背部受伤的基础。在开始本章的练习之前，借助动感单车热身是一种有效的方式。划船也是一项不错的有氧热身运动，它会激活你的整个身体系统，同时能锻炼你的背部肌肉。另外，在开始本章的练习之前，你要确保自己已经做了充分的拉伸运动。你可以不带重量地做一些背部练习动作，每个姿势至少保持30秒，还可以做一些简单的后弯和向前伸展脊柱的动作来达到拉伸的目的。

硬拉

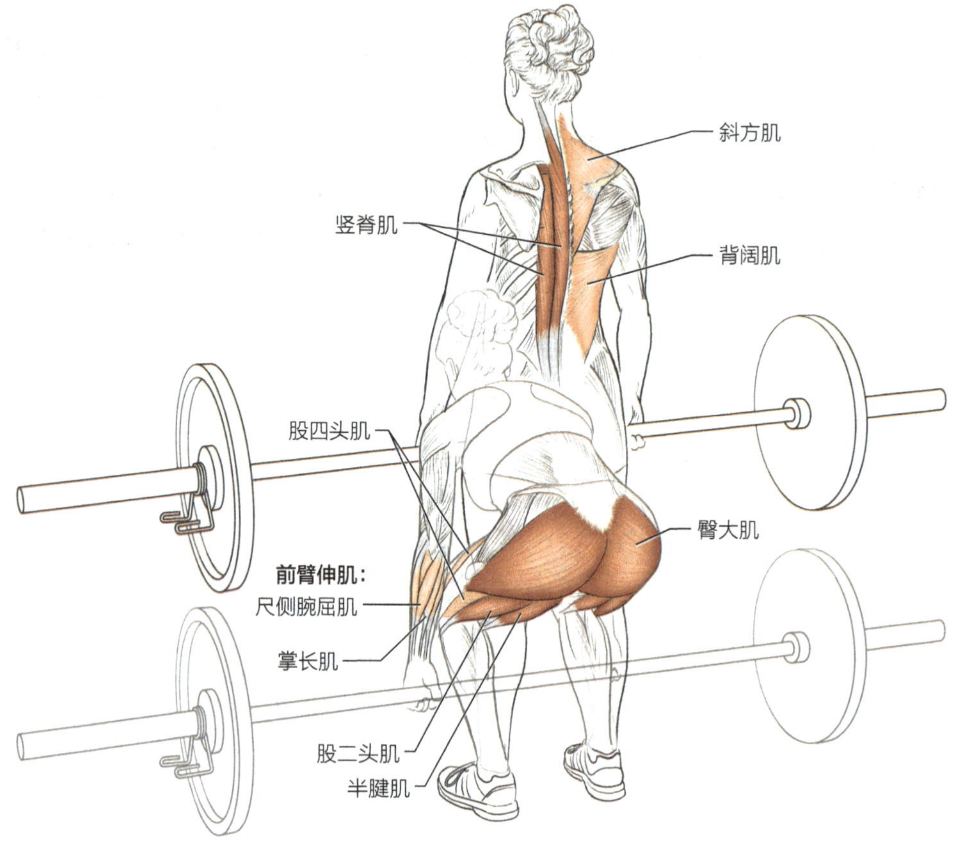

动作分解

1. 从杠铃放在地面上开始练习。两脚分开，与肩同宽，膝关节弯曲，掌心朝下，双手握住杠铃，间距与肩同宽。双臂在整个练习中始终保持伸展状态。
2. 保持脊柱伸直，下巴抬高，将杠铃提起至髋部，伸展臀部。
3. 将杠铃慢慢放回起始位置。

涉及的肌肉

主要肌肉：竖脊肌（髂肋肌、最长肌、棘肌）、臀大肌、腘绳肌（半腱肌、半膜肌、股二头肌）（部分肌肉见图示）。

次要肌肉：斜方肌、背阔肌、股四头肌（股直肌、股外侧肌、股内侧肌、股中间肌）、前臂伸肌（桡侧腕长伸肌、尺侧腕屈肌、掌长肌）（部分肌肉见图示）。

安全提示 保持正确的练习姿势非常重要。在进行这项练习时，保持你的头部朝上，背部挺直。这样可以使你的脊柱直立，同时避免你受伤。

骑行动作要领

硬拉练习是所有背部锻炼的基础。它需要你进行强有力的全身运动，并且可以激活你的身体系统，增强你的整体力量。它会向你的身体发出信号，使其释放出所有你锻炼肌肉时所需的激素和介质。在练习过程中，竖脊肌在支撑你的整个身体方面起着非常重要的作用。硬拉练习是非常适合自行车手的一个训练方法，它不仅可以锻炼基本的背部肌肉，同时可以锻炼一些为自行车提供动力的下肢肌肉，帮助自行车手稳定握把。在这项练习中，下背部显然承担了很大的训练负荷，但与此同时，你的腘绳肌、臀大肌和股四头肌也可以从训练中受益。还是那句话，我喜欢可以同时锻炼多块肌肉的练习，所以不用多说，硬拉练习一定占有一席之地。

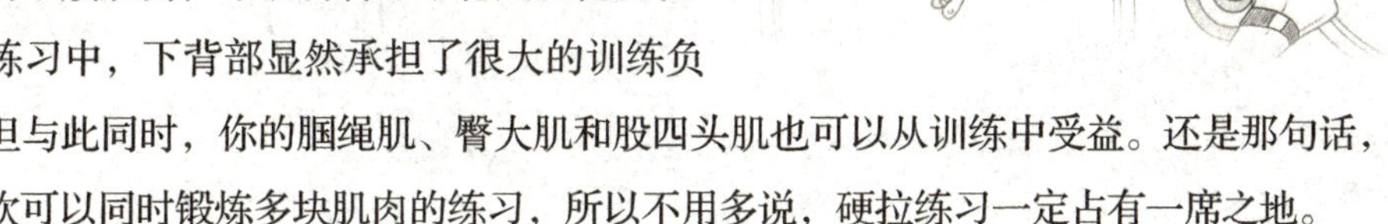

变式

相扑硬拉（宽站距硬拉）

双脚距离加宽，脚趾朝外。按照标准硬拉技巧进行练习。你可以选择一只手正握，另一只手反握杠铃。通过加宽双脚距离，股四头肌和髋内收肌会得到重点训练。

早安运动

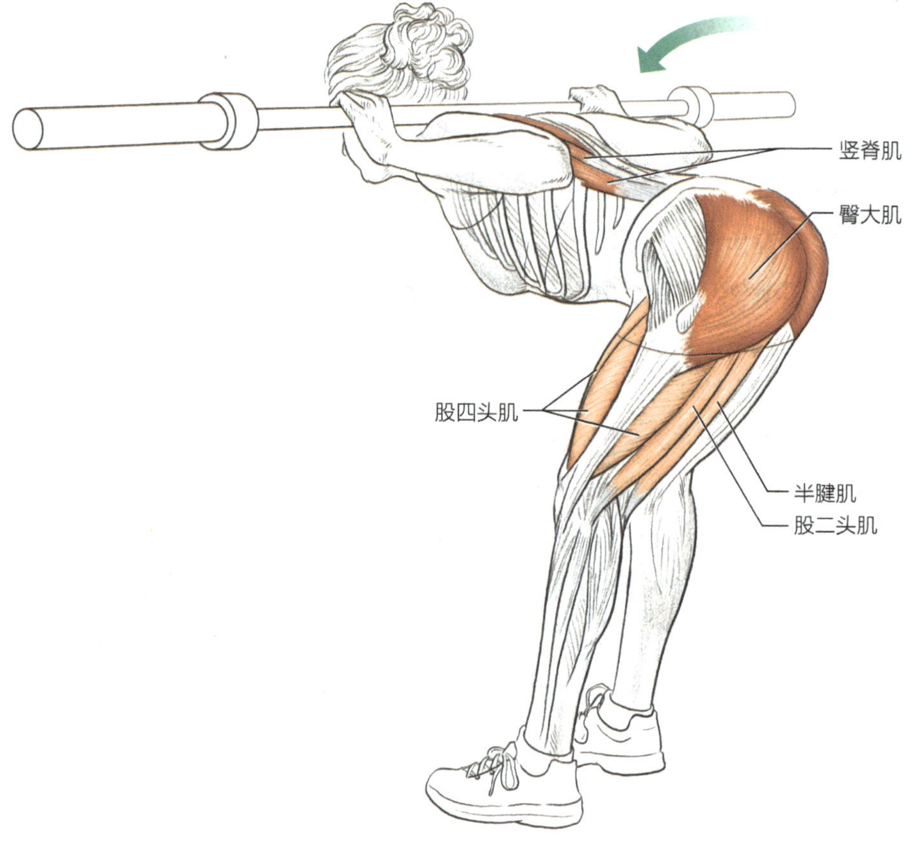

动作分解

1. 双脚分开，与肩同宽，将杠铃平行于地面横放在肩膀上。
2. 保持背部挺直，眼睛朝上看，从臀部的位置开始（注意不是从腰部开始）向前弯曲至上半身与地面基本平行。你应该可以感觉到你的腘绳肌得到了拉伸。
3. 身体慢慢向上，回到起始位置。

涉及的肌肉

主要肌肉：竖脊肌（髂肋肌、最长肌、棘肌）、臀大肌。

次要肌肉：腘绳肌（半腱肌、半膜肌、股二头肌）、股四头肌（股直肌、股外侧肌、股内侧肌、股中间肌）（部分肌肉见图示）。

骑行动作要领

当你进行这项练习时，切记不要练习过度，以免造成肌肉拉伤。早安运动可以帮助你锻炼你的肌肉，为你在骑行中保持正确姿势提供支撑。拥有强壮的竖脊肌会改善你的体形，同时可以提高你的能量输送能力。在理想状态下，你的骑行姿势应该是背部挺直平坦，双手自然放在车把上。你可以通过反光玻璃检查你的骑行姿势是否正确，确保你的背部挺直平坦且符合空气动力学。此外，所有沿脊柱分布的肌肉，包括竖脊肌，都会被用于稳定你的脊柱，降低脊椎半脱位（一个椎体向前滑向另一个椎体的情况）的风险。

变式

器械背部伸展

在做这项练习时，借助背部伸展进行训练能够大大提高练习的稳定性。如果你的背部有问题，或者你刚从背部受伤中恢复，这个器械可以有效地帮助你轻松锻炼你的竖脊肌。你要确保自己在练习中不会抬高骨盆来伸展背部。此项练习的目标就是有针对性地锻炼背部肌肉。

引体向上

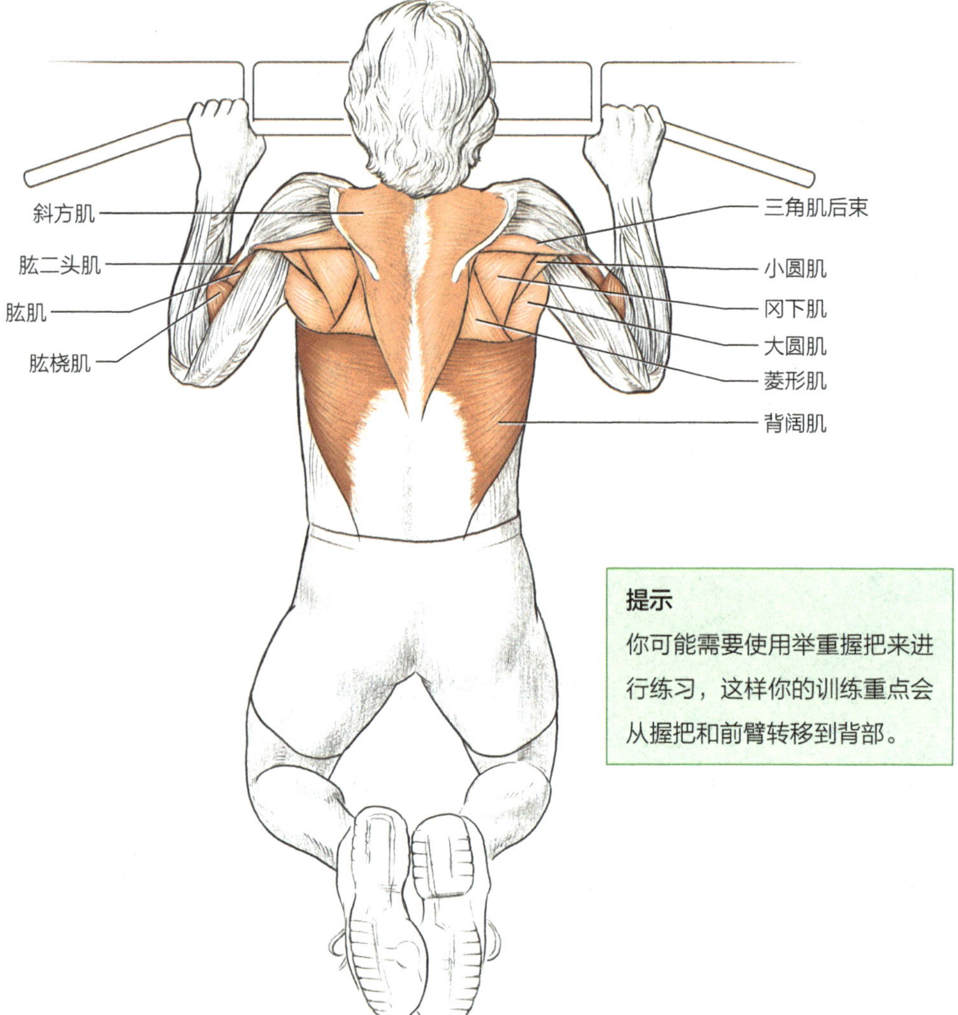

提示

你可能需要使用举重握把来进行练习，这样你的训练重点会从握把和前臂转移到背部。

动作分解

1. 双手分开，间距略宽于肩，将你的身体悬挂在引体向上横杠上。
2. 在不晃动身体的情况下，将你的身体向上拉，直到下巴越过横杠。
3. 慢慢回到起始位置（双臂伸直）。

涉及的肌肉

主要肌肉：背阔肌、肱二头肌、肱肌、肱桡肌。

次要肌肉：三角肌后束、菱形肌、大圆肌、小圆肌、冈下肌、腹外斜肌、腹内斜肌、斜方肌（部分肌肉见图示）。

骑行动作要领

许多自行车手都很抗拒引体向上这个动作，其实，这是一项非常经典的练习，可以帮助你锻炼背部的大部分肌肉。同时，它能重点锻炼肱二头肌、肱肌和肱桡肌。引体向上可以说是我最喜欢的背部练习了，它令我受益匪浅。作为一名自行车手，你需要依靠某些肌肉支撑你的身体，并依靠它们提供的最大的力量稳定自行车。无论你是爬坡骑行、冲刺，还是骑车兜风，你都能用到这项练习中锻炼的肌肉。我喜欢可以同时锻炼多块肌肉的练习，所以引体向上绝对是我的最爱。这项练习几乎可以成为很多锻炼计划的有效组成部分。

变式

辅助式引体向上训练器

如果你在没有任何辅助的情况下无法完成引体向上练习，那么这个器械将是你的绝佳助手。器械上显示的重量即你在做引体向上时器械辅助你的重量。因此，器械上显示的重量数字越大，你的练习难度就越小。

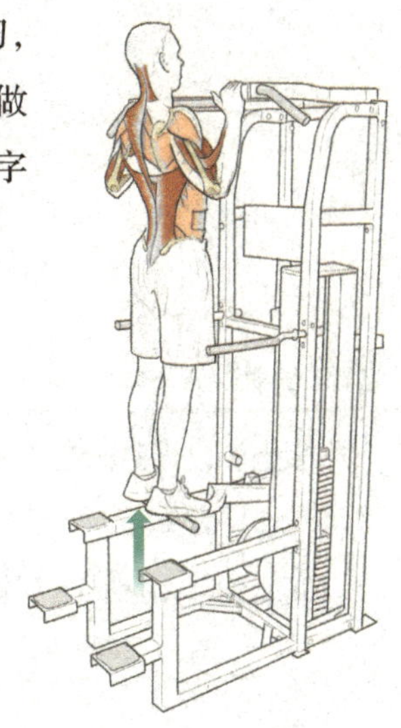

下拉

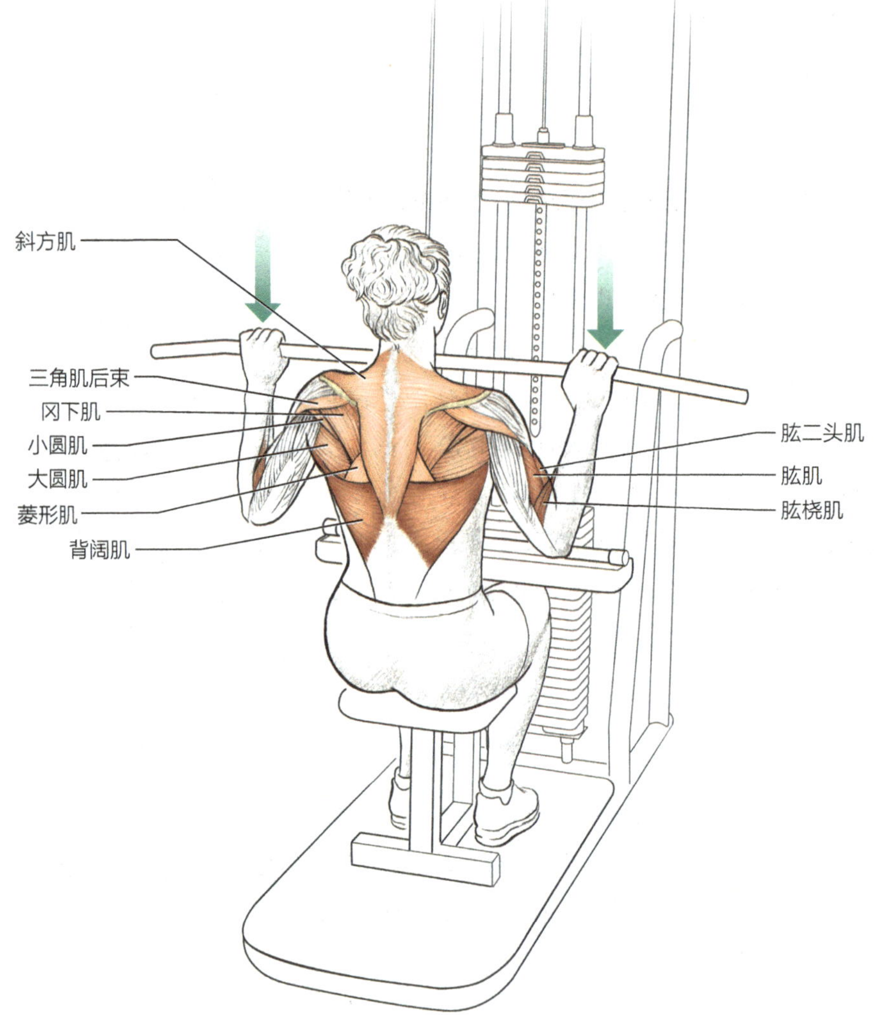

动作分解

1. 坐姿，大腿卡在垫子下面。双手距离加宽，手掌朝外握住横杆。
2. 保持身体不动，将横杆向下拉至胸部位置。
3. 回到起始位置（双臂伸直）。

涉及的肌肉

主要肌肉：背阔肌、肱二头肌、肱肌、肱桡肌。

次要肌肉：三角肌后束、菱形肌、大圆肌、小圆肌、冈下肌、腹外斜肌、腹内斜肌、斜方肌（部分肌肉见图示）。

骑行动作要领

尽管引体向上对我来说是一个更优选择，但下拉练习也不失为一种高效实用的练习方法。你可以通过不断进行下拉练习逐渐取得与引体向上相同的效果，或者当你做引体向上做得筋疲力尽时，下拉练习是一种额外的选择。你的背部、臂部、肩部，甚至全身都会在这项练习中得到锻炼。拥有高稳定性的背部肌肉能够使你在高强度的骑行训练中避免受伤或感到不适。停赛季是锻炼这些肌肉的绝佳时期，下拉练习可以帮助你的身体为即将到来的比赛做好充分的准备。如果你在训练季开始前就已经充分训练了背部，你可以在训练中多关注你的健康状况，而不要把注意力放在背部的不适上。

变式

窄握、反握及宽握下拉

下拉练习有多种变式。各种延伸练习方法锻炼的肌肉大致相同，但每一种练习的手握方式和双臂姿势不同，练习的侧重部位也有所不同。例如，反握下拉练习更倾向于锻炼胸大肌和肱二头肌。你可以在健身房采用多种练习方法，锻炼各个部位的肌肉。

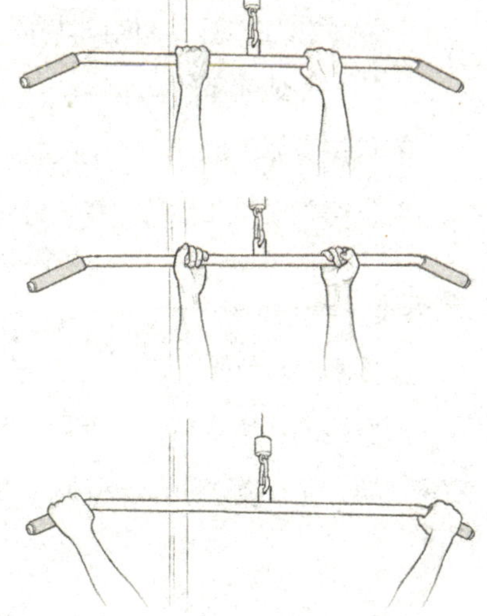

杠铃俯身划船

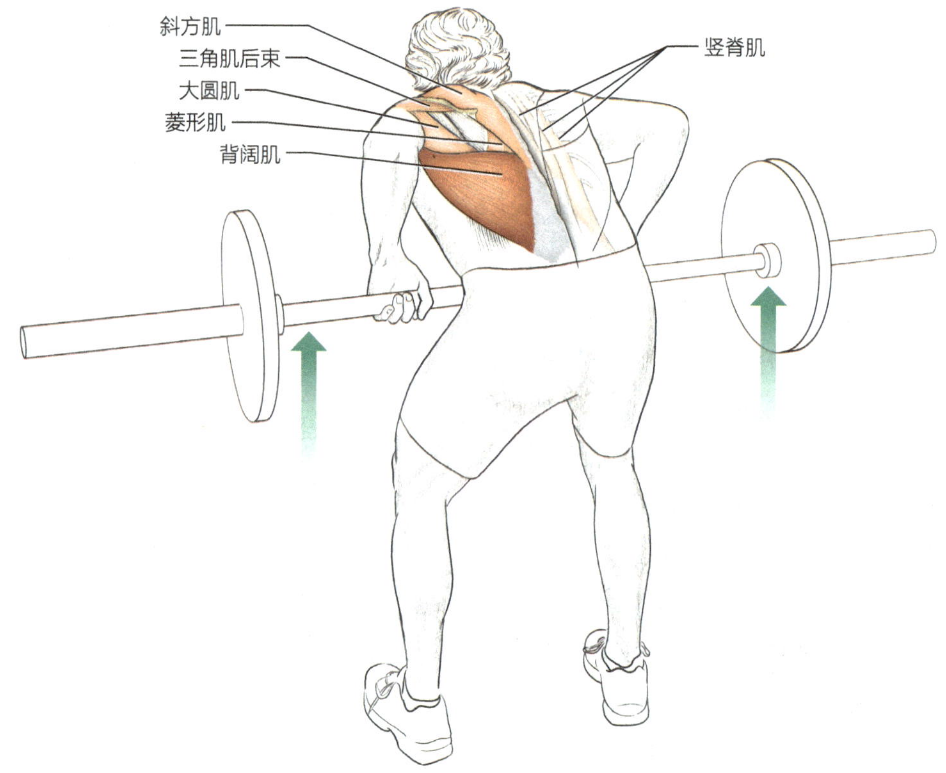

动作分解

1. 双手握住杠铃，间距与肩同宽，掌心朝内，双臂伸直。保持背部挺直，身体前倾，与地面呈约45度角。

2. 保持身体不动，垂直上拉杠铃至胸部下方。

3. 保持该姿势几秒后，将杠铃降至起始位置。

涉及的肌肉

主要肌肉：背阔肌。

次要肌肉：竖脊肌（髂肋肌、最长肌、棘肌）、肱二头肌、肱肌、肱桡肌、三角肌后束、斜方肌、菱形肌、大圆肌（部分肌肉见图示）。

安全提示 确保练习时上身从臀部开始弯曲，保持脊柱挺直。如果你在练习中弯曲背部，你的下背部会承受不必要的压力，这样你可能会受伤。

骑行动作要领

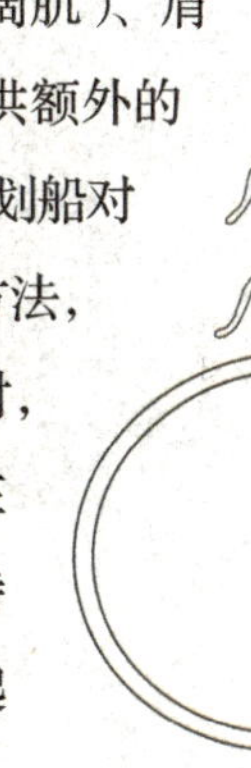

看了动作分解后，你会发现这项练习的姿势和你骑行时的姿势非常接近。当你双手握住上把位爬坡骑行时，你会有节奏地上拉车把。你的背部（通常是背阔肌）、肩部和双臂会帮助你保持稳定，并提供额外的力量帮助你对抗爬坡阻力。杠铃俯身划船对于自行车手来说是一种理想的练习方法，它能够锻炼竖脊肌。在做这项练习时，身体前倾的角度非常接近自行车手在骑行或爬坡时身体前倾的角度。坚持进行这项练习，你将在之后的山路爬坡骑行中不惧阻碍，一往无前。

变式

T杠划船

T杠划船是一项很棒的杠铃俯身划船的变式练习。你可以借助一个无重量的杠杆进行练习，也可以使用T杠练习机来练习。

坐姿划船

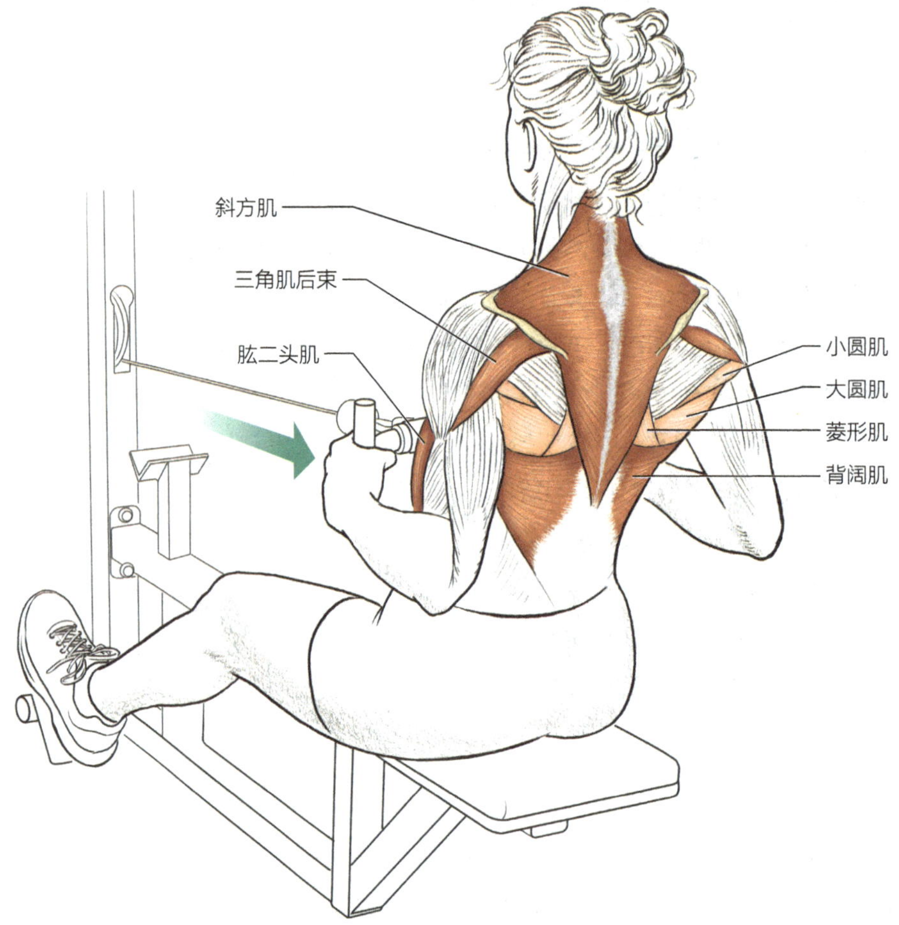

动作分解

1. 双脚分开，与肩同宽。双脚放置在划船平台或脚踏板上。面朝滑轮，双手握住手柄，双臂伸直。
2. 保持背部挺直，集中精力将肩胛骨拉向脊柱（双臂保持伸直状态）。
3. 将手柄拉至胸部，至肩胛骨完全收缩，保持肘关节紧贴身体两侧。
4. 回到起始位置，伸展双臂，放松肩胛骨。

涉及的肌肉

主要肌肉：斜方肌、背阔肌、三角肌后束、肱二头肌。

次要肌肉：菱形肌、大圆肌、小圆肌、竖脊肌（髂肋肌、最长肌、棘肌）、肱肌、肱桡肌（部分肌肉见图示）。

骑行动作要领

从某种程度上讲，如果你在一个地形复杂的区域里骑行，你难免会遇到一段陡坡。这时候，即使你调到最省力的挡速，你也会发现要使自行车持续前进并非一件易事。每一次蹬踩踏板都是一件苦差事，你不得不依靠你的双臂和背部的力量拉拽自行车把来使自行车前进。坐姿划船练习将帮助你充分锻炼臂部和背部。练习插图中的握把姿势模仿了你在骑行时双手握住下把位或上把位的姿势。你可以随意握住手柄的附属部位（手掌向下握）来模拟你的手握住自行车横把位的姿势。

变式

器械坐姿划船

器械坐姿划船练习可以帮助你取得同样的锻炼效果。但是，在做这项练习时，你的胸部要靠在垫子上，这样你可能没有办法锻炼下背部的肌肉。

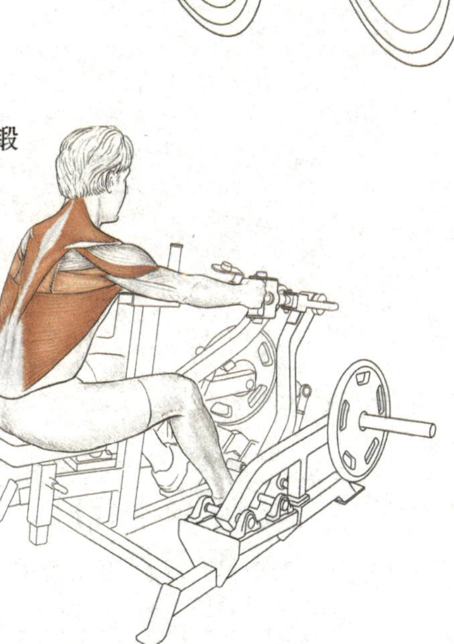

垂直地雷管划船

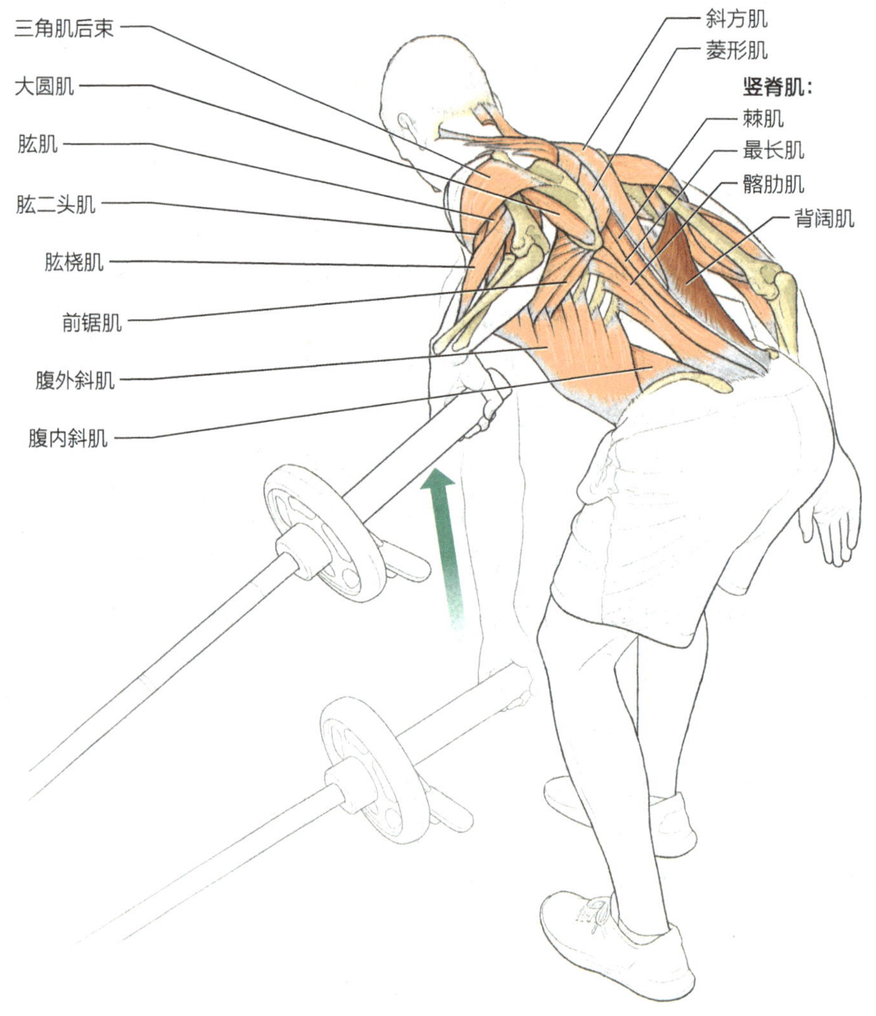

动作分解

1. 垂直身体放置一个杠铃。将你的脚放在杠铃后方附近，这样你就和杠铃处于一个交错的姿势。身体面向前方。
2. 上半身向前弯曲约45度，膝盖弯曲，一只手掌心朝内，抓住杠铃的末端。
3. 保持背部挺直，将杠铃直拉至腋下位置。集中精力将肩胛骨向身体中线处拉。
4. 回到起始位置，肘关节变回伸展状态。
5. 使用镜像姿势锻炼另一边。

涉及的肌肉

主要肌肉：背阔肌。

次要肌肉：竖脊肌（髂肋肌、最长肌、棘肌）、肱二头肌、肱肌、肱桡肌、三角肌后束、斜方肌、菱形肌、大圆肌、腹外斜肌、腹内斜肌、前锯肌。

骑行动作要领

同杠铃俯身划船练习相似，这项练习的姿势和你骑行时的姿势非常接近。此外，由于不对称性，这项练习可以锻炼你的核心肌群。我非常喜欢这项练习，因为我可以感觉到当我爬陡峭的斜坡，或者因加速而使自行车从一边向另一边倾斜时，用到的肌肉正是这项练习所锻炼的肌肉。当我爆发性地蹬踩踏板冲刺时，垂直地雷管划船练习可以提供我所需要的各种稳定要素。

变式

俯身壶铃上举

通过做不对称的动作来扭转身体是这项练习的关键。你可以借助壶铃或哑铃进行练习。

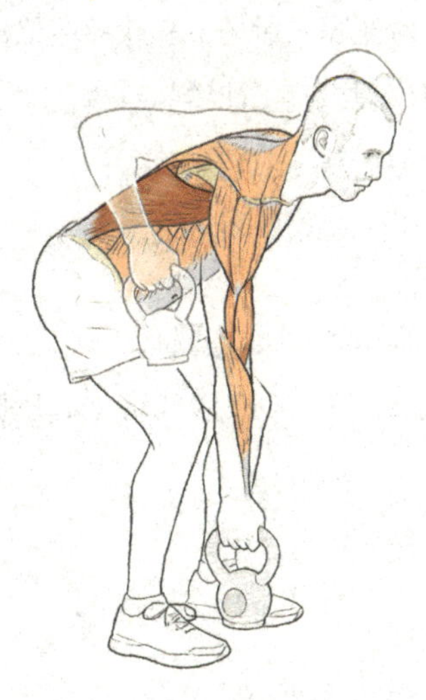

瑞士球对侧伸展

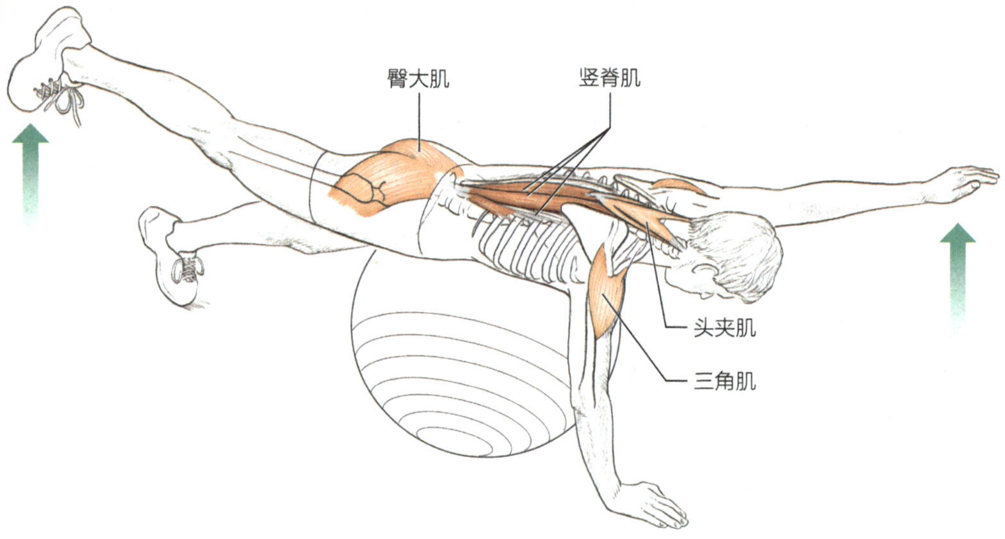

动作分解

1. 身体平卧，将小腹放在瑞士球上。
2. 保持一只脚放置在地面上，对侧手也放置在地面上，向前伸展背部，同时抬起和伸展另一侧的手臂及其对侧腿。肘关节和膝关节保持伸直（伸展）姿势。
3. 慢慢放下你的手臂和腿。围绕瑞士球卷曲身体。
4. 换另一只手臂和另一条腿重复练习。

涉及的肌肉

主要肌肉： 竖脊肌（髂肋肌、最长肌、棘肌）。

次要肌肉： 头夹肌、臀大肌、三角肌、喙肱肌（部分肌肉见图示）。

骑行动作要领

当你骑行时，你的竖脊肌会持续承受压力。在大多数时间里，这些肌肉会帮助你保持前倾的骑行姿势。如果你感到背部酸疼和疲惫，竖脊肌一定是罪魁祸首。瑞士球对侧伸展练习对解决这个问题特别有效，因为它能让你的身体的各个部位进行最大程度的伸展，从而使你在骑行中长时间弓背的情况下也不会感觉疲累。你也不需要增加重量来取得练习效果。记住，拉伸和移动你的肌肉，使其在整个活动范围内锻炼，这将有助于你最大限度地锻炼你的肌纤维。

变式

瑞士球双臂伸展

瑞士球双臂伸展是一项很好的变式练习，可以使背部完全伸展。你可以选择将双脚同时放在地面上或者每次抬起一只脚来进行练习。另一种选择是双手或前臂着地，在瑞士球上呈俯卧撑姿势，然后将两条腿向天花板提起，以伸展下背部。

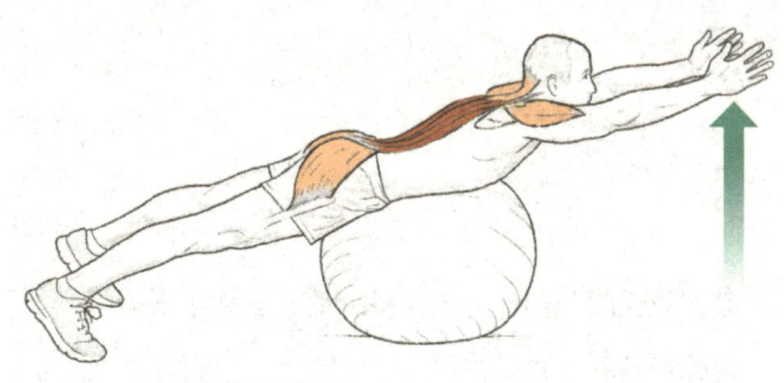

俯卧飞鸟式静态背部伸展

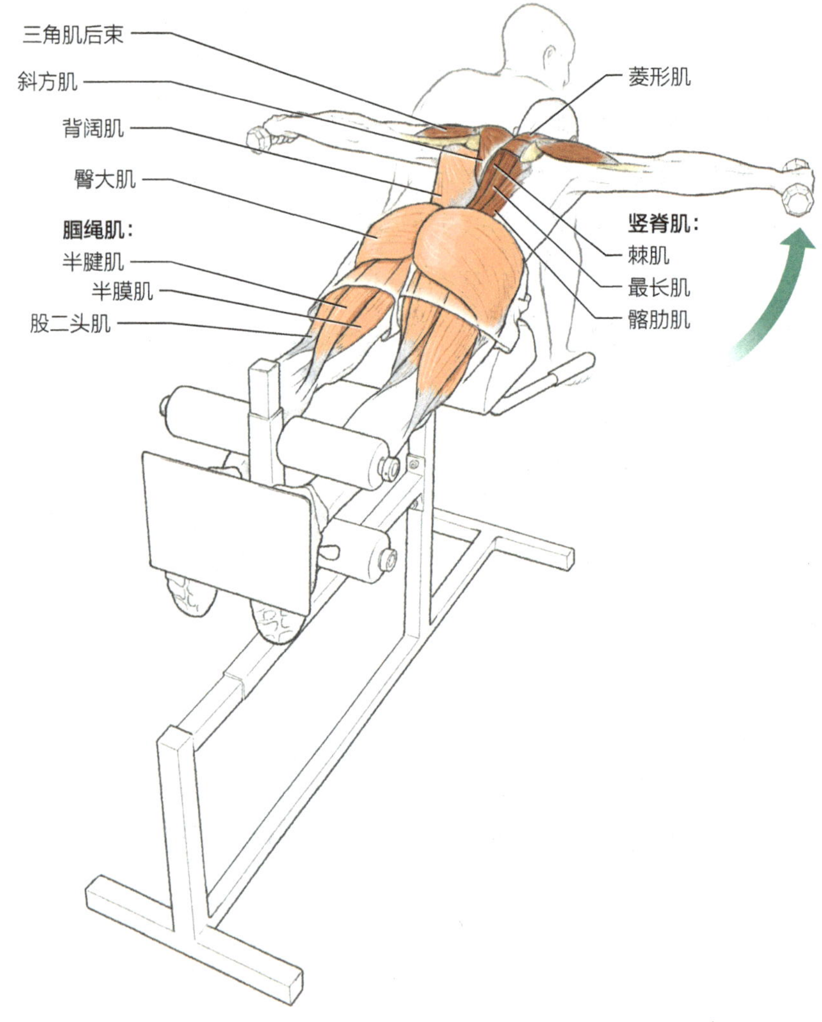

动作分解

1. 面部朝下，髋部放在腰部伸展椅上，脚踝放在支撑物下面。
2. 双手各握一块杠铃片或一只哑铃。
3. 这是一个静态的下背部练习。一旦你调整好姿势，下背部就不能动了。伸展你的下背部，保持脊柱与地面平行。

4. 双臂垂向地面，做一个反向飞鸟动作。当你挥动手臂向上时，你的肩胛骨会被拉到一起。以一个T形姿势结束动作，下背部仍然保持伸展状态。

5. 双臂回到下垂姿势。重复手臂动作，保持下背部不动。

涉及的肌肉

主要肌肉：竖脊肌（髂肋肌、最长肌、棘肌）、菱形肌、斜方肌、三角肌后束。

次要肌肉：背阔肌、臀大肌、腘绳肌（半腱肌、半膜肌、股二头肌）。

骑行动作要领

这是一项静态的下背部和动态的上背部相结合的练习。它不仅能够锻炼负责移动肩胛骨的肌肉（菱形肌、斜方肌和三角肌后束），而且能够增强竖脊肌的力量。这正是自行车手需要的练习。自行车手在骑行过程中长时间弯腰握车把，下背部可能会发生痉挛。这项练习在增强下背部力量的同时，也会增强下背部耐力。毋庸置疑，长时间奋力骑行非常考验下背部的耐力。

变式

A字形静态背部伸展

你可以按照俯卧飞鸟式静态背部伸展的步骤进行练习，但是要改变手臂的动作。不要做反向飞鸟的动作，试着加入第4章中描述的A字形练习。按照上页练习动作分解中的步骤1~3进行练习，但是不要做飞鸟的动作，而是模仿第4章中描述的A字形练习的手臂动作。这项练习的关键是保持你的下背部处于伸展状态，随着时间的推移你的耐力会提高。

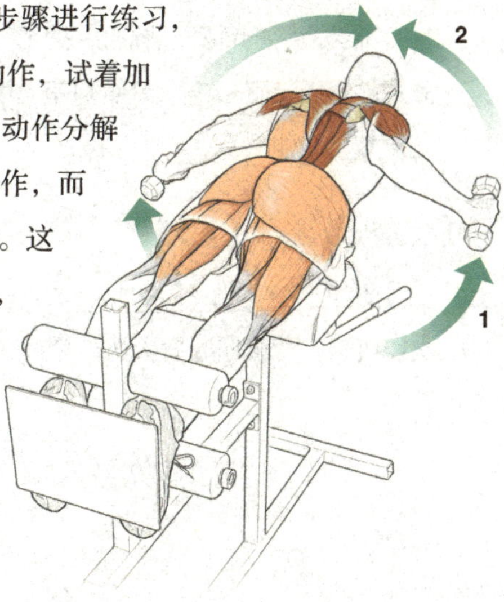

2

1

手臂挥动背部伸展

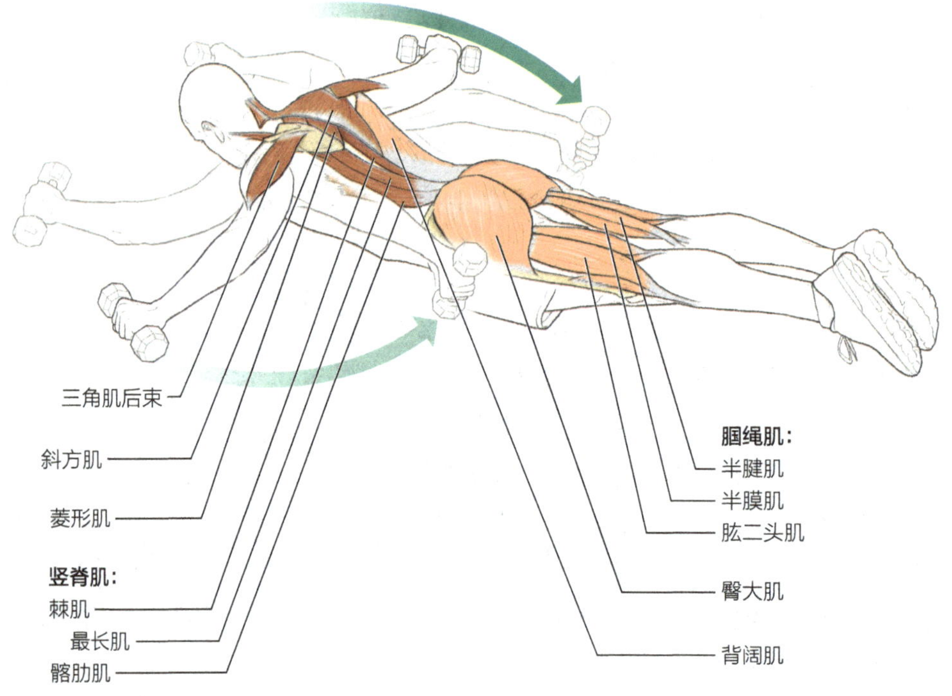

动作分解

1. 趴在地面上或垫子上，双臂前伸。双手各拿一只轻重量哑铃。
2. 背部伸展，胸部和双腿向上抬至与地面或垫子分离（超人姿势）。
3. 挥动双臂至臀部，然后回到超人姿势。
4. 重复动作。

涉及的肌肉

主要肌肉：竖脊肌（髂肋肌、最长肌、棘肌）、菱形肌、斜方肌、三角肌后束。

次要肌肉：背阔肌、臀大肌、腘绳肌（半腱肌、半膜肌、股二头肌）。

骑行动作要领

正如我们之前提到的，骑行会对你的下背部产生压力。因此，在健身房中，你应该集中精力锻炼这些背部肌肉，避免背部受伤。这项练习实操起来远比看上去难。记住，拥有一个平衡的肌肉组织是保持脊柱正确排列和避免受伤的关键。因为你在骑自行车的时候被限制在一个位置上，所以你应该在健身房里做更大活动范围的练习。如果你的身体处于平衡状态，你的肌肉在整个运动过程中都有力量，你会骑得更快、更好。

变式

手臂自由下落

手臂自由下落可以帮助你通过手臂挥动练习来伸展背部。面部朝下，趴在地面上。背部伸展，呈超人姿势，然后放松。将你的手臂向两边伸直，然后放松。最后，将你的手臂平放在身体两侧，双手放在臀部，伸展和放松。通过将运动分解成独立的部分，你能够逐步增强你的耐力，从而把背部伸展和手臂挥动结合起来练习。

耸肩

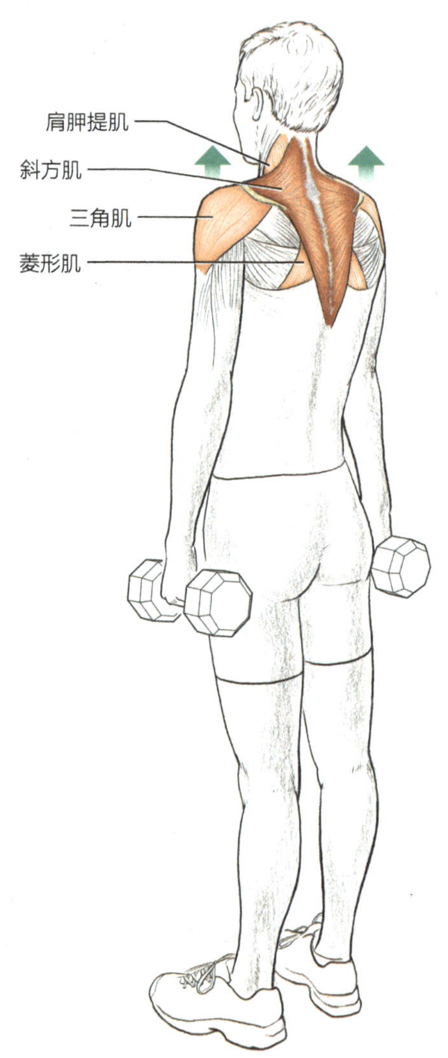

动作分解

1. 保持背部挺直，双臂伸直，双手各握一只哑铃。
2. 在不弯曲双臂的前提下，竖直耸起肩部，靠近耳部。
3. 慢慢回到起始位置。

涉及的肌肉

主要肌肉：斜方肌。

次要肌肉：三角肌、肩胛提肌、菱形肌、竖脊肌（髂肋肌、最长肌、棘肌）、前臂肌（部分肌肉见图示）。

骑行动作要领

这项练习锻炼的大部分肌肉都会在你身体前倾、双手握把骑行时发挥作用。在你准备爬坡骑行时，这些肌肉往往会承受更大的压力。当你站起身子、身体前倾时，肩部和双臂支撑着上半身的重量。在崎岖不平的道路上骑行，你会更需要这些肌肉来提供支撑。尽管许多自行车手从未在鹅卵石路上骑行过，但大多数自行车手都遇到过凹凸不平的建筑区道路和破旧的乡村道路。随着每次的颠簸从道路传递到你的车把上，你的双臂和肩部会通过屈曲和收缩来减轻震感。

变式

杠铃耸肩

你可以使用杠铃替代哑铃来进行这项练习。站在稳定盘上练习是一个很好的训练方法，它可以增强腿部、下背部和躯干的肌肉力量。

第7章

核心肌群

拥有一个强壮的腹部核心肌群对提升你的骑行表现至关重要。这个肌群在稳定你的骑行姿势方面发挥着非常重要的作用。核心肌群和背部肌肉一起，为你骑行所需的爆发力和速度提供力量基础。

自行车手因骑行姿势练就了强壮的背部肌肉组织，因此加强身体前侧肌肉的锻炼以保持前后平衡非常重要。自行车手在车把上方弯曲背部而加强了背部肌肉。这也正是我们想通过训练得到的结果，锻炼并增强肌肉。然而，这样的骑行姿势同时也导致了前后肌肉的不平衡——背部肌肉比腹部肌肉和核心肌群更强壮，这种不平衡会产生问题。

正如第6章提到的，你的椎骨应该均匀整齐地一一堆叠。如果你的背部肌肉对脊柱的拉力大于前面腹部肌肉的拉力，你的椎骨会慢慢地被拉离直线。这种错位发展下去，就可能使椎间盘突出。这通常被称为"椎间盘突出"，任何有过这种不幸遭遇的人都可以证明椎间盘突出会让你感觉到强烈的不适和疼痛。你会变得特别虚弱，可能需要接受脊柱修复手术。写作本书的部分目的就是避免这些问题的产生。要想抵消背部肌肉的过度增强并保持前后肌肉的平衡，唯一的方法就是在健身房集中精力锻炼腹部肌肉和核心肌群。

腹部肌肉的一个重要功能是为你的双腿驱动自行车提供一个稳定的平台。当你的腿在踏板运动中旋转时，腹部肌肉和背部肌肉共同稳定你的髋关节和骨盆。任何结构的基础对其稳定性都至关重要，你的身体也不例外。为了将最大的动力从你的双腿转移到踏板上，你需要拥有一个强壮、稳定的核心肌群。当然，这并不意味着你在骑行过程中骨盆是不动的，而是说你的背部肌肉和腹部肌肉在你蹬踩踏板的过程中会协调运作，支撑你保持正确的骨盆姿势。如果你的腹部肌肉和背部肌肉不能有效固定骨盆，你就不能在比赛中取得好成绩。

当你骑行至接近身体极限，气喘吁吁地试图吸入空气中的每个氧分子时，腹部肌肉有助于提升你的最大通气（呼吸）量。当你因骑行时的高要求而感到紧张时，你的整个身体会协调运作，持续向踏板传送力量。这也是全身体能训练会帮你实现更好的骑行表现的原因。

腹部肌肉组织

腹部肌肉是一组分层的肌肉，可以使躯干向前弯曲、旋转和向左右弯曲。除了众所周知的腹直肌（“六块腹肌”）之外，还有另外三块肌肉和腹直肌一起形成了腹壁。这些肌肉相互重叠，能够有效地支撑躯干的大范围活动。本章的练习将锻炼这里提到的所有肌群。

腹直肌

腹直肌位于腹壁中线的两侧，是腹部最为明显的肌肉（图7.1）。它们垂直地从肋骨和胸骨的下缘延伸到骨盆的耻骨。在这些肌肉周围有一种叫作腹直肌鞘的坚韧的纤维物质（筋膜）。腹直肌鞘形成一个网格状图案，将肌纤维固定，形成腹部的中央垂直划分（白线）和水平划分（腱划），进而形成了“六块腹肌”的外观。腹直肌使躯干向前弯曲。上部肌肉向下拉肋骨，下部肌肉向上拉骨盆。这种高强度的收缩会在你的腹部锻炼中被广泛使用。

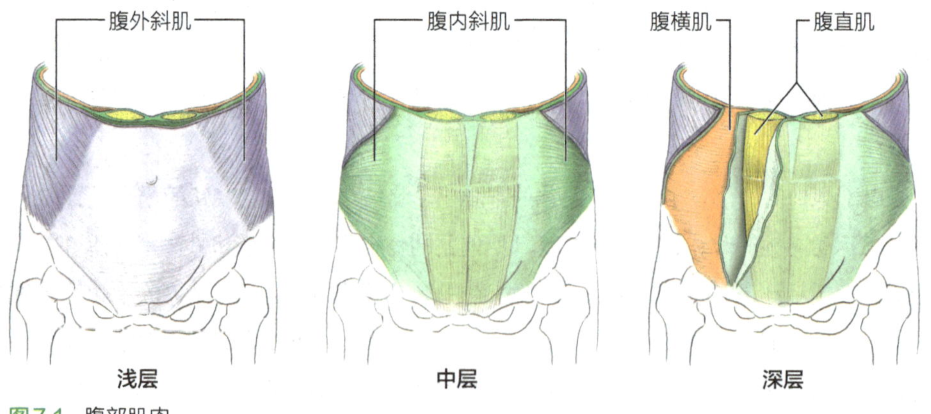

图7.1　腹部肌肉

腹外斜肌

腹部的其他三块肌肉都分布在腹直肌的浅层，其中分布在最浅层的是腹外斜肌。它从肋骨向下、向内朝着白线和骨盆延伸。当肌肉通过内侧（向内）时，它会形成一个坚韧的纤维鞘，称为腹外斜肌腱膜。腹外斜肌腱膜与前面提到的腹直肌鞘相结合。

腹内斜肌

腹内斜肌位于腹部肌肉的中层。它与腹外斜肌方向相反，从骨盆向上、向内朝着白线和肋骨延伸。腹内斜肌也形成一种纤维腱膜，与腹直肌鞘和腹外斜肌腱膜相结合。

身体一侧的两个斜肌收缩使身体向一侧弯曲。身体两侧的4个斜肌同时收缩可以协同腹直肌使身体向前弯曲。无论何时，当你收紧腹部或向下使劲（瓦尔萨尔瓦氏动作，闭上嘴巴和鼻子，同时将空气排出）时，身体两侧的斜肌收缩都能保护和固定腹壁。

腹横肌

腹横肌位于腹部肌肉的深层。它似乎是由“工程师”有意设计来参与所有可能的运动的，腹横肌从背部、肋骨、骨盆水平延伸到耻骨和腹直肌鞘。和其他腹部肌肉一样，它也会形成筋膜。背部的胸腰筋膜向外侧和内侧（向中心）形成肌肉；筋膜与腹直肌鞘和腹肌腱膜相连。腹横肌的主要作用是帮助你强制呼气和增加腹内压。它还有助于在高强度运动和紧张时稳定腹壁。

核心肌群锻炼

本章的练习会帮助你锻炼所有的腹部肌肉。从解剖学角度看，腹部没有上部和下部之分。但是为了帮助你更好地在健身房中进行练习，本书的练习将腹部划分为多个位置：一般部位、上部、下部和斜部。尽管每一项练习都会帮助你锻炼腹部的大部分肌肉，但是特定部位的练习将更有针对性。在进行每一项练习时，你应该集中精力锻炼该项练习针对的肌肉。锻炼腹部肌肉不能追求速成，不要轻信那些广告商的花言巧语。你必须在健身房花费时间和精力来锻炼这些肌肉，这样才能提高你的运动表现。

热身和拉伸

和所有的训练一样，你需要在训练之前进行充分的热身运动。用10~15分钟在健身车、跑步机或椭圆机上做有氧运动。当你心跳加速并出汗后，你需要拉伸腹部和躯干的肌肉。本章中的许多练习都可以作为热身运动。你可以只按照步骤说明进行运动，不增加额外负重。为了热身，与抗阻训练相比，你可以稍微扩大活动范围。

另外两个拉伸运动是扫帚柄拉伸和碰脚趾式弓身。

扫帚柄拉伸

将一个扫帚柄横放在肩膀上，身体从一侧转动到另一侧，保持该姿势30~60秒。

碰脚趾式弓身

双脚并拢站直，双臂垂直伸展到头顶上方。保持双臂伸直并向后伸展背部，双手向上、向后伸展。慢慢向前、向下弯曲双臂，弯曲臀部，保持双腿伸直，双手尝试触摸脚趾。反向做动作，回到起始位置。重复整个动作，直到你感觉身体已经充分拉伸。

瑞士球传球

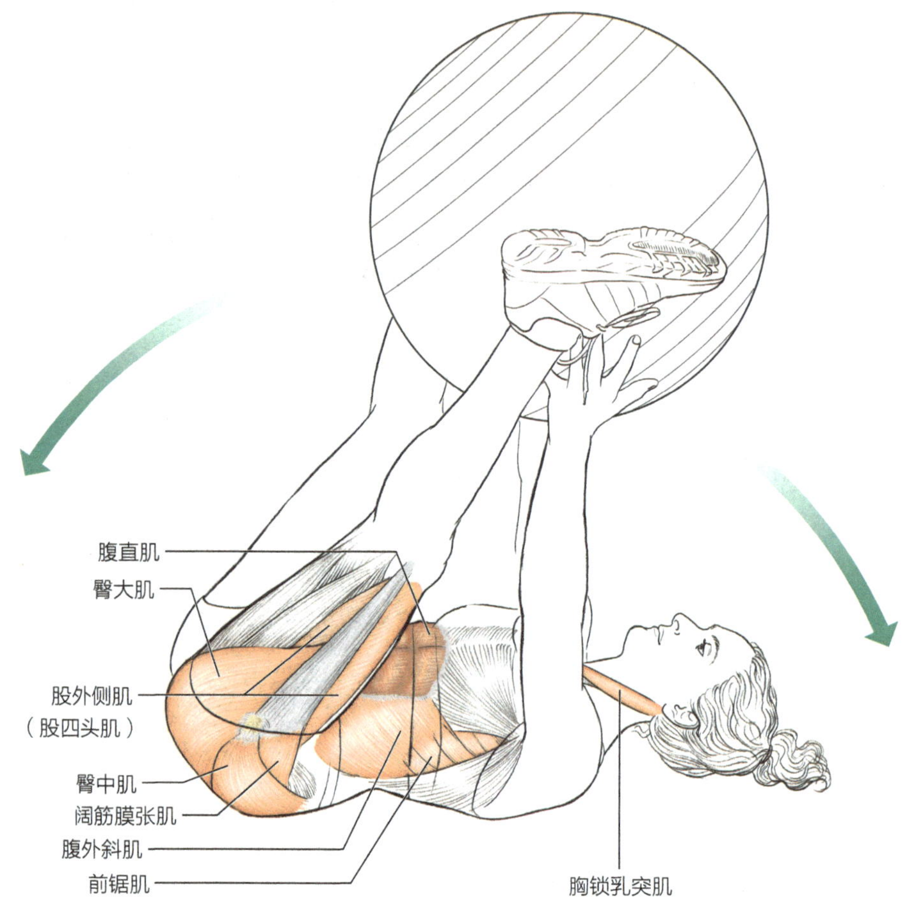

动作分解

1. 仰卧，双腿伸直。双脚用力夹住一个瑞士球，双臂水平伸展到头顶上方。
2. 做一个卷腹动作，将双腿和双臂伸至与地面垂直。肩部保持垂直离地。
3. 当双臂垂直伸过腹部时，用双脚把瑞士球传到手上。
4. 慢慢回到起始位置，此时瑞士球在你的手中。
5. 反向重复动作。

涉及的肌肉

主要肌肉：腹直肌。

次要肌肉：腹外斜肌、腹内斜肌、腹横肌、髋内收肌（大收肌、长收肌、短收肌）、股薄肌、缝匠肌、髂腰肌、股直肌、阔筋膜张肌、耻骨肌、股四头肌（股直肌、股外侧肌、股内侧肌、股中间肌）、前锯肌、胸锁乳突肌（部分肌肉见图示）。

骑行动作要领

骑行时保持骨盆稳定的重要性不言而喻。无论你是在冲刺、爬坡骑行，还是计时赛中，你的腿部都需要一个坚实的基础，以便在蹬踩踏板时产生惊人的动力。在计时赛中，当你以符合空气动力学的姿势在风中穿行时，你的身体应该是静止和结实的。你给踏板提供的动力越多，你的骑行表现就会越好。你的腹部肌肉将在建立这个需要的基础上发挥关键作用。瑞士球传球练习的优势是，在锻炼你的腹部肌肉的同时，还可以锻炼臀部和腿部肌肉。将你的双脚并拢持球，你也可以锻炼你的髋内收肌。当你感到疲劳或以最大能力运动时，你的髋内收肌和髋外展肌的力量将有助于减轻你的踏板运动压力。

X形卷腹

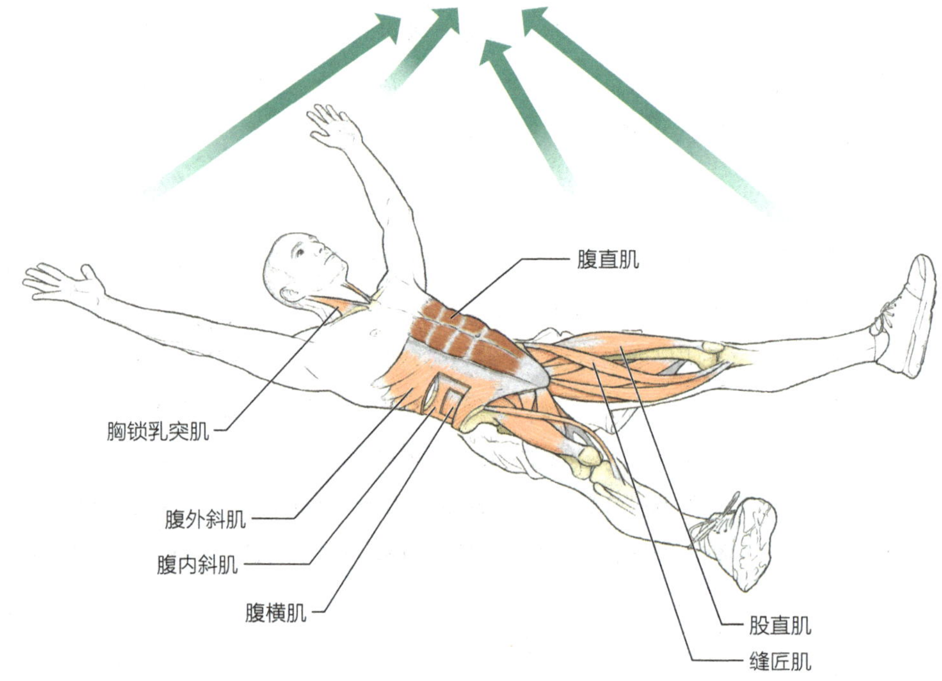

动作分解

1. 平躺，手臂和腿伸展成X形。
2. 将你的脚和手抬离地面几厘米。这个姿势是你练习的起点和终点。在整套动作中，你的手和脚不能接触地面。
3. 双手和双脚靠拢，从中间向上伸展。尽量保持双臂和双腿伸直（你可能需要练习一下才能完成这个姿势）。
4. 回到起始位置。

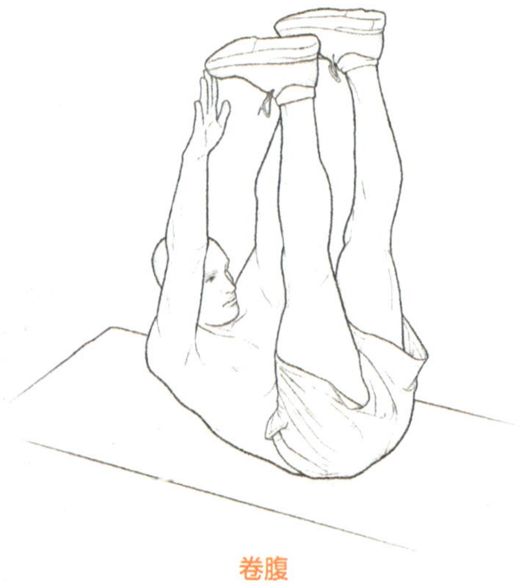

卷腹

涉及的肌肉

主要肌肉：腹直肌。

次要肌肉：缝匠肌、髂腰肌、股直肌、阔筋膜张肌、耻骨肌、短收肌、长收肌、腹外斜肌、腹内斜肌、腹横肌、胸锁乳突肌（部分肌肉见图示）。

骑行动作要领

X形卷腹是一项难度较大的练习。它需要力量、协调性、平衡性和专注力，所有这些因素都会对你的骑行产生影响。由于你需要保持双腿和躯干笔直，你必须要调节和加强你的上半身和下半身之间的联系。通过这个练习，髋屈肌可以得到很好的锻炼，从这项练习中获得的力量将直接用于你的骑行。这项练习可以增强你的髋部、骨盆和躯干的稳定性。这将有助于巩固你的骨骼基础，给你一个很好的平台，为你的踏板骑行提供最大的动力。

变式

V形瑞士球

做这项练习时，你一定要注意安全！这是一种高难度的腹部练习方法。由于这项练习存在诸多不稳定因素，因此你需要大量练习来确保安全。在进行这项练习时，首先你需要坐在一个大的瑞士球上，双手放在臀部的侧后方。身体向后倾，保持双腿伸直。髋部弯曲至身体呈V形。慢慢将双腿和身体靠拢，减小V形的角度。为了能在瑞士球上进行这项练习，你可能需要先在一个平坦的长凳上进行练习。

跪姿绳索卷腹

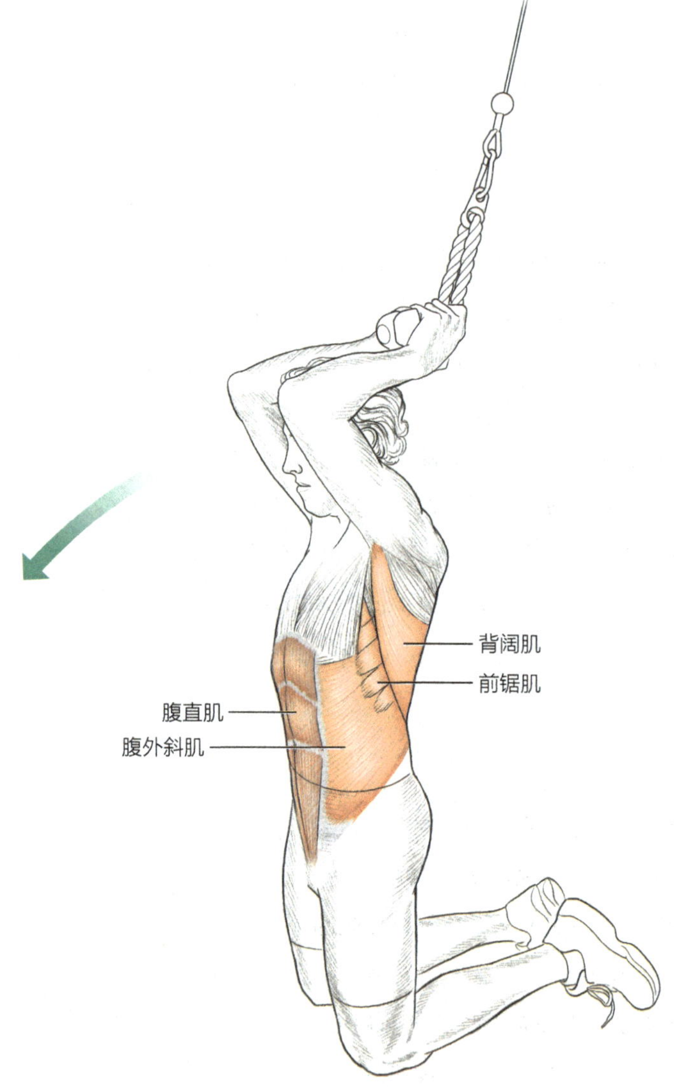

动作分解

1. 背对滑轮系统，跪在垫子上，同时握住一根高过头顶的高位滑轮的绳索。
2. 身体向膝盖方向弯曲。集中精力于弯曲腰部，下巴向下、向内收。
3. 在该动作下坚持几秒。你应该会感觉到腹部肌肉在相互挤压。
4. 慢慢恢复直立跪姿，回到起始位置。

涉及的肌肉

主要肌肉：腹直肌。

次要肌肉：腹外斜肌、腹内斜肌、腹横肌、前锯肌、背阔肌（部分肌肉见图示）。

骑行动作要领

正如我们之前讨论的，标准的骑行姿势会对背部造成巨大的压力。长时间骑行会导致背部肌肉过强，自行车手们需要通过加强腹部肌肉训练来保持前后平衡。跪姿绳索卷腹练习有助于脊柱正确排列，同时有助于增强核心肌群的力量。这项练习的结束姿势和你从自行车上下来的姿势相似，此时最需要腹部肌肉。当你在进行这项练习时，你应试着感受这些动作是如何模拟你骑行时的不同姿势（上把位、横把位、下把位、计时赛）的。这有助于你在骑行时保持正确的骑行姿势，并且有助于你集中精力锻炼这项练习针对的各块肌肉。

变式

器械卷腹

身体紧贴在支撑垫上。在卷曲腹部肌肉的同时，集中精力保持身体紧贴垫子。在做这项练习时，你可能想要尝试更重的重量，但是一定要保证训练姿势正确。我见过很多自行车手一味追求重量，而忽视了训练姿势。

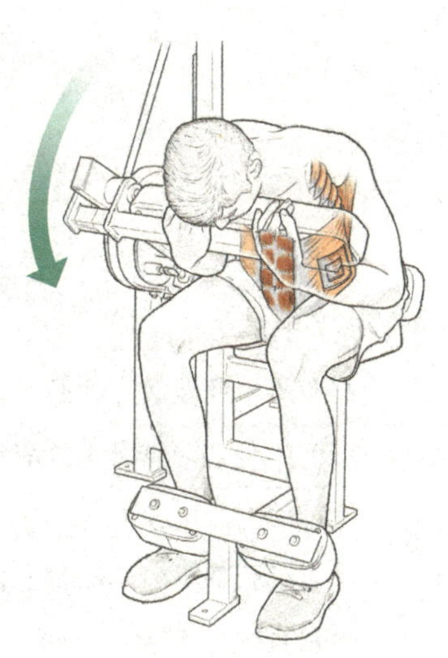

瑞士球躯干提拉

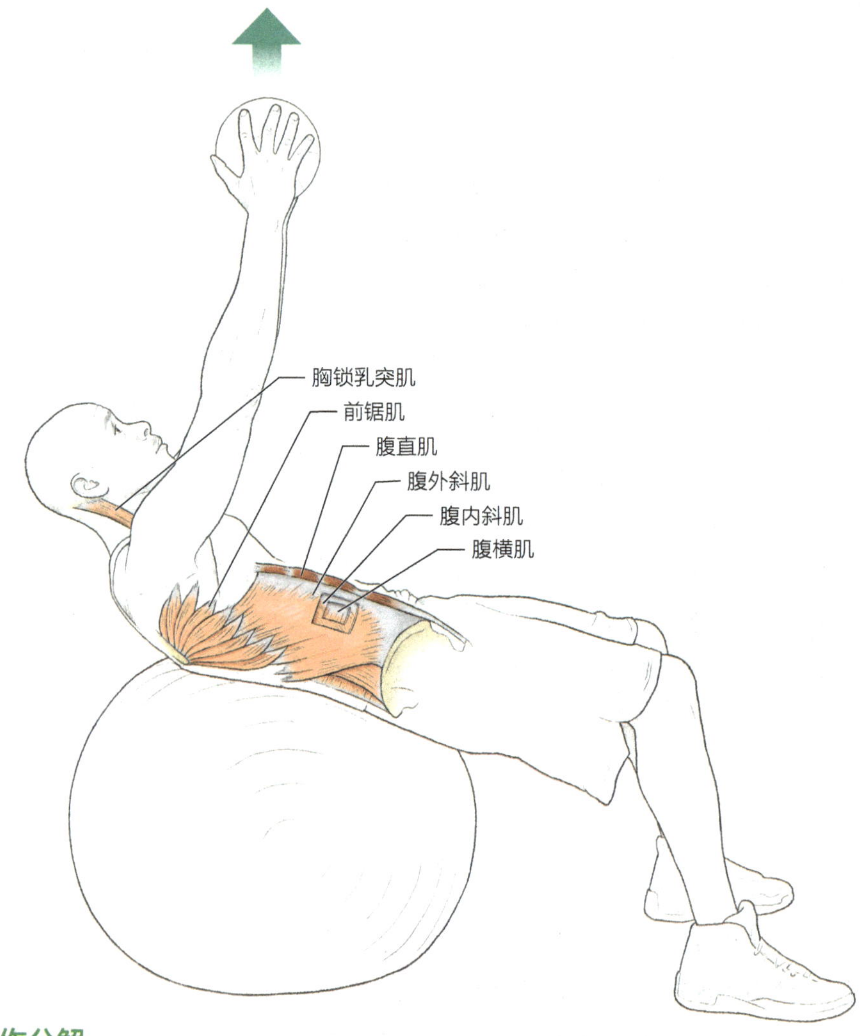

动作分解

1. 双脚平稳地放在地面上，背部贴在瑞士球上。举起一个药球，手臂伸直，放在胸前（与地面垂直）。保持背部和大腿与地面平行。膝关节弯曲90度，双脚平放在地面上。
2. 收缩腹部肌肉，沿着垂直方向将药球向上推。集中精力让你的下巴沿着与天花板垂直的方向移动。
3. 到达最高的高度时，保持该姿势几秒，然后慢慢回到起始位置。

安全提示 保持下巴朝向天花板。因为下巴朝向胸部时，卷曲腹部肌肉会给你的颈椎带来过多的压力。

涉及的肌肉

主要肌肉：腹直肌。

次要肌肉：腹内斜肌、腹外斜肌、腹横肌、前锯肌、胸锁乳突肌。

骑行动作要领

要想在爬坡骑行时产生持续的爆发力，你需要有一个强壮的核心肌群，它可以帮助你抵消双腿蹬踩踏板时产生的力，保持自行车稳定。如果你在骑行时能够产生最大的爆发力，你就会将一条腿向上拉，同时用另一条腿向下蹬。与此同时，你的手臂会来回拉动车把以保持平衡。你的核心肌群是身体两侧的平台，双腿和双臂的交替运动自然会使你的身体弯曲和摇晃。强健的腹部可以帮助你的上半身和骨盆有效地对抗不必要的运动。身体或自行车的不必要的运动会使爆发力不足且效率低下。即使是专业人士，其效率也只有25%左右，所以尽可能地节约体力至关重要。

变式

瑞士球单臂躯干提拉

按照瑞士球躯干提拉的步骤进行练习，但是不要用双手握住药球，在保持稳定的前提下，一只手握住药球。保持手臂始终在自己的肩部正上方，不要左右晃动。单臂练习的重点是重量会偏向身体的一侧。这不仅可以锻炼你的腹直肌，还可以锻炼你的腹斜肌。完成一侧的练习后，即可切换到另一侧进行练习。我喜欢采用在中间做10~15次（双臂），在左边做10~15次（单臂），然后在右边做10~15次（单臂）的方式来练习。

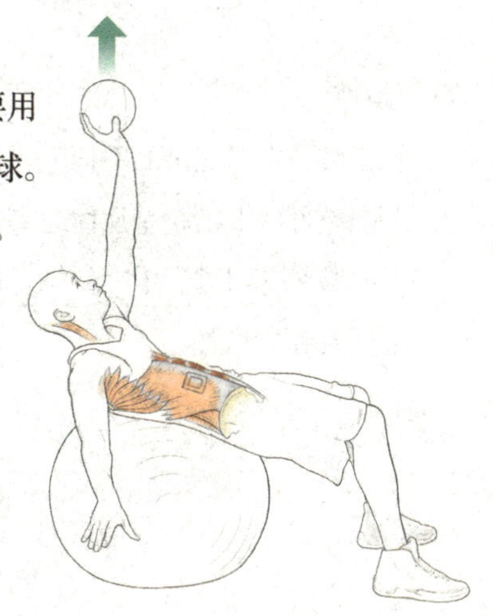

悬挂屈体

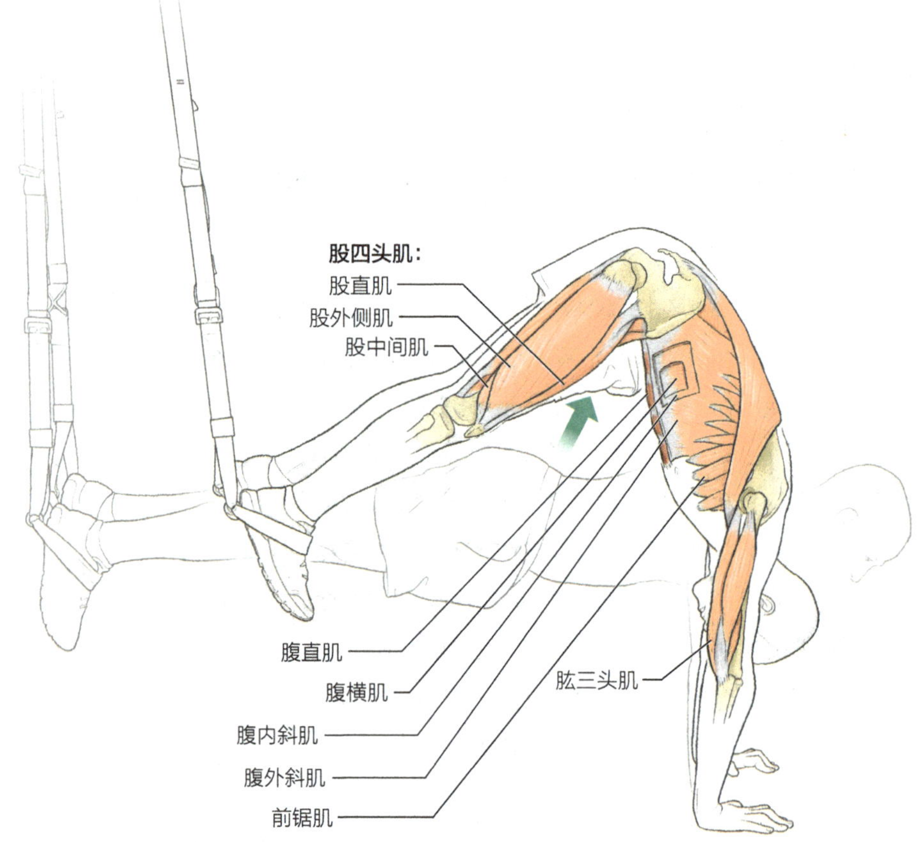

动作分解

1. 双脚放在悬挂带的手柄上，身体呈俯卧撑姿势。
2. 将臀部向上抬起呈屈体姿势。双脚朝放在地面上的双手的方向移动。
3. 在整个练习过程中，保持背部和腿部挺直。
4. 回到起始位置。

涉及的肌肉

主要肌肉：腹直肌。

次要肌肉：腹外斜肌、腹内斜肌、腹横肌、前锯肌、缝匠肌、髂腰肌、阔筋膜张肌、耻骨肌、短收肌、长收肌、股四头肌（股直肌、股外侧肌、股内侧肌、股中间肌）、肱三头肌、背阔肌、大圆肌、三角肌后束（部分肌肉见图示）。

骑行动作要领

这项练习是自行车手的噩梦。它可以增强核心肌群的稳定性，同时可以锻炼腹部肌肉、股四头肌、臂部肌肉和肩部肌肉。在这项练习中，悬挂带可以自由移动，这会迫使你使用所有的次要稳定肌肉来维持良好的动作姿势。当你感到疲惫时，这些肌肉可以帮助你改善骑行姿势。在你的骑行过程中，关键的支撑点应该是你握着车把的双臂和蹬踩踏板的双脚。这项练习恰好可以帮助你锻炼这些部位的肌肉。你会惊叹于练习的难度，也会惊叹于练习后骑行能力的提升程度。在骑行过程中，注意控制吸气和呼气。即使感到疲惫不堪，你也要控制好自己的呼吸。如果你没有向肌肉输送新的氧气，排出肌肉中的二氧化碳，你很快就会失去动力和骑行的能力。

瑞士球屈体

按照悬挂屈体的步骤进行练习，但是不要用悬挂带，而是用你的脚尖抵住一个瑞士球进行练习。如果你无法使用悬挂带进行屈体练习，瑞士球会是一个不错的选择。瑞士球可以提供与悬挂带相当的不稳定性，这是这项练习的关键所在。

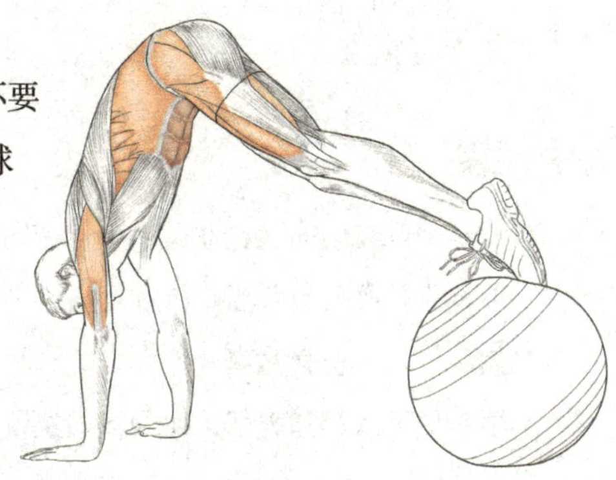

脚跟朝天抬升

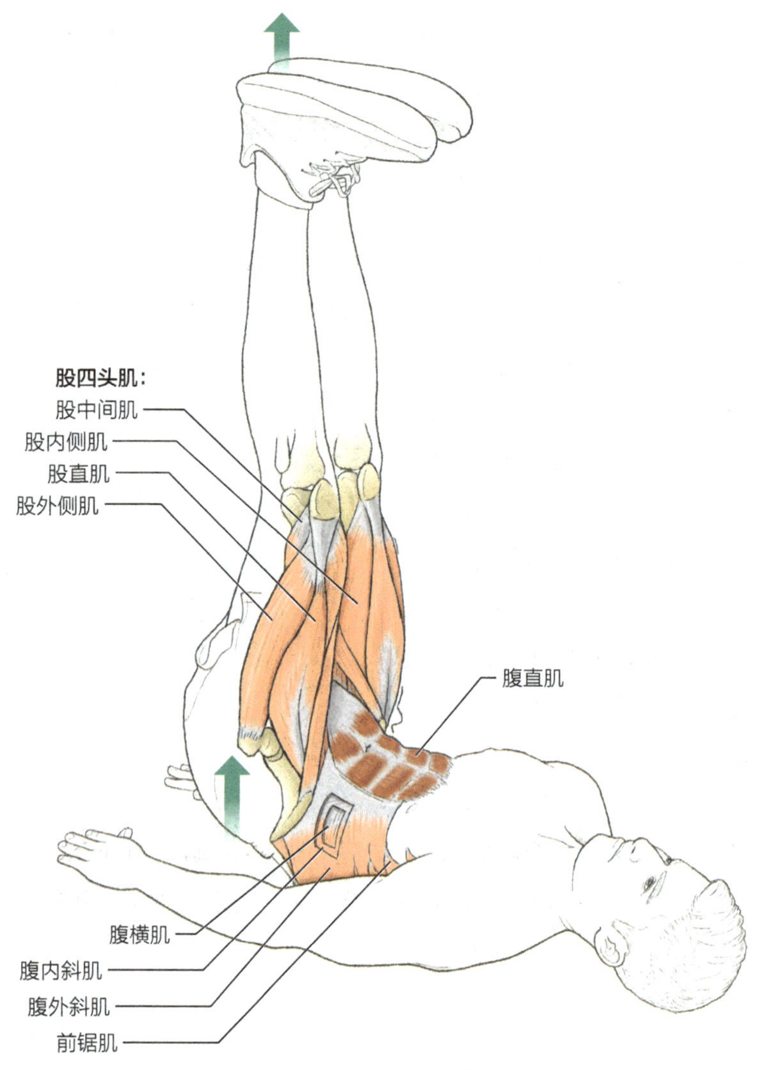

动作分解

1. 背部平躺在地面上，双臂朝臀部方向伸展。抬起双腿，使双腿与地面垂直，膝关节伸直。踝关节背屈，脚趾指向头部。
2. 抬起骨盆，使骨盆离开地面，双脚朝天花板方向上抬。
3. 慢慢放下双腿和臀部，回到起始位置。

涉及的肌肉

主要肌肉：腹直肌。

次要肌肉：腹外斜肌、腹内斜肌、腹横肌、前锯肌、股四头肌（股直肌、股外侧肌、股内侧肌、股中间肌）。

骑行动作要领

脚跟朝天抬升练习可以锻炼你的下腹部肌肉。下腹部肌肉是你在骑行中最需要的能够提供坚实基础力量的肌肉。你的双腿在拼尽全力蹬踩踏板时需要这些肌肉来提供力量。想象一下，你和另一名自行车手正向着终点冲刺，并且马上就要抵达终点了。你们俩都奋力蹬踩踏板，拼命向前冲，努力保持高速骑行。你尽可能保持着符合空气动力学的姿势，双腿用力蹬踩。幸运的是，你的训练有效地帮助你保持骨盆稳定。每一次蹬踏之后你的肌肉都需要快速恢复，为下一次蹬踏做准备。这需要用力呼气，排出体内的二氧化碳。你的腹斜肌和腹横肌会全力运作，最大限度地保证你呼气顺畅。

变式

手和脚跟朝天抬升

按照脚跟朝天抬升的步骤进行练习，但是在抬起双腿之前，双臂先垂直向上抬起并伸直。保持双臂和双腿伸直，朝天花板方向上抬。尽量使你的双手和双脚在中间靠拢。在这项练习中，你的动作会快得多，因为你可能无法在臀部到达最高点时保持该姿势不动。

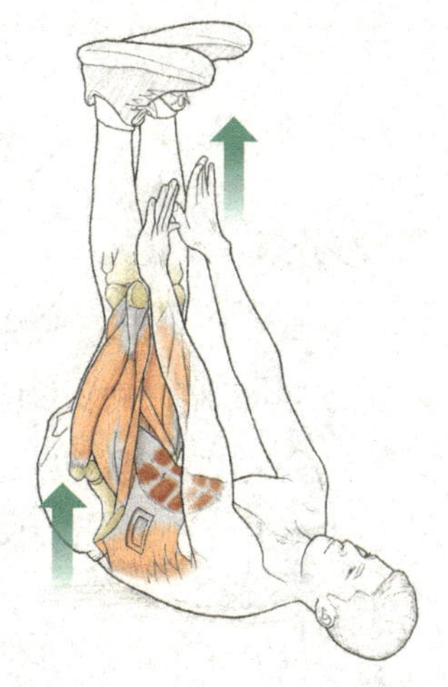

吊杠提膝

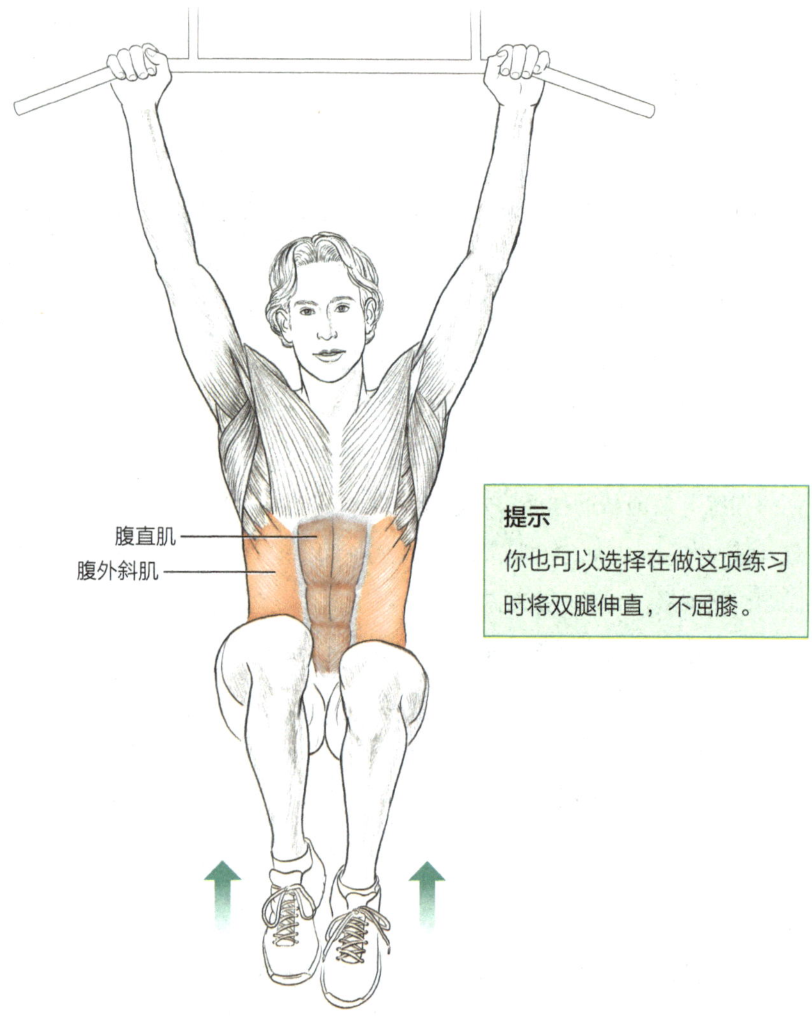

提示

你也可以选择在做这项练习时将双腿伸直，不屈膝。

动作分解

1. 掌心朝前，双手握住横杆。
2. 双膝同时朝向胸部抬起，大腿的抬起角度应大于与地面平行的角度，站在你前面的人应该能看到你臀部的下方。
3. 慢慢放下双腿，伸展膝关节。

涉及的肌肉

主要肌肉：腹直肌。

次要肌肉：腹外斜肌、腹内斜肌、腹横肌、缝匠肌、髂腰肌、股直肌、阔筋膜张肌、耻骨肌、短收肌、长收肌（部分肌肉见图示）。

骑行的动作要领

这项练习不仅可以锻炼你的腹部肌肉，同时可以减少你的脊柱承受的压力。长时间骑行后，你去健身房做这个练习会感觉很舒服。因为长时间以坐姿骑行会对你的脊柱产生压力，另外，前倾的姿势也会使你的背部肌肉变得更紧绷。重复多次吊杠提膝练习后，你应该悬一会儿腿，让韧带和肌肉充分拉伸。当你抬起腿时，你会感觉到腹部肌肉在发力。这项练习对自行车手来说是一个很好的锻炼方法，可以帮助平衡下背部力量。如果你在练习过程中控制住自己的身体，也就是在抬起或放下腿时不摆动身体，那么其他的稳定肌群也会得到锻炼。此外，通过悬挂在横杆上，你可以锻炼前臂和增强握力。如果你在整套动作中感到抓杆有困难，试着使用臂悬带。将你的手和肘关节从臂悬带中穿过，让你的身体重量落在上臂的背面。

变式

侧边吊杠提膝

不要将双膝朝向胸部抬起，尝试交替着把你的双膝抬到一侧，然后再抬到另一侧。这项练习可以增强腹斜肌的力量。另外，无论是吊杠提膝还是侧边吊杠提膝，你都可以在双脚间加一个药球进行练习。

侧平板支撑下伸

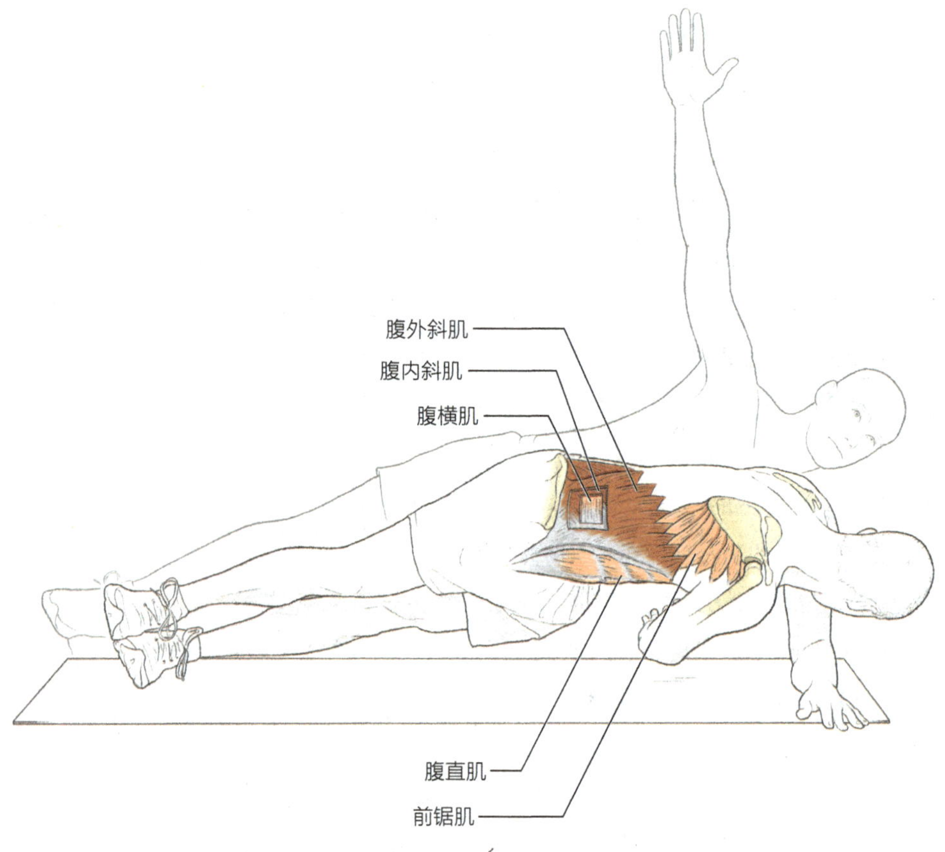

动作分解

1. 侧身躺在垫子或地面上，用一只前臂支撑身体。肘部位于肩部下面。
2. 将臀部抬离地面，另一只手臂朝天花板上伸。
3. 呼气时，将上侧的手向下移动，穿过身体和地面之间的间隙。这是一个旋转动作，但是不要移动你用以支撑身体的脚或前臂。一旦你“穿好针”，就尝试把你的手伸向身后，远离你的身体。
4. 上侧手臂原路返回，回到指向天花板的起始位置。完成一侧的动作后，换到另一侧重复动作。

涉及的肌肉

主要肌肉： 腹外斜肌、腹内斜肌。

次要肌肉： 腹直肌、前锯肌、腹横肌。

骑行动作要领

如果你想要边练习边看电视，那么这项练习一定是最佳选择！为了充分利用时间，下次你在看电视时，可以试试这项练习。和其他腹部练习一样，这个练习可以帮助你建立一个强壮的基础，在骑行时为你提供力量。这项练习有助于固定你的腹壁，还有助于增强呼吸肌的力量，当你踏板骑行时，呼吸肌会最大限度地向肺部输送氧气。随着你身体状况的改善，你可以增加保持这个姿势的时间。

变式

悬挂带侧平板支撑下伸

放置悬挂带，使其距离地面约10厘米。将一只脚穿过两个手柄，另一只脚放在前一只脚上。如上所述进行练习。增强不稳定性会使你的核心肌群真正“燃烧”。如果你想要更多的肌肉得到锻炼，用你的手，注意不是前臂，支撑在地面上。

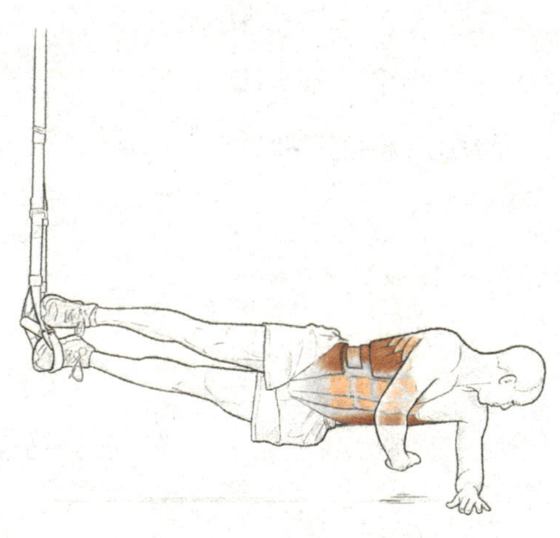

平板支撑单腿斜插

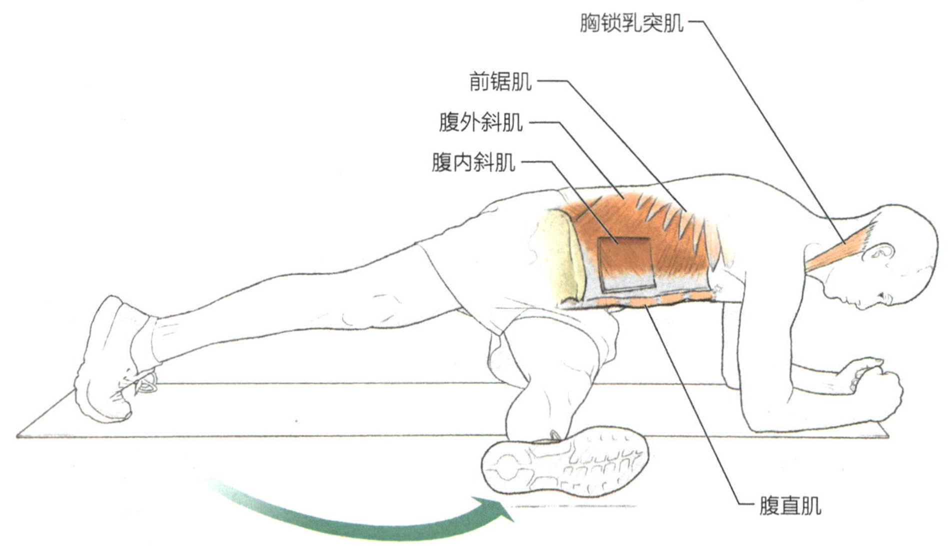

动作分解

1. 前臂和双脚呈平板支撑姿势。双脚间距与肩同宽。
2. 保持背部挺直，肩部与胸部朝向地面，将一条腿置于另一条腿下方，将一条腿向另一侧伸出，旋转臀部。
3. 回到起始位置，换另一边重复动作。

涉及的肌肉

主要肌肉：腹内斜肌、腹外斜肌。

次要肌肉：腹直肌、前锯肌、胸锁乳突肌。

骑行动作要领

如果你看到过专业自行车手在爬坡时起身骑行的姿势，你就会发现此时他们的上身都会保持直立。即使当他们全力以赴、大力转动曲柄时，他们仍然会保持冷静沉着。平板支撑单腿斜插练习是提升这种稳定性的关键方法。每次踏板转动，自行车出于惯性都会左右摇摆。为了阻止这种摇摆，腹内斜肌、腹外斜肌、腹横肌和腹直肌都会运动起来帮助自行车手稳定身体。当骑行变得艰难时，这些肌肉也会帮助自行车手最大限度地保持呼吸顺畅，从而使身体正常运作。

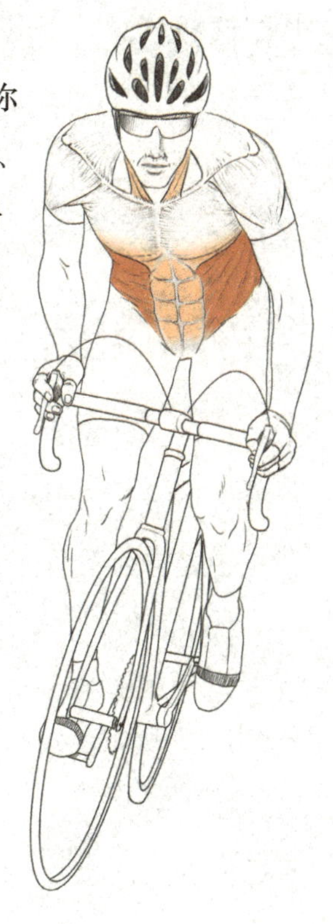

变式

瑞士球高位平板支撑单腿斜插

使用瑞士球会给你的练习增加很多趣味，但也更具挑战性。将一只脚搭在瑞士球上，双臂呈俯卧撑姿势，双手放置在地面上。如上所述进行练习。你会发现这个练习操作起来非常难，加油！

斜扭伐木

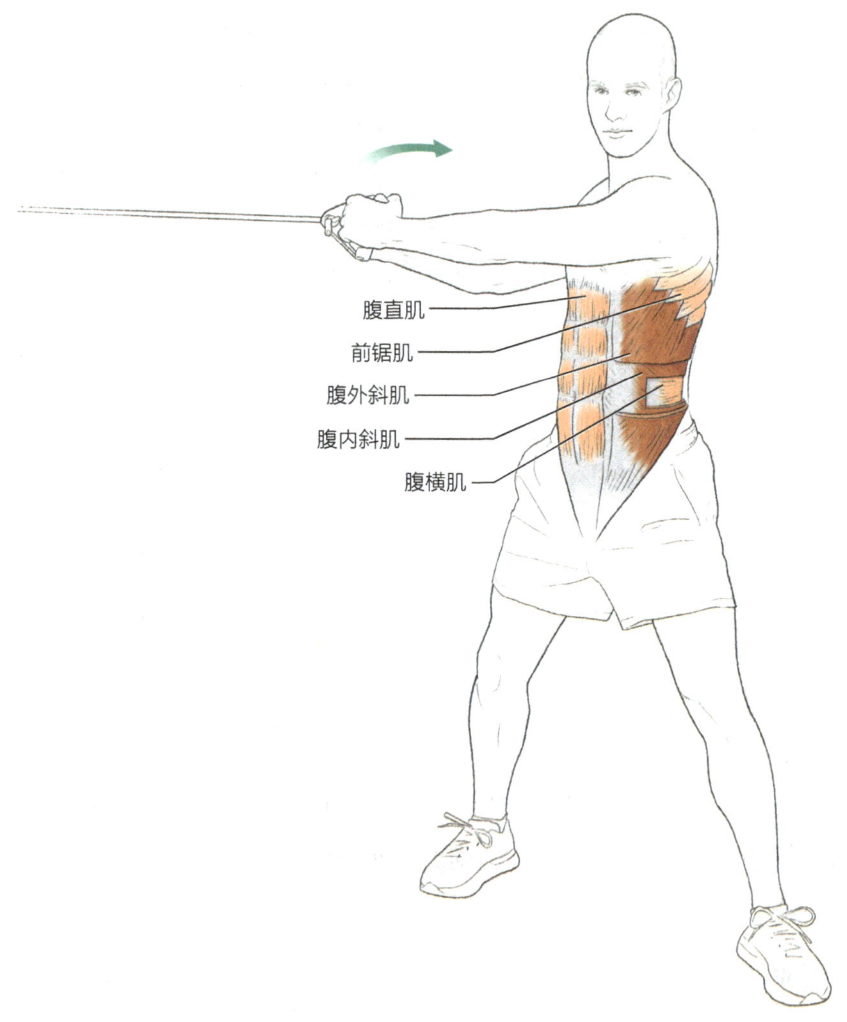

动作分解

1. 放置滑轮系统，使手柄和胸部齐平。双手抓住手柄，手指交叉，手臂伸直，与滑轮系统保持一步距离。这样把重物提起时，绳索就可以把重物悬挂起来了。
2. 双脚分开站立，间距略宽于肩。一侧脚趾和臀部朝向身体侧45度方向，你的目光应远离滑轮系统。在练习过程中，你应保持脚、臀部和头部不动。

3. 双臂在胸前伸直，与上半身一起转向身后（与脚趾、臀部和头部的方向相反），从这个扭曲的姿势开始运动。
4. 当上半身朝脚趾、臀部的方向旋转时，保持双臂在胸前伸直。双臂移动180度后，暂停动作。保持你的头部、躯干、手臂、臀部和脚趾都面向前方。呼气，上半身和手臂一起回到起始位置。

涉及的肌肉

主要肌肉：腹内斜肌、腹外斜肌。

次要肌肉：腹直肌、腹横肌、前锯肌。

骑行动作要领

无论你是举重还是骑行冲刺，腹部肌肉都会收缩，以固定你的腹壁。瓦尔萨尔瓦式动作（闭紧嘴和鼻子，将空气推出）可以让你的身体变得结实又硬朗。它可以保护你的脊椎和腹部器官，并为你的骑行提供最佳力量。下次你在全力冲刺或加速时，注意保持整个腹部的硬度。斜扭伐木练习有助于训练腹部的肌肉组织，有助于防止因疝气或背部劳损造成的损伤。

变式

躯干扭转

如果你无法使用滑轮系统进行练习，你可以在一个瑞士球或长凳上进行躯干扭转练习。身体呈仰卧姿势，背部中间放在一个大的瑞士球上面。双臂朝天花板伸展，双手拿一个药球。保持肘关节伸直，双臂先向左扫动，然后向右扫动。双脚稳定地放在地面上。这个动作应该是由躯干发出的，臀部不要用力。

第8章

腿部专练

对于自行车手来说，腿部和臀部是主要的产生驱动力量的部位。在前面几章中，我们讨论了身体其他部位的肌肉组织对自行车手运动表现的重要性。但是对于自行车手来说，最重要的莫过于下肢肌群。其他身体部位的肌肉都只是发挥了次要的支撑作用，而双腿无疑才是这种运动的主角。

自行车手进行全身训练的主要目的是向曲柄传送最理想的动力。就像纯种赛马的肌肉一样，自行车手要想拥有健壮的腿部肌肉也需要经过多年的艰苦训练。职业自行车手会把他们的腿视为一件有价值的商品，你也应该这样。你不仅需要在健身房中重点增强腿部的最大力量和爆发力，而且必须确保训练后有充分的恢复时间。拉伸、紧身长袜、按摩和抬高肢体，这些技巧或工具都可以帮助你避免受伤，并且从训练中获得最大收益。

本章的练习可以帮助你增强下肢的力量，改善体能。本章应该正是你所期待的内容！但是你要记住，保持身体各部位的全面发展，而不要只关注下肢。前面所有的练习都是为了搭建一个平台和基础，这样你就可以用最大的扭矩来转动踏板，顺利完成骑行。

骨骼解剖

下肢有3个主要关节：髋关节、膝关节和踝关节。髋关节是一个球窝关节，连接着股骨近端和骨盆。股骨的顶部，也就是股骨头，形成了一个“球”。“窝”是由骨盆的髋臼形成的。球窝关节具有较大的活动范围和较强的柔韧性。自行车手主要关心的是有力的屈曲和伸展运动，但髋关节可以向6个不同的方向运动。

屈曲：在上蹬踏板过程中，将膝盖向上移动。

伸展：在下踩踏板过程中，将膝盖向下移动。

内收：将腿向内移向中心线。

外展：将腿向外远离中心线。

内旋：将脚向内旋转。

外旋：将脚向外旋转。

与髋关节相比，膝关节比较简单。它由三块骨骼组成：股骨（位于上方）、胫骨（位于下方）和髌骨（膝盖骨）。作为滑车关节，膝关节的活动范围仅限于在一个平面内进行屈曲（弯曲膝关节）和伸展（伸直膝关节）。此外，还有多条韧带用来稳定膝关节：内侧副韧带（MCL）、外侧副韧带（LCL）、前交叉韧带（ACL）和后交叉韧带（PCL）。

脚踝也是一个滑车关节，但是因为它在多个平面上运动，所以它比膝关节复杂得多。事实上，"脚踝"是两个不同关节的统称。真正的踝关节由胫骨、腓骨和距骨构成。胫骨和腓骨的结合位置形成了一个紧贴的盖帽，位于距骨的矩形表面的顶部。这个关节在垂直平面内运动，可以背屈（脚向上）和跖屈（脚向下）。跟距关节是上述两个关节中的另一个关节，顾名思义，这个关节由距骨和跟骨构成。这个关节使脚能够内翻（向内转动脚）和外翻（向外转动脚）。多条韧带，包括外侧的韧带复合体和内侧的三角韧带，稳定了整个踝关节和跟距关节，使它们非常坚韧和稳定。

股四头肌

股四头肌负责膝关节的伸展动作。对于经常训练的自行车手来说，他们的这部分肌肉非常发达。顾名思义，股四头肌是由四块不同的肌肉组成的。

1. 股直肌。

2. 股内侧肌。

3. 股中间肌。

4. 股外侧肌。

这些肌腹在跨过膝关节时聚集在一起，形成一条纤维带，将髌骨包裹住。髌腱附着于胫骨近端的前部。股直肌起于骨盆的髂骨，股外侧肌、股中间肌和股内侧肌分别起于股骨上部的外侧、前侧和内侧表面。这些肌肉的图示见图8.1。

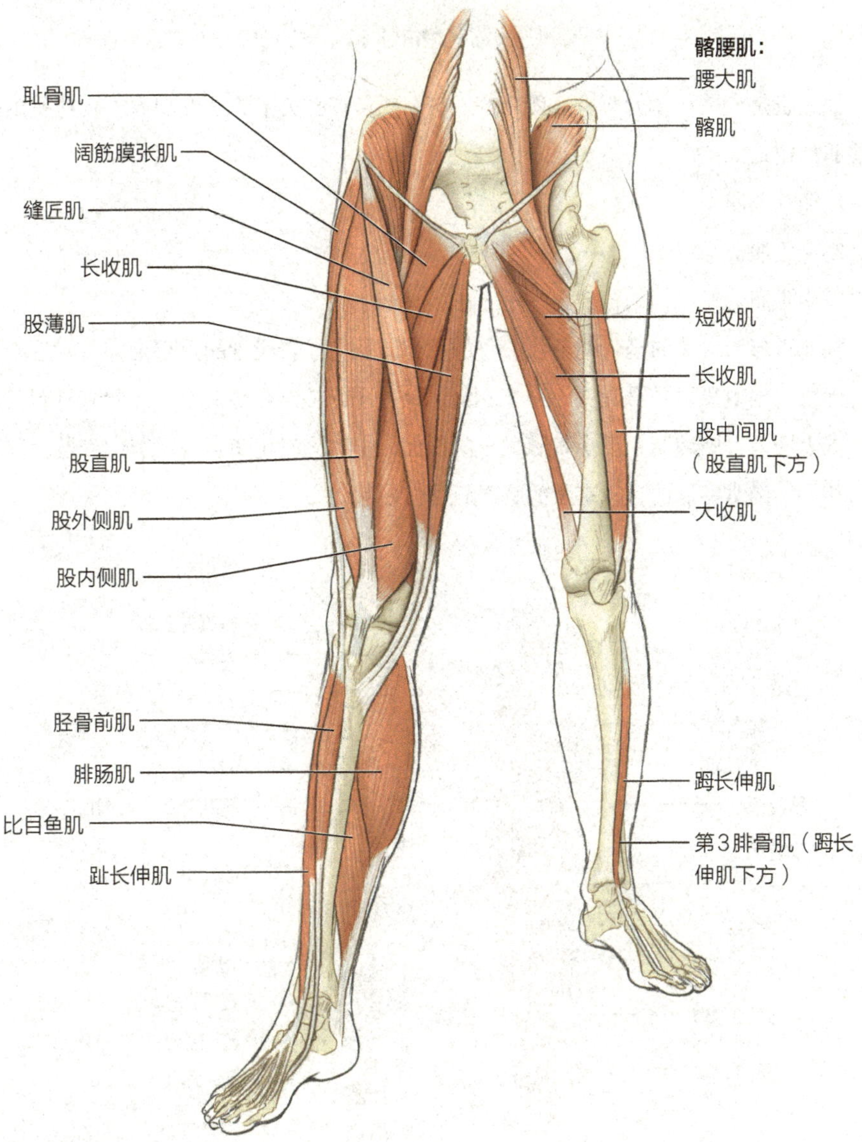
髂腰肌：
腰大肌
髂肌
耻骨肌
阔筋膜张肌
缝匠肌
长收肌
股薄肌
短收肌
长收肌
股中间肌
（股直肌下方）
股直肌
股外侧肌
大收肌
股内侧肌
胫骨前肌
腓肠肌
姆长伸肌
比目鱼肌
第3腓骨肌（姆长
伸肌下方）
趾长伸肌

图8.1　腿的前部肌肉

腘绳肌

腘绳肌是大腿后侧的肌群（图8.2）。它主要负责膝关节的屈曲动作。腘绳肌由以下三块肌肉组成。

1. 股二头肌。

2. 半膜肌。

3. 半腱肌。

腘绳肌起于骨盆的坐骨结节和股骨的后部。肌肉沿着股骨的后部延伸，附着于胫骨的外侧髁和内侧髁以及腓骨头。由于腘绳肌跨过了髋关节和膝关节，因此它具有双重作用。如上所述，腘绳肌主要负责膝关节的屈曲，但它同时也负责髋关节的伸展。与股四头肌相似，经常锻炼的自行车手的腘绳肌非常发达。

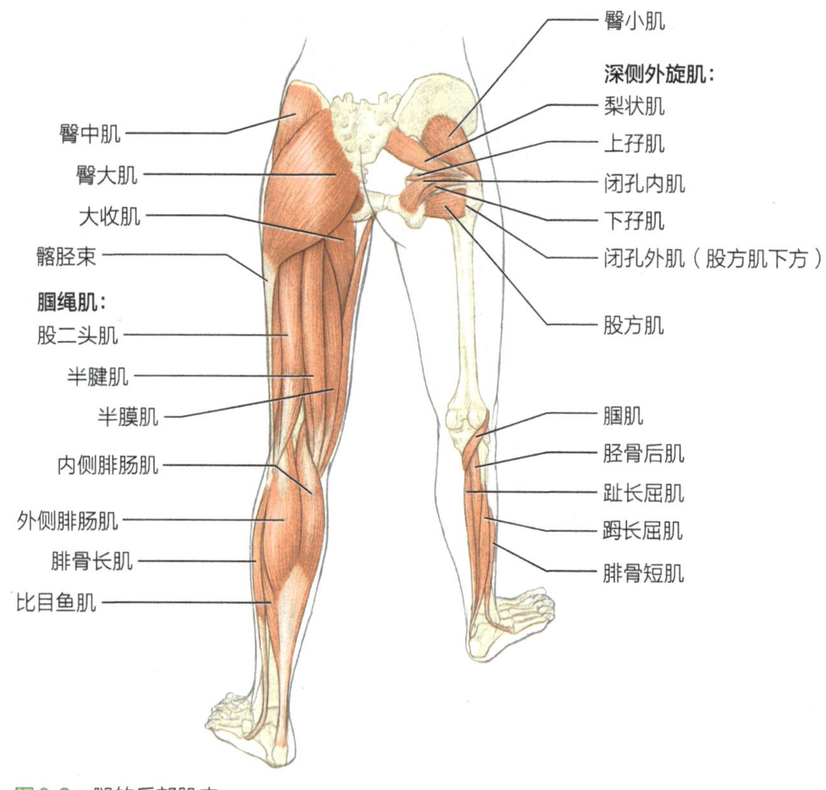

图8.2　腿的后部肌肉

臀　肌

臀大肌是臀部最大且最为明显的肌肉（图8.2）。这块肌肉主要负责髋关节的伸展，并且在自行车手骑行的过程中提供主要的向下动力。臀大肌起于骨盆的髂骨和骶骨。它从中间向外侧（从内到外）延伸，并附着于股骨。臀大肌和阔筋膜张肌一起构成了髂胫束。这种厚纤维鞘沿着大腿外侧部分向下延伸，附着于胫骨外侧髁。自行车手在经过几天的艰苦训练后，其髂胫束通常会导致身体不适。

另外两块臀肌，臀小肌和臀中肌，分别负责腿部的旋转和侧向移动。臀小肌可以外展并向内旋转大腿，这块肌肉位于臀大肌下方，连接骨盆和股骨大转子。臀中肌也能外展大腿。根据外展的程度，臀中肌可以向内或向外旋转大腿。

其他大腿肌肉

许多其他大腿肌肉也可以帮助髋关节完成内收（朝向中心线）和外展（远离中心线）动作。

髋内收肌：股薄肌、短收肌、长收肌、大收肌、耻骨肌。

髋外展肌：臀中肌、臀小肌、阔筋膜张肌。

髋屈肌远不如臀大肌有力。然而，正如本书提到的，一名追求效率的自行车手，他的目标应该是保持平稳、持续骑行。因此，自行车手不仅应该训练髋关节的伸展肌，还应该训练以下几个髋屈肌。

髋屈肌：缝匠肌、髂腰肌、股直肌、阔筋膜张肌、耻骨肌、短收肌、长收肌。

小腿肌肉组织

小腿后部肌肉的力量对于自行车手来说也是至关重要的。小腿的三块肌腹，即内侧腓肠肌、外侧腓肠肌和比目鱼肌，合在一起称为小腿三头肌（图8.2）。所有这些肌肉都有助于自行车手完成跖屈动作，这是踏板运动的一个重要部分。腓肠肌起于股骨的内侧和外侧髁，并通过跟腱附着于跟骨。它也跨过膝关节，因此它能帮助腘绳肌使膝关节屈曲。比目鱼肌起于胫骨和腓骨，它和腓肠肌一起通过跟腱附着于根骨。

小腿的前侧也有大量的肌肉，负责完成背屈（脚和脚趾向上运动）动作。胫骨前肌是内侧（中间）肌肉，它从胫骨外侧髁延伸至足的第1跖骨和第1楔骨。在蹬踩踏板的过程中，你会使用这块肌肉把脚抬起。这一区域的其他肌肉包括䠀长伸肌（使大脚趾背屈）、趾长伸肌（使脚趾背屈）和腓骨长肌（使足背屈和外翻）。腓骨长肌和腓骨短肌位于小腿外侧，其主要作用是使脚踝外翻。

本章讲解的练习能够专门锻炼自行车手在骑行时需要用到的腿部肌肉。尽管其中一些练习并不是只针对某一块肌肉，如窄间距史密斯深蹲、罗马尼亚硬拉，但重要的是，你需要把注意力集中于练习所针对的肌群。这不仅有助于改善你的运动姿势，还能提升你的训练效果。通过针对特定的肌肉进行练习，你将增强基础，获得成功完成骑行所需的力量。

接下来的两章将提供可以同时增强多个肌群的练习。在这些组合练习中，你的身体有时会“作弊”，用更强壮的肌肉来支撑和帮助虚弱的肌肉。这就是专项练习对你的训练如此重要的原因，也是专项练习出现在组合练习前面的原因。本章从关注特定的肌肉和肌群开始，当你进行更复杂的练习时，你会更快取得效果，也会在练习后取得更理想的骑行表现。

热身和拉伸

腿部包含大量肌群，所以在增大阻力之前，你必须做好热身。进行拉伸运动之前，你可以用10~15分钟骑动感单车或做一个轻松的跑步热身。在进行任何抗阻训练之前，你应该做一些练习来专门拉伸股四头肌、腘绳肌、臀肌和小腿肌肉。这看起来可能有点儿枯燥且浪费时间，但却是至关重要的，它可以避免你在运动时受伤。

腿部伸屈

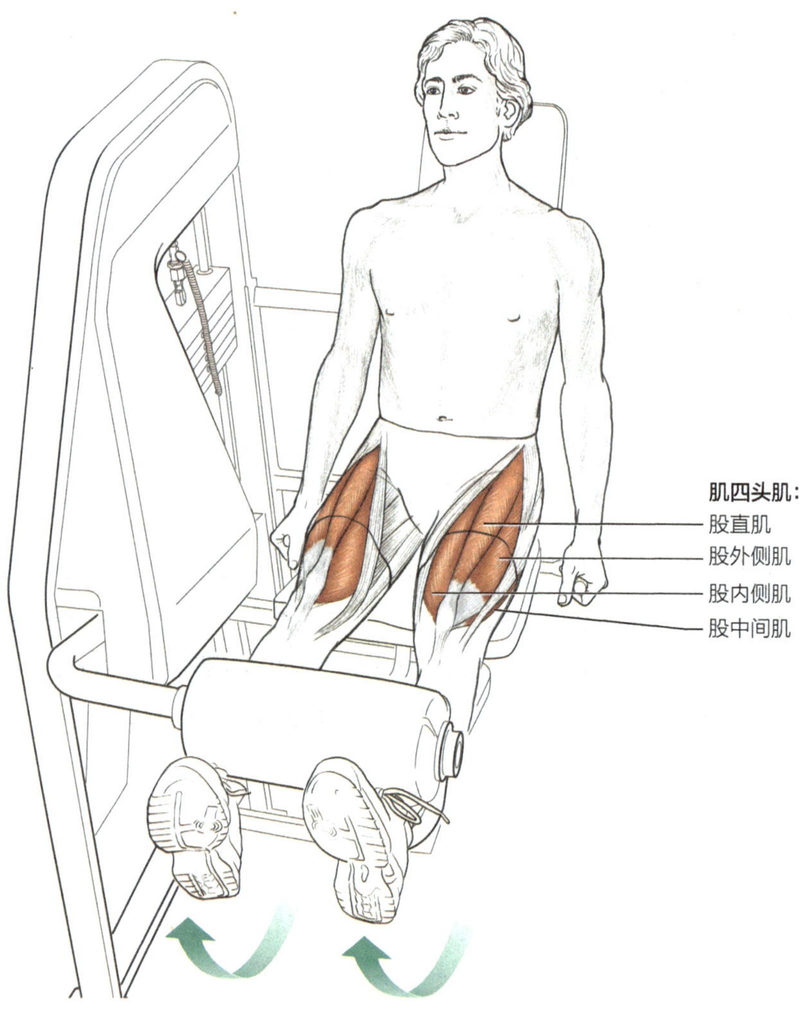

动作分解

1. 坐在器械上，膝关节弯曲至90度，膝关节的转动中心与器械转动中心对齐。
2. 双腿抬起，直至膝关节伸直，脚趾朝上。
3. 保持该姿势几秒，然后回到起始位置（膝关节弯曲至90度）。

安全提示 为了避免下背部受伤，练习时你应保持脊柱平靠在器械垫上。

涉及的肌肉

主要肌肉：股四头肌（股直肌、股外侧肌、股内侧肌、股中间肌）。

次要肌肉：无。

骑行动作要领

下次外出骑行时，你可以试着感受当你保持匀速骑行时，腿部各块肌肉的发力情况，然后比较你爬坡和冲刺骑行时腿部各块肌肉的发力情况。你会注意到当双腿转动踏板时，你的股四头肌会剧烈“燃烧”。你会在骑行和腿部伸屈练习中感受到同样程度的肌肉“燃烧”。这项练习与本章的其他练习一样，针对你骑行时的主要肌群。观察任何一位专心致志骑行的人的股四头肌，你都会意识到这些肌肉在骑行中起着多么重要的作用。

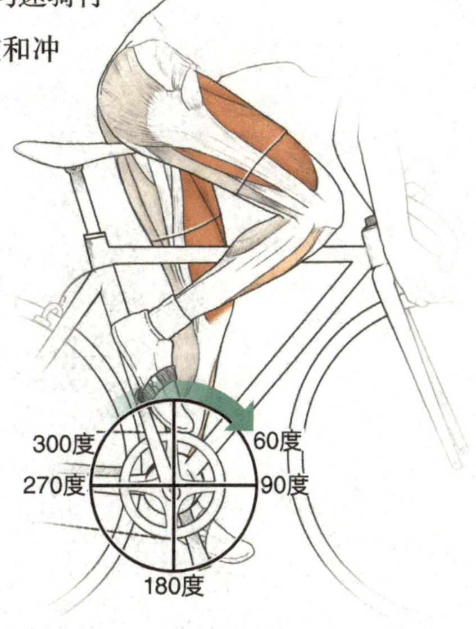

变式

单腿伸屈

关于腿部伸屈机，市场上有很多品牌供你选择，大多数的腿部伸屈肌都能够支持你进行单腿伸屈练习。这可以有效确保两侧的腿部肌肉对称，并且确保更强壮的那侧腿不会多发力。

带球靠墙半蹲

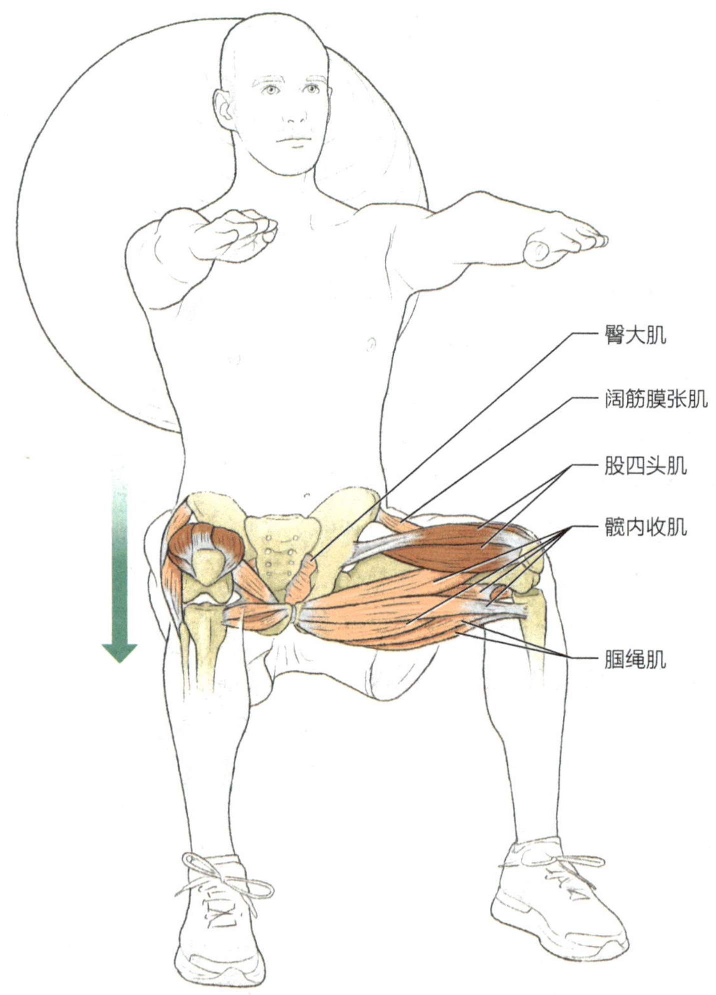

动作分解

1. 在背部和墙之间放置一个中等偏大的瑞士球。瑞士球的下端与腰椎齐平，位于肩胛骨下方。

2. 双臂朝前伸展，脚趾位于手掌正下方。

3. 做下蹲动作，直至臀部位于膝关节下方。保持下蹲姿势几秒，然后回到起始位置。

涉及的肌肉

主要肌肉：股四头肌（股直肌、股外侧肌、股内侧肌、股中间肌）。

次要肌肉：臀大肌、腘绳肌（半腱肌、半膜肌、股二头肌）、髋内收肌（短收肌、长收肌、大收肌、耻骨肌、股前肌）、阔筋膜张肌（部分肌肉见图示）。

骑行动作要领

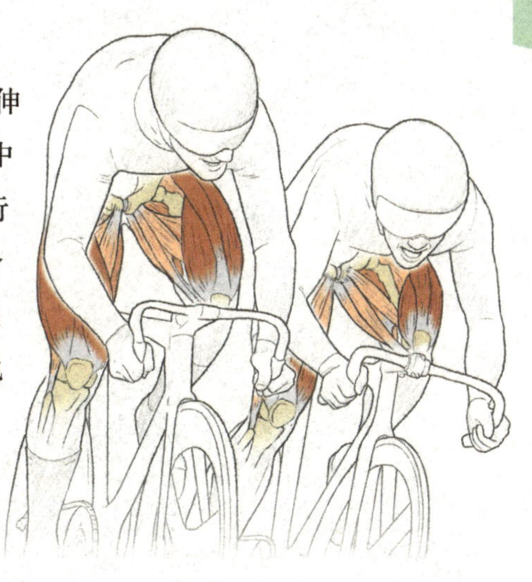

这项练习注重对股四头肌的训练。从腿部伸屈练习可以看出，股四头肌可以在踏板骑行中支撑腿部上下转动。观察一个长期锻炼的自行车手，你可以很好地想象四块不同的肌腹汇合在一起组成大腿前部肌肉的形态。在练习过程中，通过使你的双脚远离墙壁，你可以清晰地感受到股四头肌对完成下蹲动作的贡献。腿部练习的重点就是针对性锻炼踏板运动中发挥作用的各块肌肉。综合练习能够全方位增强你的力量。

变式

负重带球靠墙半蹲

按照带球靠墙半蹲的步骤进行练习，但是这次练习时，双手各握一只哑铃。你也可以选择在双腿间夹一个壶铃进行练习。

窄间距史密斯深蹲

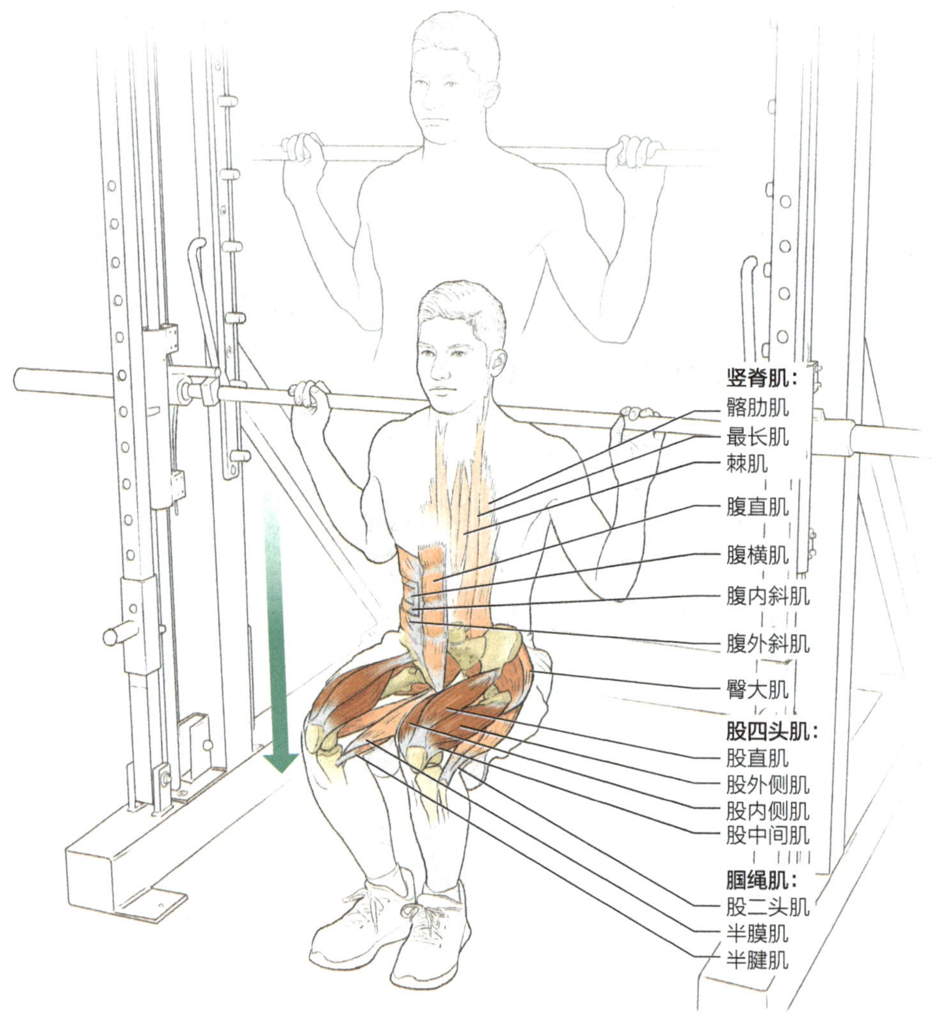

动作分解

1. 将史密斯机上的杠铃准备好（史密斯机由一个杠铃固定在轨道上构成，且杠铃只能在垂直平面内移动）。杠铃的高度应该略高于肩部。松开锁扣，使杠铃可以滑动。
2. 你的双脚应该靠拢，稍微向前伸出，这样你的身体就可以向后倾斜，与杠铃形成5度~10度的倾角。
3. 做下蹲动作，臀部下移直至膝关节呈90度弯曲。

安全提示 当你进行窄间距史密斯深蹲练习时，身体向后倾斜会使膝关节受力。注意你的身体与杠铃和地面的垂线所成的角度。这个角度最好不要超过10度。你也可以通过另一种方式来检查你的姿势是否正确。在做下蹲动作时保持膝关节位于脚趾上方，即二者在垂直方向上齐平，膝关节不能超过脚趾。

涉及的肌肉

主要肌肉：股四头肌（股直肌、股外侧肌、股内侧肌、股中间肌）。

次要肌肉：臀大肌、腘绳肌（半腱肌、半膜肌、股二头肌）、腹直肌、腹横肌、腹外斜肌、腹内斜肌、竖脊肌（髂肋肌、最长肌、棘肌）。

骑行动作要领

想象一下，你在陡峭的山路上开始第1段爬坡骑行。你必须骑行在前面，因为这条路会变窄，出现拥堵。为了获得额外的爆发力，你在每次蹬踩踏板时都要付出全力。这就需要最大限度地发挥股四头肌的作用。因此，在进行窄间距史密斯深蹲练习时，你要集中精力锻炼你的股四头肌。尽管这项练习也会锻炼臀大肌和腘绳肌，但是你要把注意力放在腿的前部，以增强股四头肌的力量。

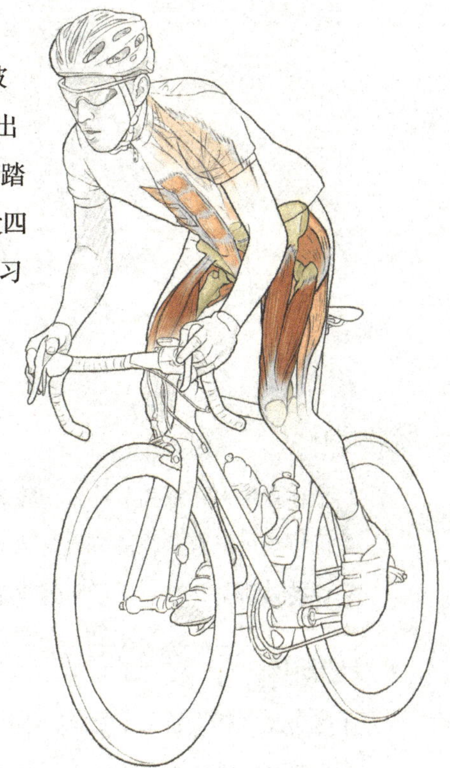

坐姿腿部弯举

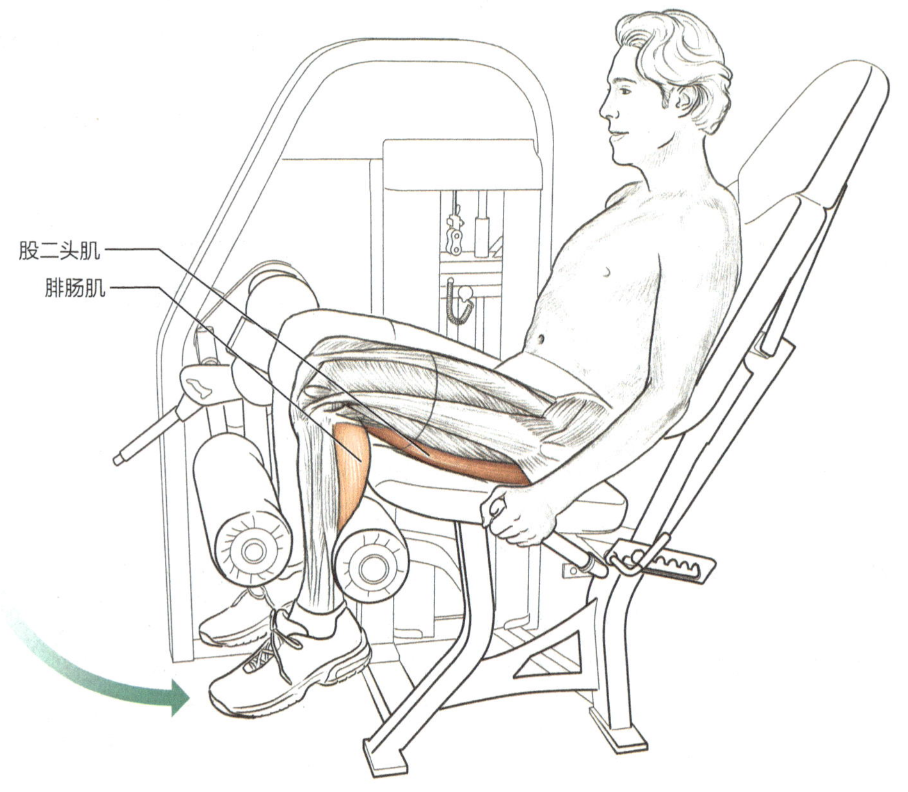

动作分解

1. 坐在器械上，膝关节伸直，膝关节的转动中心与器械转动中心对齐。

2. 保持背部挺直，膝关节弯曲至90度。

3. 保持该姿势几秒，然后回到起始位置（膝关节伸直）。

涉及的肌肉

主要肌肉：腘绳肌（半腱肌、半膜肌、股二头肌）（部分肌肉见图示）。

次要肌肉：腓肠肌、股薄肌、缝匠肌、腘肌（部分肌肉见图示）。

骑行动作要领

提高踏板骑行的效率需要双腿不断交替、共同用力。一条腿做上拉动作的同时，另一条腿做下蹬动作。腿部伸屈练习模拟了骑行时脚位于踏板顶部和前部的动作，坐姿腿部弯举练习则模拟了脚位于踏板底部和后部的动作。当你坐在腿部弯举机上时，你可以想象你的脚下蹬时在踏板底部画出弧线。你可以试着感受练习的动作与你向上推动踏板的动作之间的相似性。你要确保你不会在这个练习中“作弊”，不会向前伸展背部或弯曲臀部。记住，练习的目的是专门训练腘绳肌，尽可能实现训练效果的最大化。

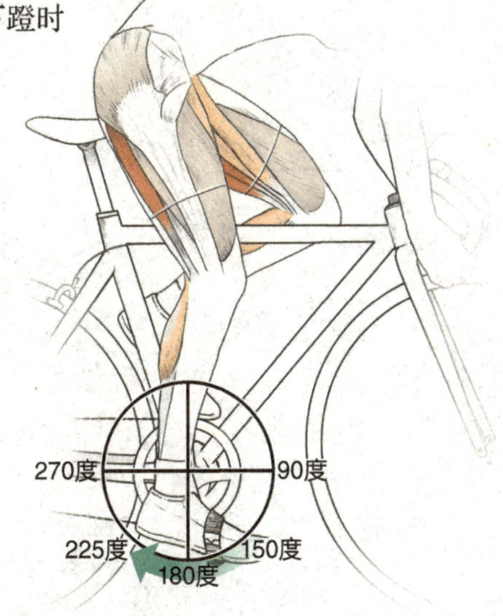

变式

俯卧腿部弯举

俯卧腿部弯举练习在最大限度地收缩腘绳肌的同时包含了髋部的轻微伸展动作。

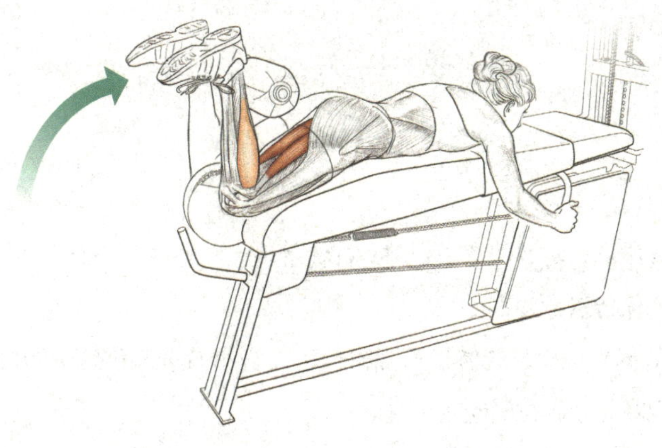

罗马尼亚硬拉

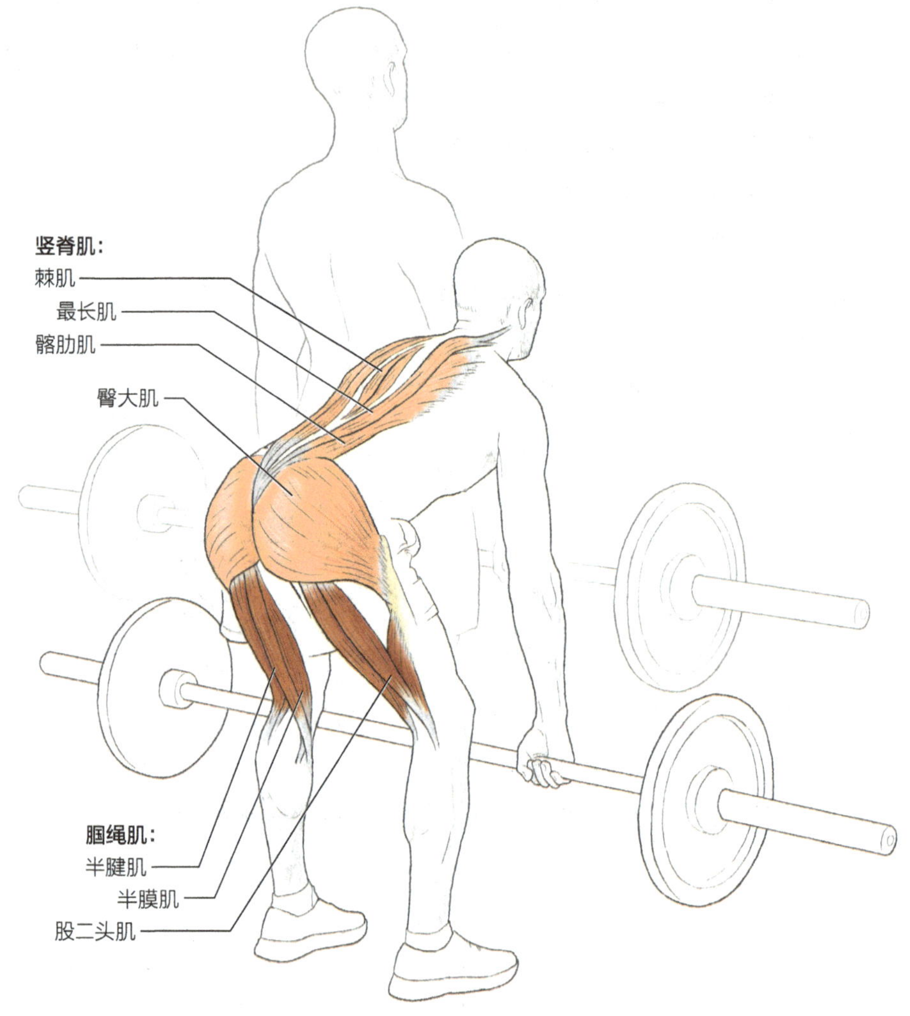

动作分解

1. 双脚分开站立，与肩同宽，脚踝与杠铃触碰。掌心朝下，双手握住杠铃，间距略宽于肩。保持双臂伸直。
2. 保持背部挺直，举起杠铃，臀部向前推，身体直立。杠铃会触碰到你的大腿前部。你现在处于硬拉的起始位置。
3. 膝关节微微弯曲，背部挺直，臀部后移，将杠铃向下放。集中精力关注臀部的运动。保持背部挺直，胸部朝前。

4. 将杠铃沿着腿部向下滑动，直至你感觉腘绳肌得到充分拉伸。

5. 臀部再次向前推，直至臀部固定在身体直立时的位置。然后重复整个动作。

安全提示 练习时确保头部和胸部朝前，这会帮助你保持脊柱挺直，避免下背部受伤。

涉及的肌肉

主要肌肉： 腘绳肌（半腱肌、半膜肌、股二头肌）。

次要肌肉： 竖脊肌（髂肋肌、最长肌、棘肌）、臀大肌。

骑行动作要领

罗马尼亚硬拉练习注重对自行车手整个背部的锻炼。在练习过程中，你可以真切地感受到当你手握车把或手臂搭在空气杆上向前弯曲时，这项练习是如何模拟你的腿部动作的。如果你在骑行时把注意力集中在你的背部、臀部和大腿，然后回想起你在进行罗马尼亚硬拉练习时的感觉，你就会感受到在健身房做这项练习的好处。无论你是坐着还是站着，你骑自行车的很大一部分动力来自你的髋关节的伸展。如果你在锻炼中能够集中精力训练这一部位，那么你不仅能增强爆发力，还会获得满意的运动表现。

变式

直腿硬拉

这项练习的动作和罗马尼亚硬拉练习的动作非常相似。但是，罗马尼亚硬拉是先把你的臀部向后推，再向前推，而直腿硬拉的重点是在做同样的动作时双腿伸直。这两项练习都可以锻炼你的腘绳肌和后肌肉链。你可以选择把这两项练习结合起来进行锻炼，增加练习的趣味。

单腿硬拉

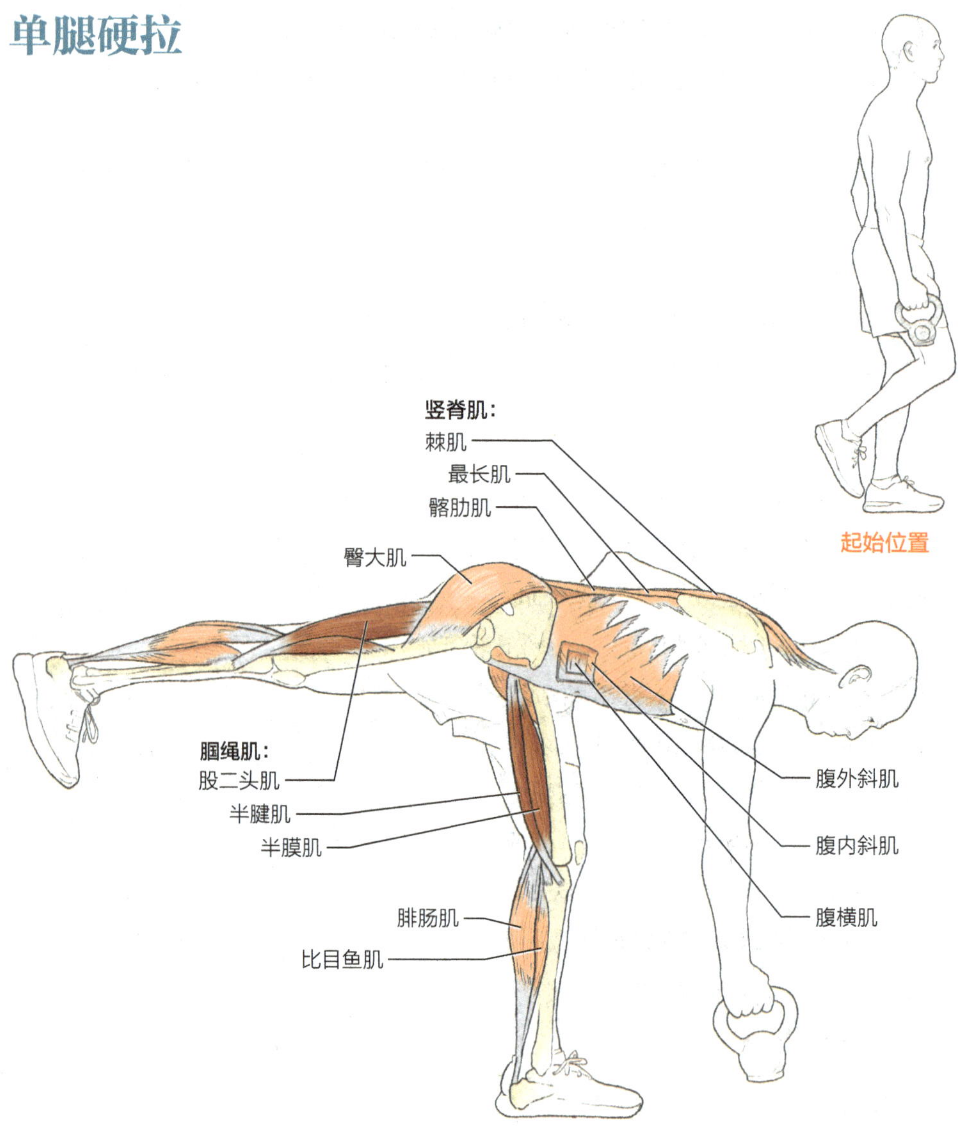

动作分解

1. 一只脚站立，另一侧的一只手握住壶铃。
2. 保持背部挺直，膝关节微微弯曲，从腰部开始前倾，做直腿硬拉动作。
3. 一边向前弯曲，一边伸直自由的一侧腿并保持平衡。继续弯曲臀部，直至身体与地面平行。
4. 回到起始位置，换另一侧重复同样的动作。

涉及的肌肉

主要肌肉：腘绳肌（半腱肌、半膜肌、股二头肌）。

次要肌肉：竖脊肌（髂肋肌、最长肌、棘肌）、臀大肌、腓肠肌、比目鱼肌、腹外斜肌、腹内斜肌、腹横肌。

骑行动作要领

同罗马尼亚硬拉和直腿硬拉一样，这项练习可以锻炼相同的肌群。此外，由于存在不对称性，这项练习同时可以锻炼核心肌群。当你骑行时，你需要腿部的力量，但同时你需要一个强壮的核心肌群来为腿部的运动提供基础。我喜欢这项练习，因为它可以同时锻炼多块肌肉。进行这项练习时，你不仅会感觉到腘绳肌得到了拉伸和锻炼，还会感到所有的稳定肌群都在“燃烧”，使你的身体保持平衡。

变式

增加负重或不稳定界面的单腿硬拉

林赛 • 沃恩（Lindsey Vonn）在做完膝关节手术的恢复期间证实了这项练习的有效性。在进行这项练习时，你有多种选择，例如，你可以手握一只哑铃或一块杠铃片，也可以用杠铃来做这项练习。如果你真的想锻炼自己，还可以借助一个稳定台或稳定盘来进行练习。但是，如果你要借助稳定盘进行练习，一定要记得减轻重量，否则你可能会受伤。

臀推

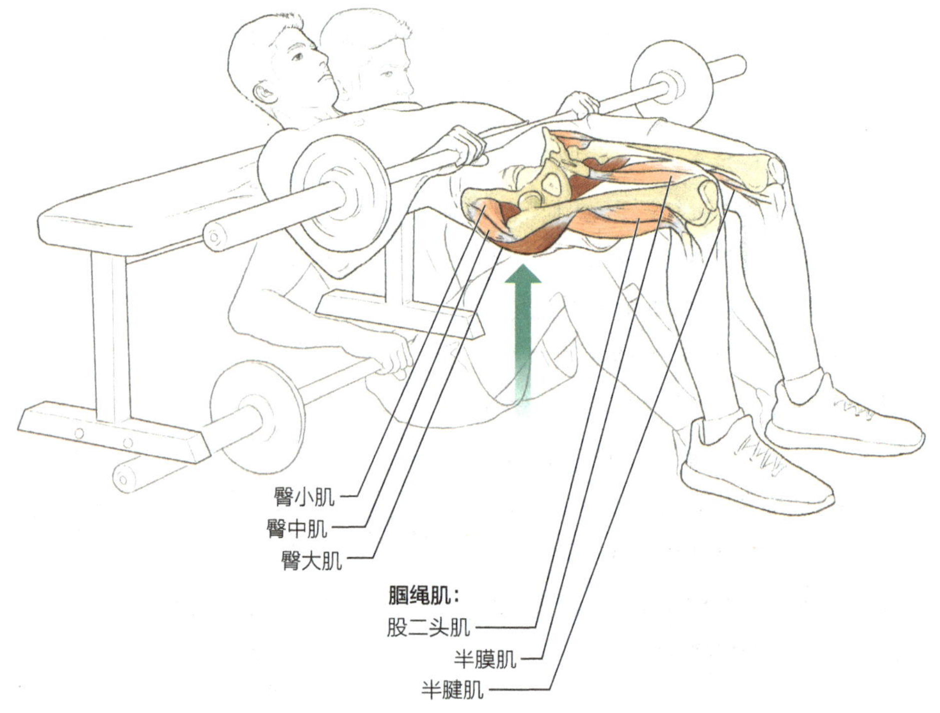

动作分解

1. 坐在长凳上，将杠铃横放在你的大腿上。
2. 身体向下滑动，使你的上背部和肩胛骨靠在长凳上。双手握住杠铃，双脚平稳地放在地面上，膝关节弯曲至90度。
3. 臀部朝地面方向下放，但不要碰到地面。头部也应该跟随臀部向前移动（这样可以减小脊柱承受的压力）。
4. 收缩臀部肌肉，用脚后跟抵住地面，然后朝天花板和起始位置方向伸展臀部。

涉及的肌肉

主要肌肉： 臀大肌。

次要肌肉： 腘绳肌（半腱肌、半膜肌、股二头肌）、臀中肌、臀小肌。

骑行动作要领

自行车手们总是在寻找一种锻炼臀部的好方法。相较于标准的蹲式练习，臀推是一个很好的替代练习。事实上，臀推练习对臀肌的刺激程度不亚于传统的深蹲。臀推练习模拟了踏板运动中腿部向下蹬踩的动作。在进行这项练习时，你要集中精力激活你的臀部，尽量使杠铃垂直向上移动。

变式

单腿臀推

按照臀推的步骤进行练习，但是这次只保留一条腿放在地面上，另一条腿抬起。如果需要，你可以选择在髋部放置一块杠铃片或一只哑铃来替代杠铃进行负重练习。

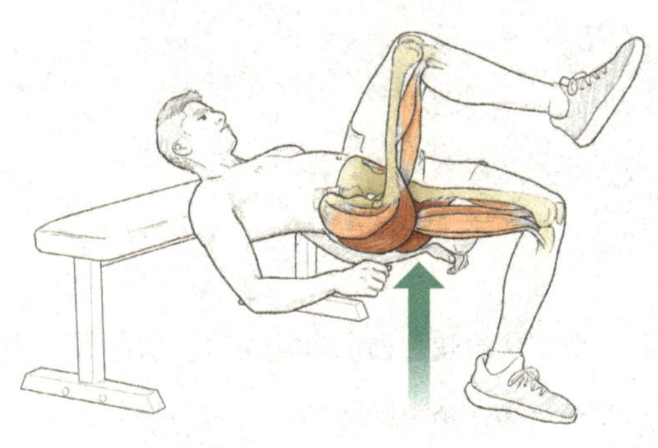

单腿绳索抗阻后踢腿

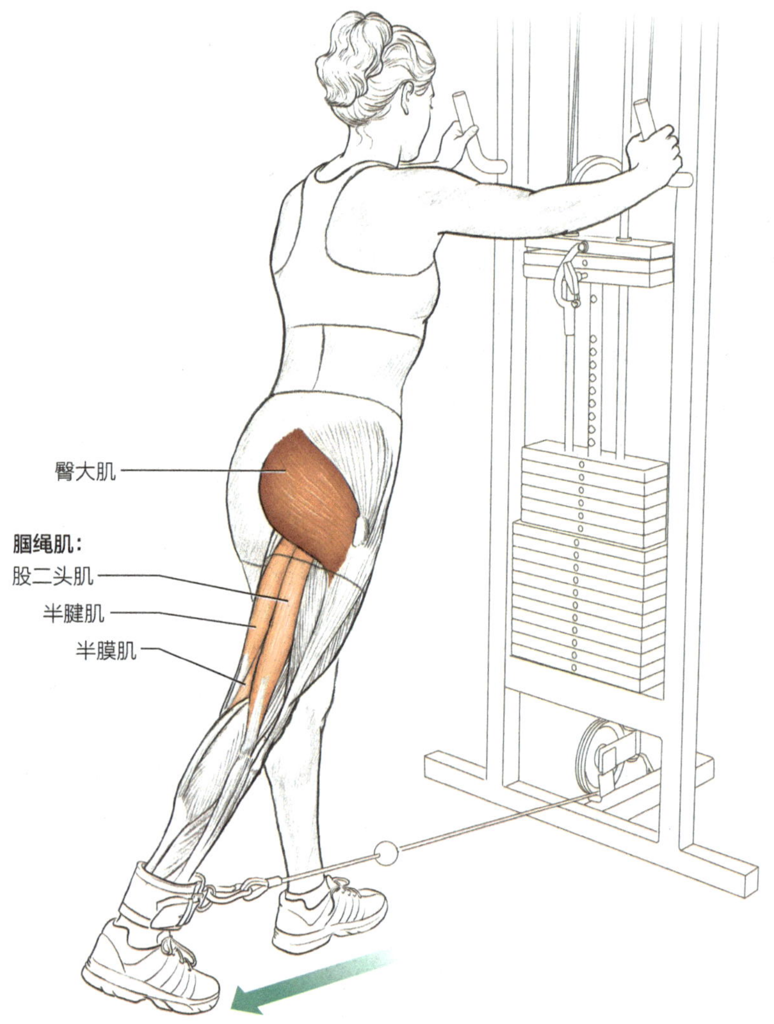

动作分解

1. 在一侧脚踝上系一个低位滑轮。面向滑轮系统，双手握住手柄。
2. 保持背部挺直，伸展臀部，系滑轮的那只脚向后移动。
3. 慢慢回到起始位置。完成整套动作后，换另一边重复动作。

涉及的肌肉

主要肌肉：臀大肌。

次要肌肉：腘绳肌（半腱肌、半膜肌、股二头肌）。

骑行动作要领

在你的骑行过程中，臀大肌起着至关重要的作用。这块肌肉为你的骑行提供了很大一部分的力量。当你的脚从踏板顶部开始旋转并向下推动踏板时，你的臀大肌就开始“燃烧”，使你的髋关节伸展。你可以看一看那些专心致志骑行的自行车手，他们的臀大肌明显是经过锻炼的。单腿绳索抗阻后踢腿练习是骑行练习的基础，因为它可以很好地锻炼臀大肌。为了节省时间，你可以在用一条腿完成臀部内收、臀部外展、臀部伸展和臀部屈曲动作之后，再换另一条腿进行练习。

变式

瑞士球臀部伸展

这是一项非常好的臀部伸展练习。首先，平躺在地面上，一条腿向上抬起，另一条腿的脚后跟搭在瑞士球顶部。然后，将脚后跟向下压，臀部朝天花板方向抬起。最后，慢慢回到起始位置。

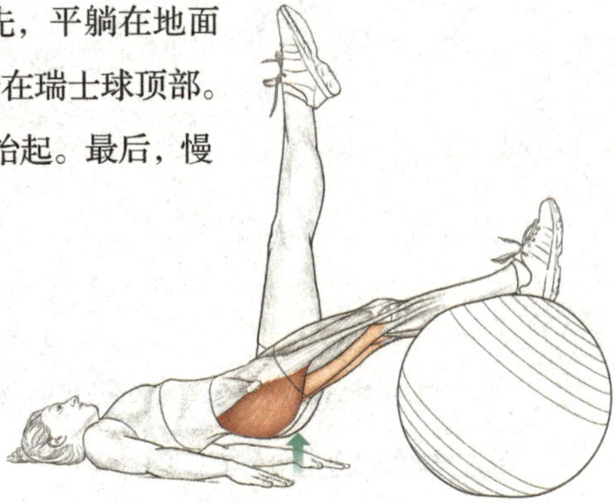

单腿绳索抗阻提膝

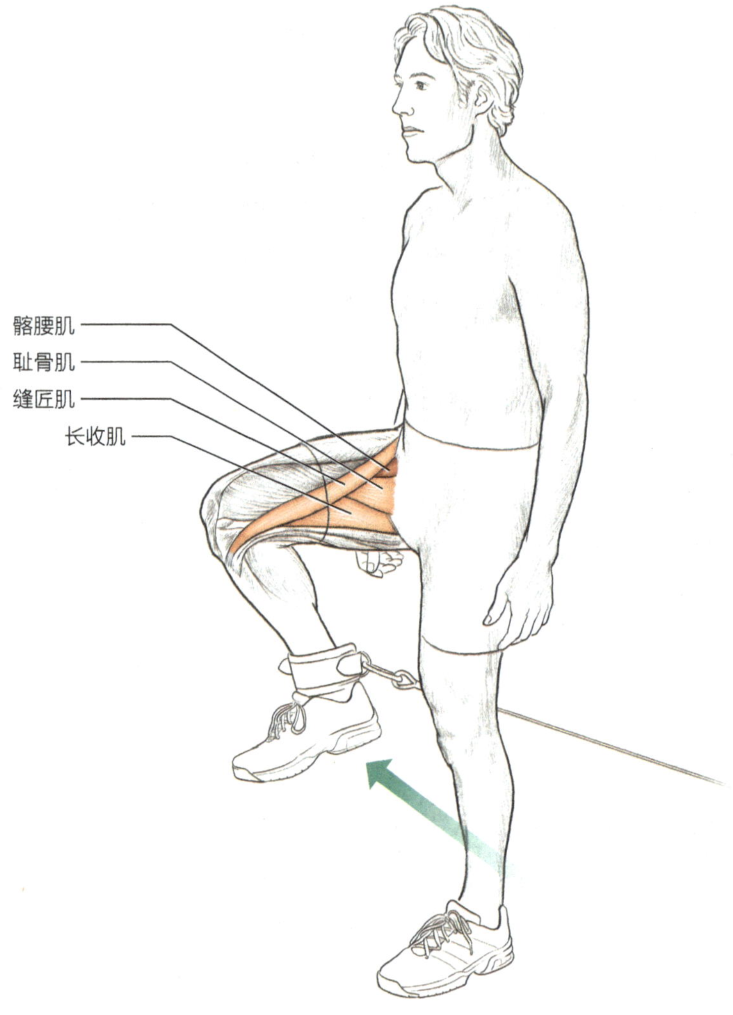

动作分解

1. 在一只脚上系一个低位滑轮，背对滑轮系统站立。如有必要，双手握杆以保持稳定。与滑轮连接的腿应该稍微向后放置。
2. 克服滑轮阻力将膝关节向上拉，屈曲髋关节。
3. 当你的大腿与地面平行时，慢慢将腿放下，回到起始位置。完成整套动作后，换另一侧重复动作。

涉及的肌肉

主要肌肉：髂腰肌。

次要肌肉：耻骨肌、缝匠肌、长收肌、短收肌、股直肌（部分肌肉见图示）。

骑行动作要领

单腿绳索抗阻提膝练习模拟了你在骑行中腿部向上蹬踏板的动作。想象一下自行车手在爬坡骑行中奋力冲刺，或在接近终点时一跃过线的场景。许多人会谈及“骑行中的踏板表现”，这指的是你应该在骑行过程中集中精力为踏板提供动力。这是一个思考踏板运动的好方法。实际上，自行车手更多的是以三角形的形式蹬踩踏板：向上，向下，穿过底部。无论你选择哪种形式蹬踩踏板，你都应该确保双腿持续加速以使自行车前进。单腿绳索抗阻提膝练习针对的是踏板骑行中的向上动作，可以帮助你提升整个踏板“骑行”的力量。

绳索抗阻髋内收

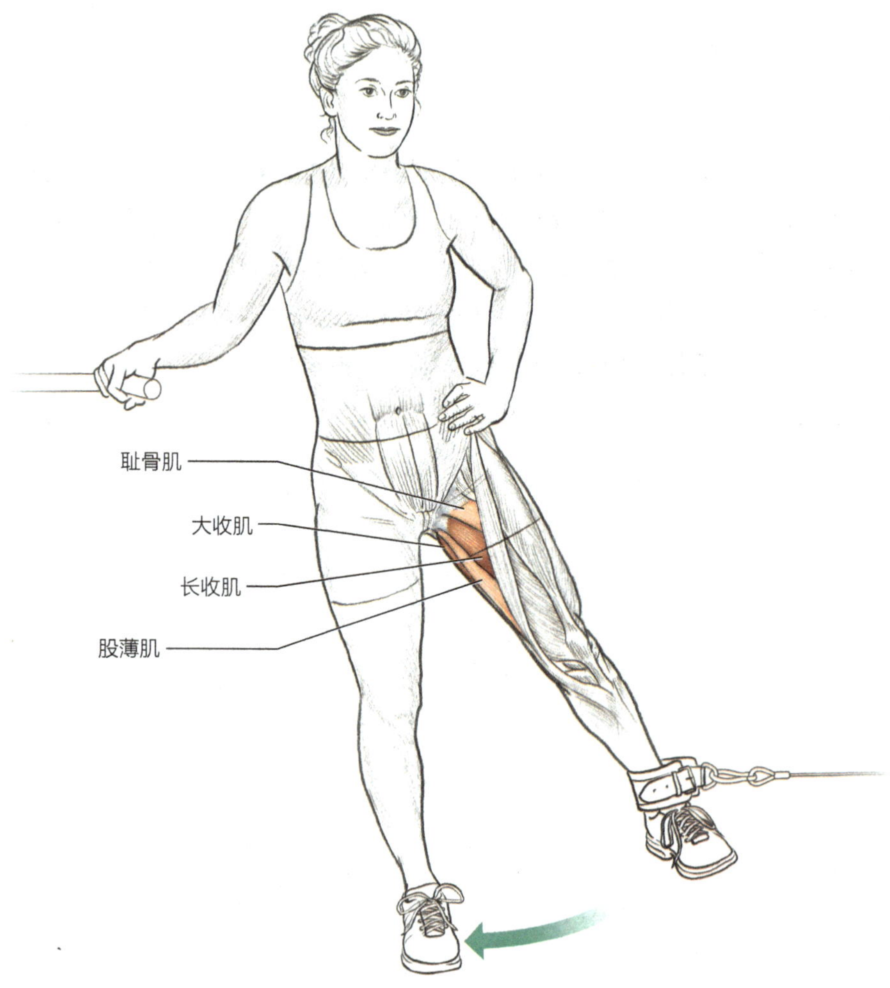

动作分解

1. 在绳索滑轮架旁站立，并在远离滑轮架的脚踝上绑上绳索。
2. 与滑轮架保持一步的距离，这样绳索系统可以承受重量。用手抓住绳索滑轮系统的手柄，以获得支撑和稳定。你应该保持一只脚站立，另一只系着绳索的脚向外侧展开。
3. 保持身体稳定，然后把伸出的脚朝站立的脚的方向收回。保持该姿势片刻，然后慢慢回到起始位置。完成整套动作后，换另一侧重复动作。

涉及的肌肉

主要肌肉：大收肌、长收肌、短收肌（部分肌肉见图示）。

次要肌肉：股薄肌、耻骨肌、臀大肌下部（部分肌肉见图示）。

骑行动作要领

虽然你在实际的骑行过程中不会向内移动你的腿，但你仍然需要增强髋内收肌的力量。在练习过程中，你会想要让腿部保持干净、流畅的旋转运动。你的髋内收肌会给你的踏板骑行提供主要动力。通过锻炼髋内收肌，你可以减少疲劳时身体姿势不标准的可能性。如果你观察过一个专业的自行车手，你会发现即使在比赛最后自行车手已经十分疲惫的情况下，他的腿部仍然能保持灵活匀速的蹬踩动作。这得益于自行车手数年的训练以及其锻炼充分的次要肌肉，这些肌肉有助于双腿持续进行蹬踩动作。

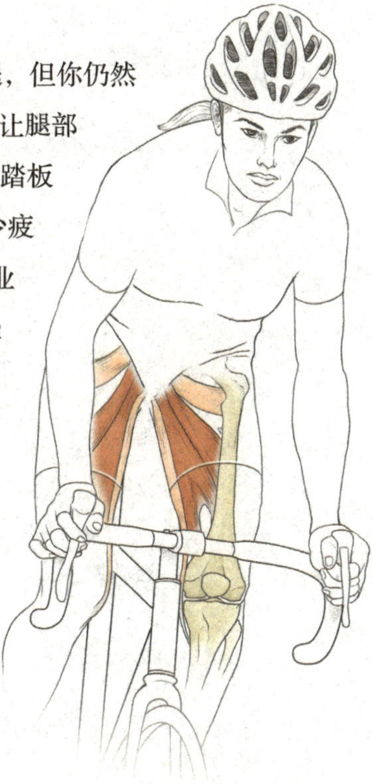

变式

器械髋内收

许多健身房都有可以进行髋内收和髋外展练习的器械。借助器械进行髋内收练习是一个简单快速的方法，可以帮助你锻炼你的髋内收肌。

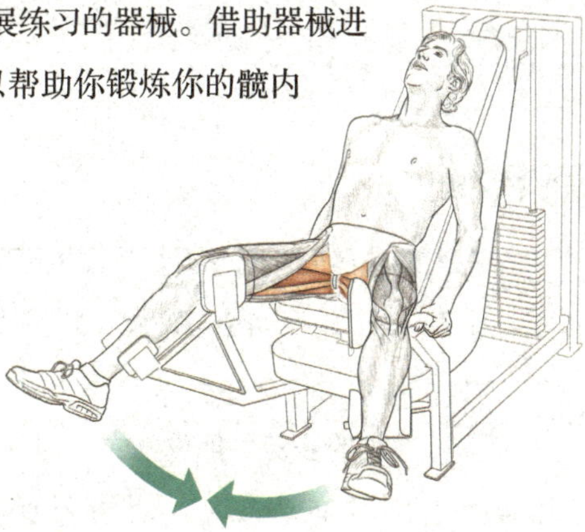

髋外展弹力带行走

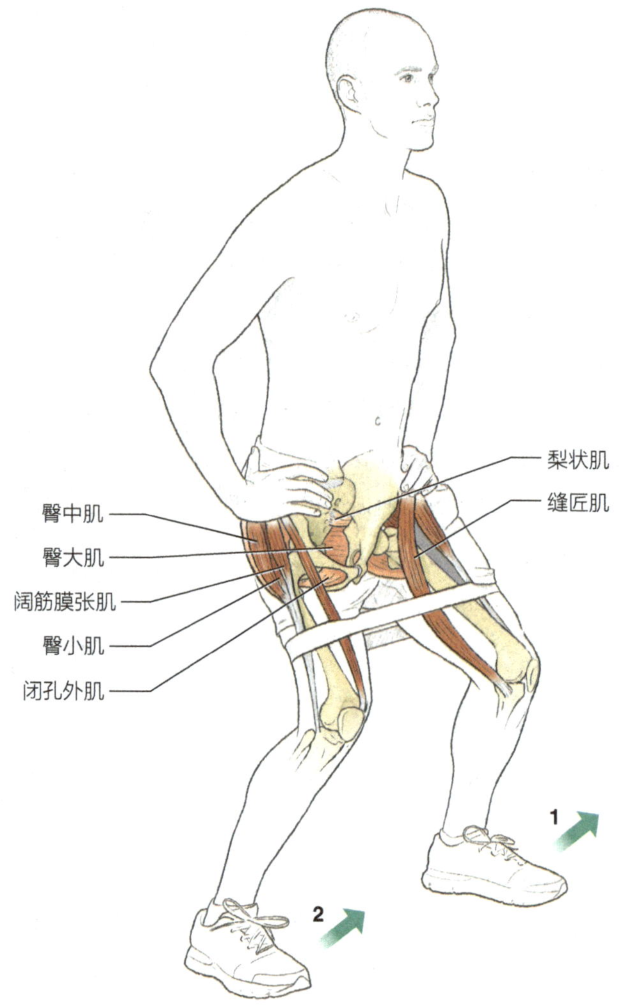

动作分解

1. 在大腿中部绑一圈弹力带（你也可以将弹力带绑在脚踝或脚上）。
2. 以1/4蹲姿或运动姿态站立：膝关节弯曲，臀部向后，背部挺直，保持你的脚朝向正前方。
3. 保持同样的姿势，把你的左腿向外侧移。保持膝关节的位置不动，不要内外摇晃。保持你的脚在这个过程中一直朝向正前方。

4. 右脚跟随左脚向左移，做相同的动作。

5. 完成整套动作之后，换另一侧（右侧）重复动作。

涉及的肌肉

主要肌肉：臀中肌、臀小肌、阔筋膜张肌、缝匠肌。

次要肌肉：臀大肌、梨状肌、闭孔外肌。

骑行动作要领

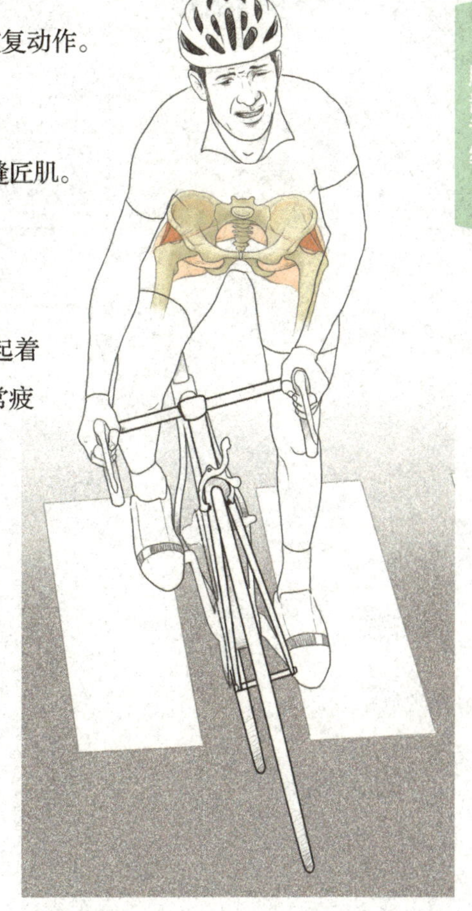

髋外展和髋内收一样，在稳定骑行动作中起着非常重要的作用。尤其是当你在骑行中感到非常疲惫的时候，如果比赛接近终点，这些强壮的稳定肌肉会帮助你维持踏板运动。当你感到疲劳和体能达到极限时，髋外展肌容易发生痉挛和抽筋。通过在健身房中训练这些肌肉，你不仅能增强这些肌肉的力量，也会增加血液流量和贯穿肌肉的血管床的数量。这可以有效预防抽筋和痉挛，还可以有效抵抗疲劳。

变式

消防栓式

同髋外展弹力带行走动作相似，你可以借用器械或绳索来锻炼你的髋外展肌。不过我个人更喜欢消防栓式练习。你不需要借助任何设备就可以进行练习，因此它非常适合居家或旅行的人。抬起一条腿，向外侧移，保持膝关节弯曲。练习时专注于激活髋外展肌，你会发现即使是这种简单的练习也能取得很好的针对性训练效果。

杠铃站姿提踵

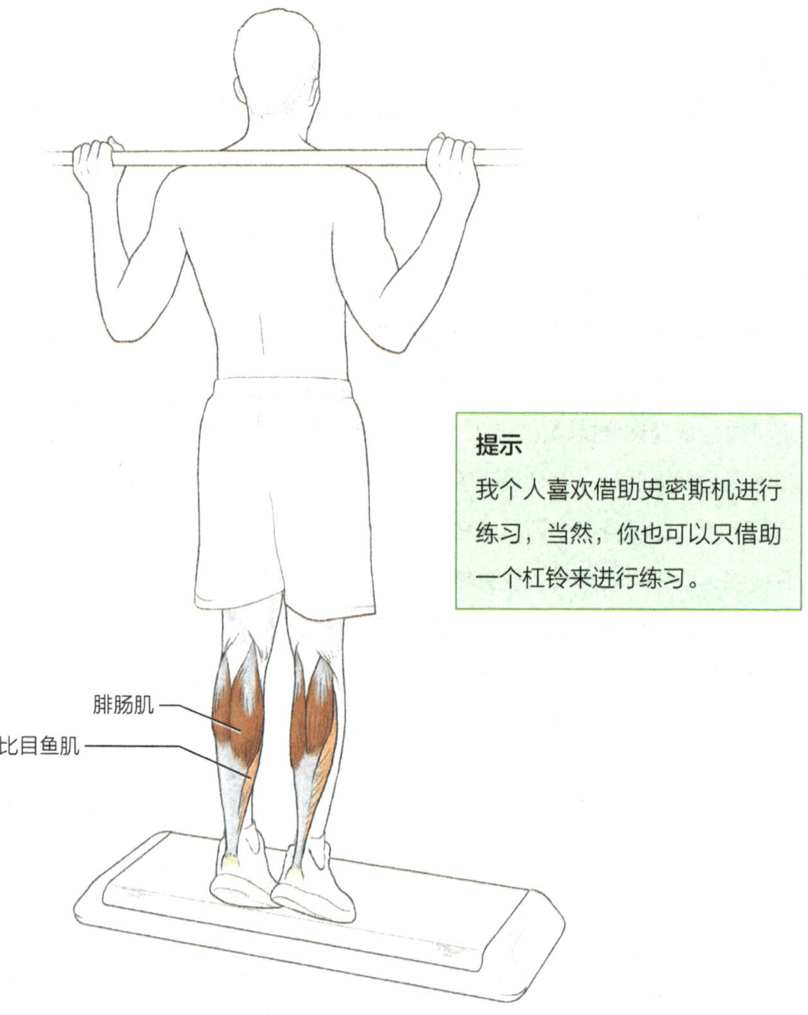

提示

我个人喜欢借助史密斯机进行练习，当然，你也可以只借助一个杠铃来进行练习。

动作分解

1. 将你的脚趾放在平台（杠铃片或抬升器）上，同时将杠铃放在后颈下的肩膀上。手掌向前，双手握住杠铃杆。
2. 保持背部和膝关节挺直，脚后跟向下放，直至你感觉小腿得到充分拉伸。
3. 把身体慢慢抬起，抬起脚后跟，用脚尖触地。
4. 慢慢回到起始位置（放下脚后跟）。

涉及的肌肉

主要肌肉：腓肠肌。

次要肌肉：比目鱼肌。

骑行动作要领

几乎每一位专业的自行车手的小腿肌肉都会非常健硕。腿部在进行踏板运动的同时，小腿的腓肠肌和比目鱼肌也会为每一次的蹬踩动作提供动力。为了保证效率最大化，你的脚和地面形成的角度在踏板骑行过程中最好不要变化过大。自行车的曲柄不断转动，你的脚踝起到了一个缓冲的作用，以保证你的脚可以保持在相对稳定的位置。而腓肠肌和比目鱼肌在支撑脚踝发挥作用方面扮演着至关重要的角色。你的腿每次向下蹬踩踏板时，腓肠肌和比目鱼肌会提供向下的力量，该力量会转移到踏板上，随后又为向上的动作提供力量。我在过去比赛时，常常会学习安迪·汉普斯滕（Andy Hampsten）的骑行动作和脚部姿势。他的高效骑行姿势堪称脚部姿势和脚踝运动的典范。

变式

器械站姿提踵

你可以借助各种各样的器械进行站姿提踵练习。我个人更喜欢借助史密斯机来完成这项练习。因为我通常会在锻炼的同时做其他一些下肢运动。如果可以，专项练习器械是更好的选择，它可以让你完全专注于你的小腿训练。如果你借助这个器械做单腿提踵练习，效果也会很好。

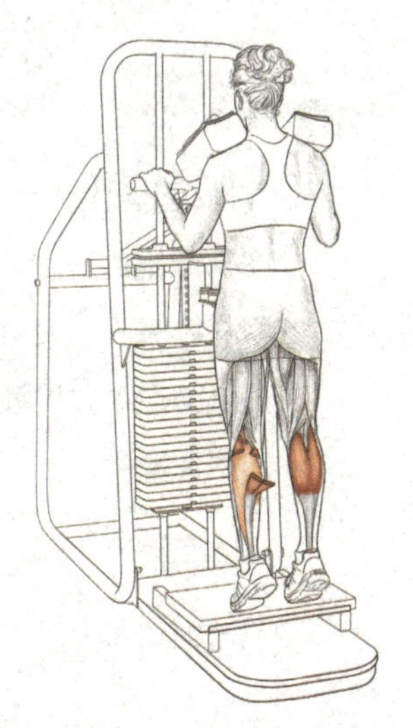

杠铃坐姿提踵

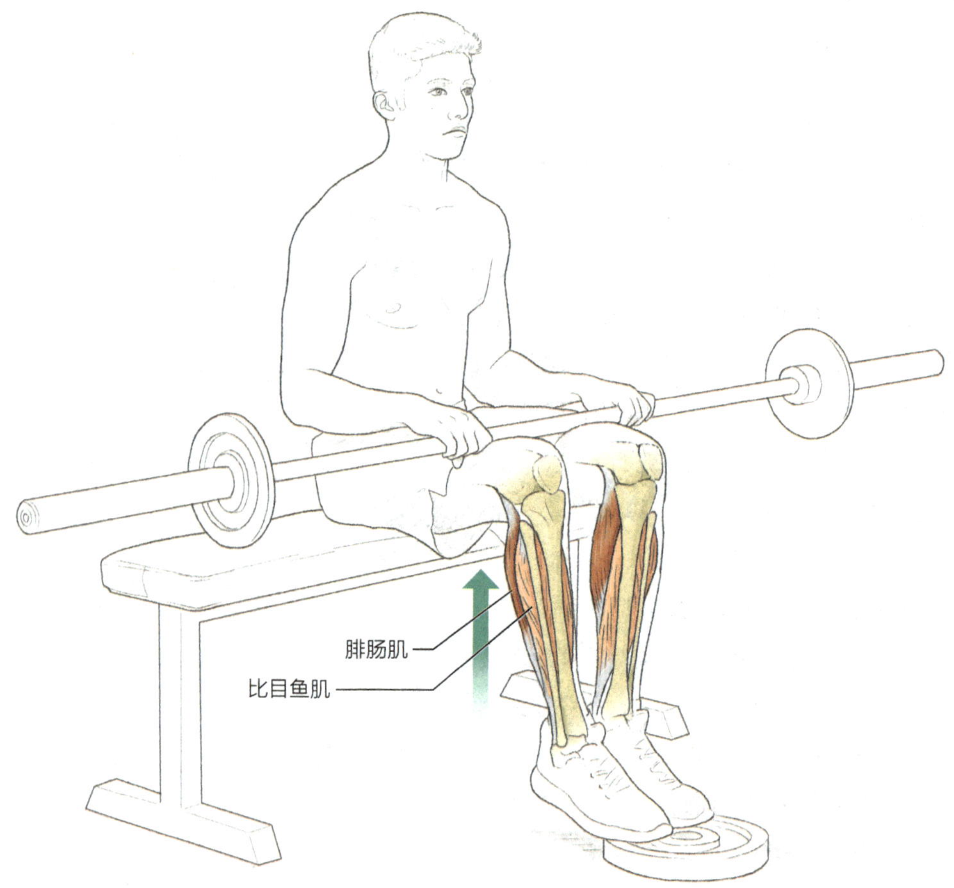

动作分解

1. 在地板上放置一个小的平台，可以是一块木板或杠铃片，放置在离长凳边缘30~38厘米远的地方。坐在长凳上，膝关节弯曲至90度，将前脚掌放到该平台上。
2. 将杠铃横放在大腿上，离膝关节8~10厘米。
3. 抬起脚后跟做提踵动作。集中精力充分伸展脚踝。保持伸展姿势几秒，然后回到起始位置。

涉及的肌肉

主要肌肉：腓肠肌。

次要肌肉：比目鱼肌。

骑行动作要领

正如前一个练习提到的，小腿对你在踏板骑行中发挥最大力量至关重要。这项练习可以有效锻炼你的小腿肌肉。练习时要循序渐进，逐渐增加训练重量。你需要保证充足的练习时间，这样不仅会让肌肉得到锻炼，还会让肌腱得到增强。一方面，跟腱撕裂或受伤可能无法复原，所以不要在练习时急于求成。另一方面，如果你的跟腱受伤了，那么骑行会是一个很好的康复方法。因为踏板骑行比较平稳，没有碰撞，骑行是受伤后恢复体形的绝佳手段。

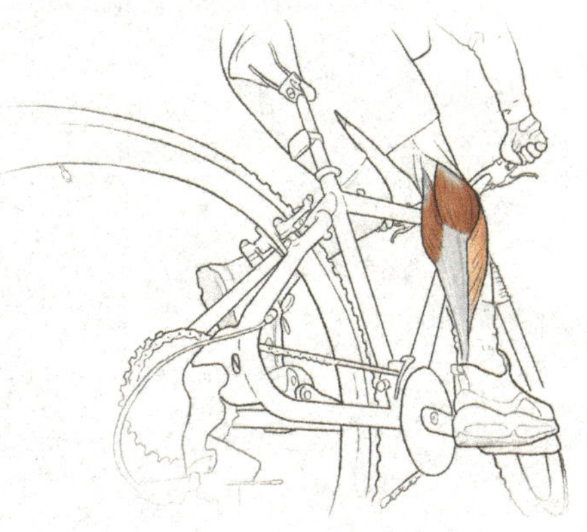

变式

器械坐姿提踵

健身房中还有模拟杠铃坐姿提踵的自由重量器械。这些器械操作简单、使用方便。使用这些器械，你就不需要把一个可能很重的杠铃放在腿上进行练习了。

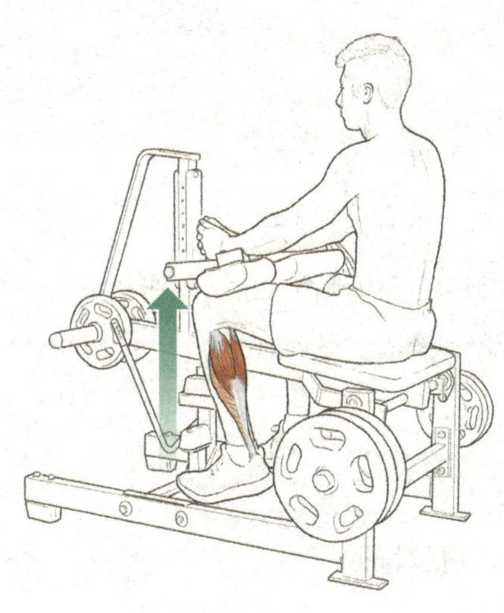

反向坐姿提踵

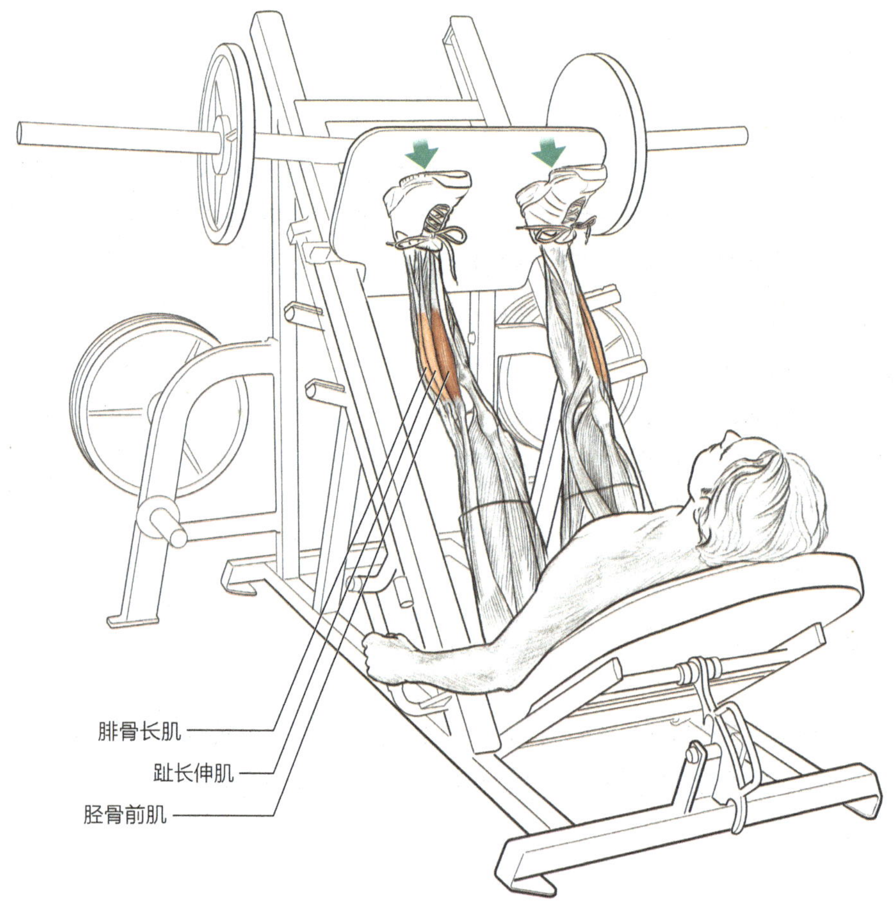

动作分解

1. 双脚高高地放在腿举平台上。
2. 保持膝关节伸直，脚尖朝身体方向回收，用脚后跟抵住平台。
3. 回到起始位置（双脚完全放在平台上）。

涉及的肌肉

主要肌肉：胫骨前肌。

次要肌肉：趾长伸肌、腓骨长肌。

骑行动作要领

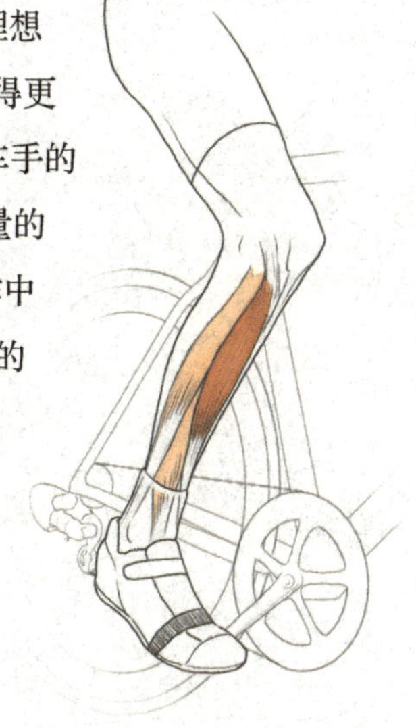

要想成为一名成功的自行车手，提高效率是关键。在理想情况下，自行车手的所有努力或动作都应该使自行车前进得更快。然而，由于风阻、散热、设备问题或其他因素，自行车手的很大一部分努力往往会在转换过程中丢失。因此每一点力量的产生和有效的运动对骑行都很重要。双脚在蹬踩踏板的动作中应该保持相对静止。与腓肠肌和比目鱼肌一样，小腿前部的肌肉也有助于保持这种稳定。小腿前部的肌肉还有助于蹬踩踏板的后半部分时驱动踏板向上。反向坐姿提踵练习有助于锻炼这些肌肉，使之为蹬踩踏板做好准备。

变式

反向站姿提踵

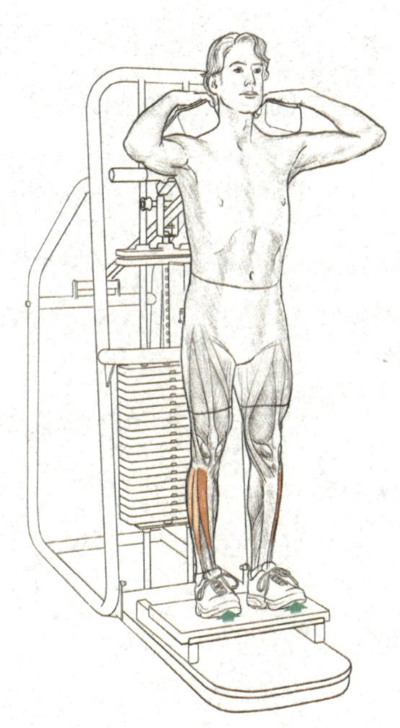

你可以借助各种器械来锻炼小腿前部的肌肉。如果你不喜欢更换器械，你也可以在同一台器械上进行提踵练习。你需要转过身，背对器械，将你的脚后跟放在平台上。脚趾向上抬，然后按照反向坐姿提踵的步骤完成相同的动作。

第9章

腿部整体力量

增强骑行力量！毫无疑问，腿部、髋部和臀部是每一位自行车手产生驱动力量的关键部位，这些身体部位应该成为每位自行车手重量训练计划的核心。本书前面的章节旨在增强所有肌肉的力量和耐力，这些肌肉对于自行车手取得一个好成绩来说至关重要。本章和下一章的内容将会帮助你在这一坚固的基础上，激发骑行时整个下半身系统的爆发力和力量。

无论你是在健身房还是在骑行中，你都应该关注运动的效率。在理想状态下，你的所有努力都有助于提升骑行速度和运动表现。

本章讲解的练习有助于调节踏板运动的每个阶段。通过在整个踏板运动中施加力量，你将获得有效和一致的动力。

想象一下你蹬踩踏板时的腿部动作。根据曲柄的确切角度，大量的腿部肌肉被激活并协同运作以提供最佳的力量（图9.1）。这种简练而高效的合作使自行车成为一种奇妙的交通工具。

在进行本章中的练习时，你应该专注于增强爆发力。在做每项练习时，你都应使用骑行动作要领部分的描述来调节你的心理状态。本书提供的许多练习将成为你的重量训练计划的参考，并且你会对你在骑行过程中的直接收获印象深刻。我喜欢引用格雷格·莱蒙德说过的一句话："比赛只会更难，你只能更快。"

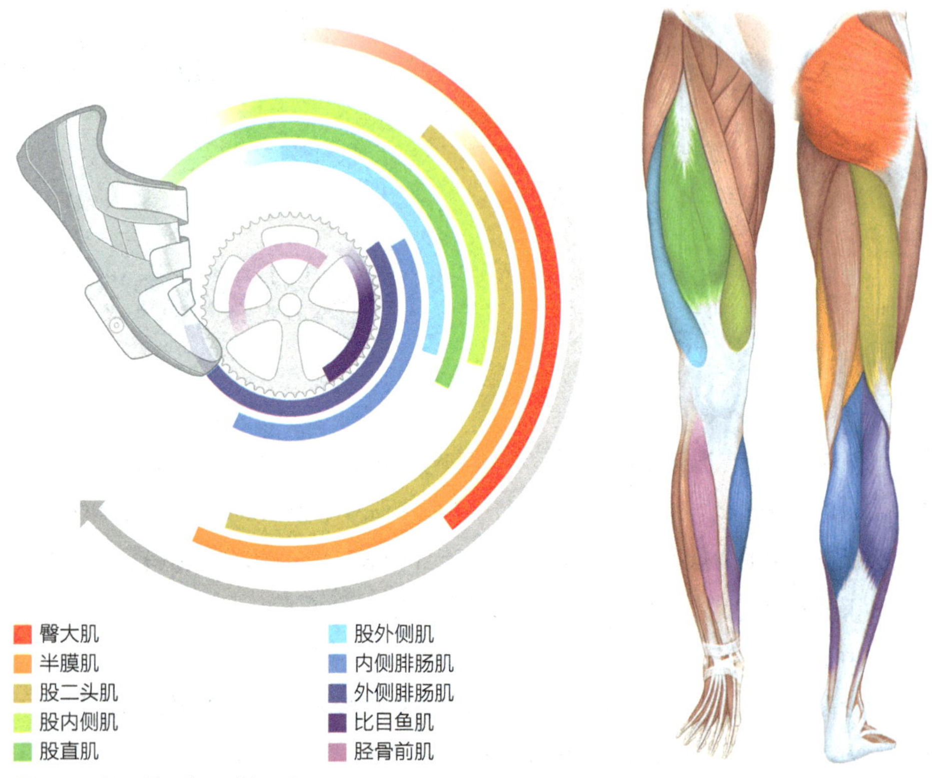

图9.1　蹬踩踏板时用到的肌肉

热身和拉伸

本章涉及的练习会用到多个肌群的力量，因此你在做本章中的练习时需要经常举起较重的负荷。注意不要训练过度，以免伤到自己。确保你在每次练习之间有足够的时间休息，并注意在练习过程中避免关节或肌肉的疼痛或不适。在进行整体力量练习之前，做好拉伸运动非常重要。你需要花10~15分钟时间来热身，你可以选择使用跑步机、动感单车或者划船机来达到热身效果。我建议你在正式开始练习前，做一些轻重量或没有负重的练习动作来热身。

杠铃深蹲

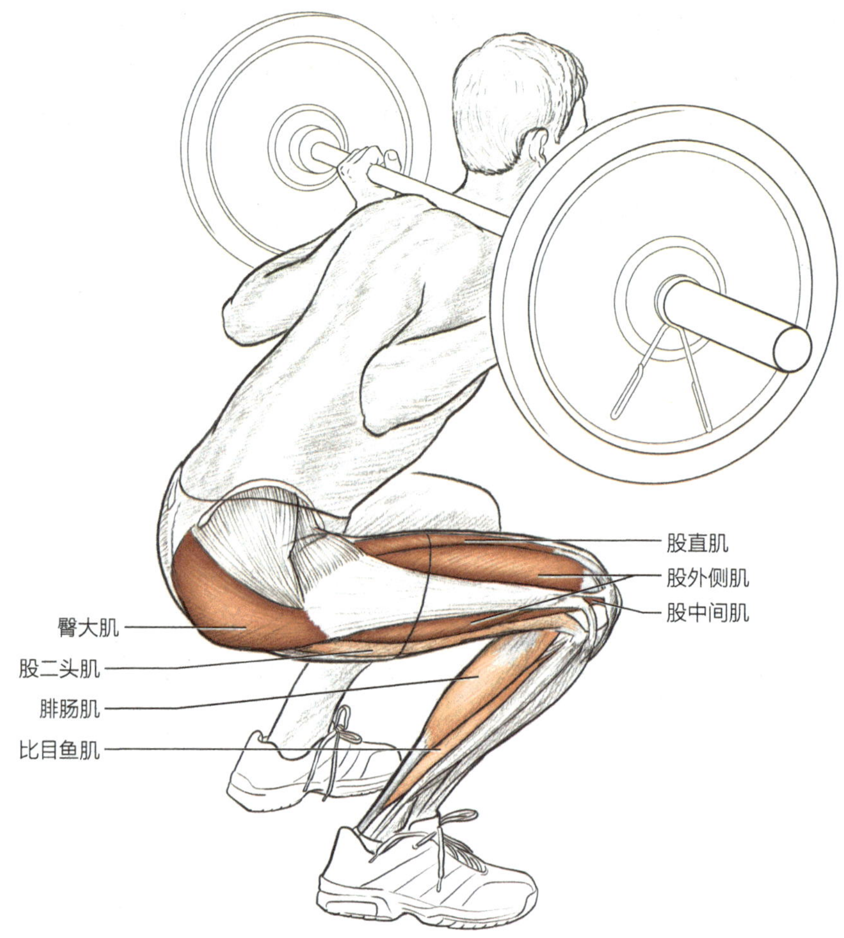

动作分解

1. 双脚分开站立，间距略宽于肩宽，将杠铃放在肩部。
2. 保持背部挺直，膝关节弯曲，直至大腿与地面平行。
3. 慢慢伸展膝关节，然后回到起始位置。

安全提示 由于腿部和臀部肌肉非常有力，因此在杠铃深蹲练习的过程中你需要进行负重练习。正确的练习姿势可以避免你的下背部受伤。在练习过程中，你需要保持背部挺直，头部向上抬起。

涉及的肌肉

主要肌肉：臀大肌、股四头肌（股直肌、股外侧肌、股内侧肌、股中间肌）（部分肌肉见图示）。

次要肌肉：竖脊肌（髂肋肌、最长肌、棘肌）、腘绳肌（半腱肌、半膜肌、股二头肌）、腓肠肌、比目鱼肌、股薄肌、髋内收肌（短收肌、长收肌、大收肌）、耻骨肌（部分肌肉见图示）。

骑行动作要领

杠铃深蹲是一项基础骑行练习。它可以增强踏板骑行所需要的爆发力和力量。无论你是在爬坡骑行还是在平地冲刺，你都会感受到这项训练带给你的益处。杠铃深蹲练习可以锻炼你的下肢和背部的主要肌肉。当你举起杠铃时，你可以想象自己正在起身准备骑行冲刺。杠铃深蹲练习模拟了踏板骑行中向下蹬踩踏板的动作，这个阶段是你可以产生最大力量的阶段。在杠铃深蹲练习的过程中，你可以模拟踏板骑行的位置放置你的双脚。双脚的距离应该比你在骑行时两只脚的距离宽一点儿。你的双脚摆放的姿势也应该模仿你在自行车上的自然姿势。例如，如果你骑行时双脚有“内八”的情况，那么在练习时你应该保持同样的姿势。

变式

哑铃深蹲

你可以用哑铃替代杠铃来进行深蹲练习。这可能与杠铃深蹲练习的感觉不太一样，但它可以同时增强你的握力。

杠铃前蹲

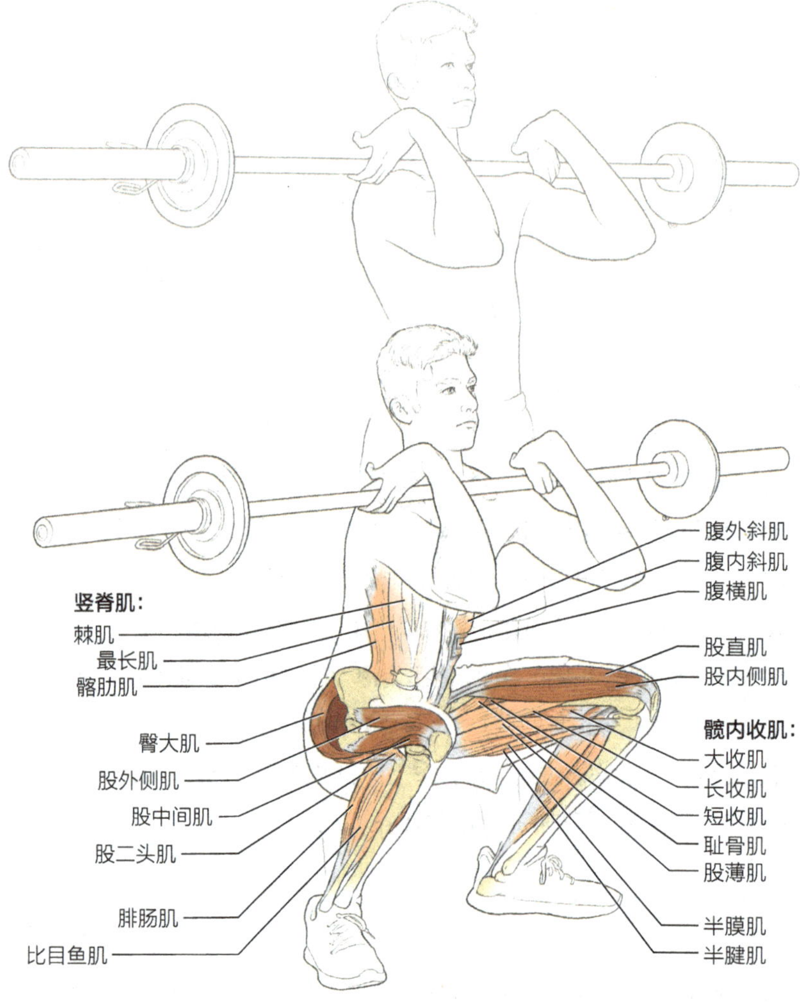

动作分解

1. 双脚分开站立，与肩同宽。将杠铃举到你的胸前。双手握住杠铃杆，掌心朝上。保持肘部在身体前方放置。
2. 膝关节弯曲，臀部向后伸展，直至大腿与地面平行。集中精力使膝关节外展。
3. 回到起始位置。

安全提示 杠铃前蹲的负重应该比标准杠铃深蹲练习的负重轻一点儿。

涉及的肌肉

主要肌肉： 臀大肌、股四头肌（股直肌、股外侧肌、股内侧肌、股中间肌）。

次要肌肉： 竖脊肌（髂肋肌、最长肌、棘肌）、腘绳肌（半腱肌、半膜肌、股二头肌）、腓肠肌、比目鱼肌、髋内收肌（短收肌、长收肌、大收肌、耻骨肌、股薄肌）、腹外斜肌、腹内斜肌、腹横肌。

骑行动作要领

这项练习在增强你的整体骑行力量的同时，会重点锻炼你的股四头肌。对于冲刺或爬坡骑行来说，这是一项最佳练习，可以帮助你锻炼所需的爆发性肌肉。集中精力使你的核心肌群保持紧致有力的状态。在练习过程中，即使杠铃在前，你也不能弯腰。在做前蹲时，在脚后跟下放一块小木板可能会对你的练习有所帮助。

变式

壶铃前蹲

与杠铃前蹲的起始位置一致，但是这项练习是把一个壶铃举至胸前，然后按照杠铃前蹲动作进行练习。

哈克深蹲

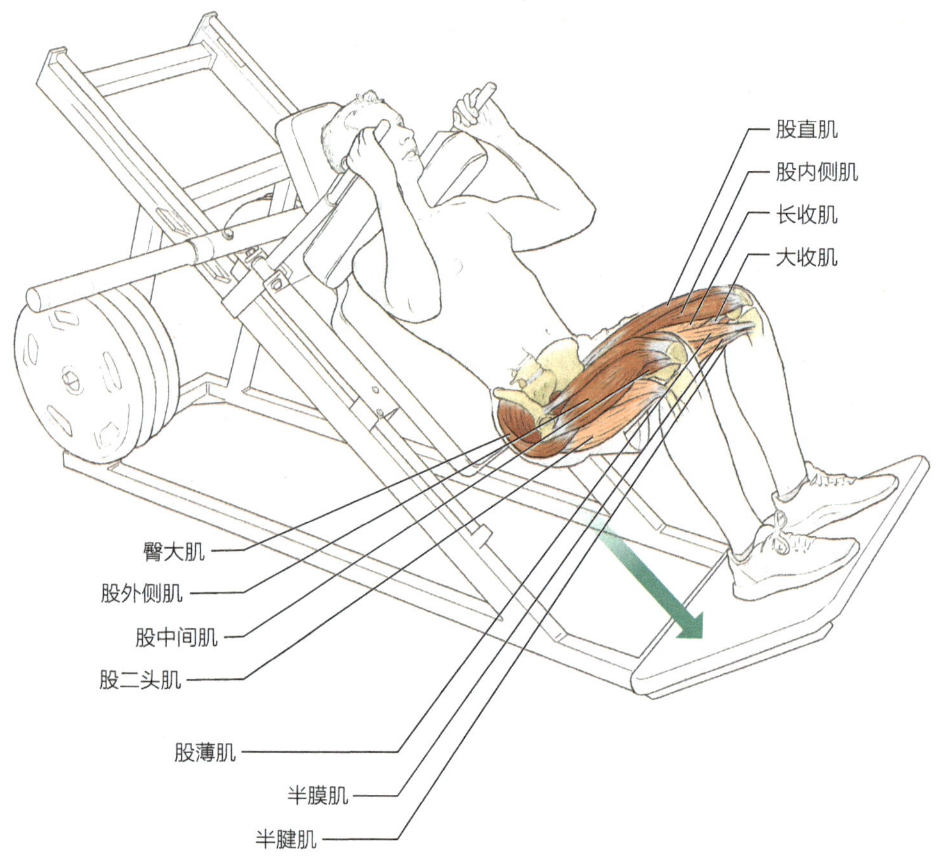

动作分解

1. 背部平躺在靠背上，肩部位于哈克机的垫子下方。
2. 保持背部挺直，慢慢向下蹲，直至膝关节呈90度角。
3. 回到起始位置。

涉及的肌肉

主要肌肉：股四头肌（股直肌、股外侧肌、股内侧肌、股中间肌）、臀大肌。

次要肌肉：腘绳肌（半腱肌、半膜肌、股二头肌）、髋内收肌（短收肌、长收肌、大收肌、耻骨肌、股薄肌）（部分肌肉见图示）。

骑行动作要领

这项练习不仅可以帮助你拥有强壮有力的肌肉来驱动踏板运动，还可以增强你的腹部肌肉、背部肌肉和下肢稳定肌肉的力量。当你感到疲惫时，你的骑行姿势开始改变，骑行效率也会慢慢下降。哈克深蹲练习可以帮助你在高负重的情况下保持正确的骑行姿势。此外，它提高了练习的安全性，因为大多数哈克机都配有一个挡杆来限制你向下移动。

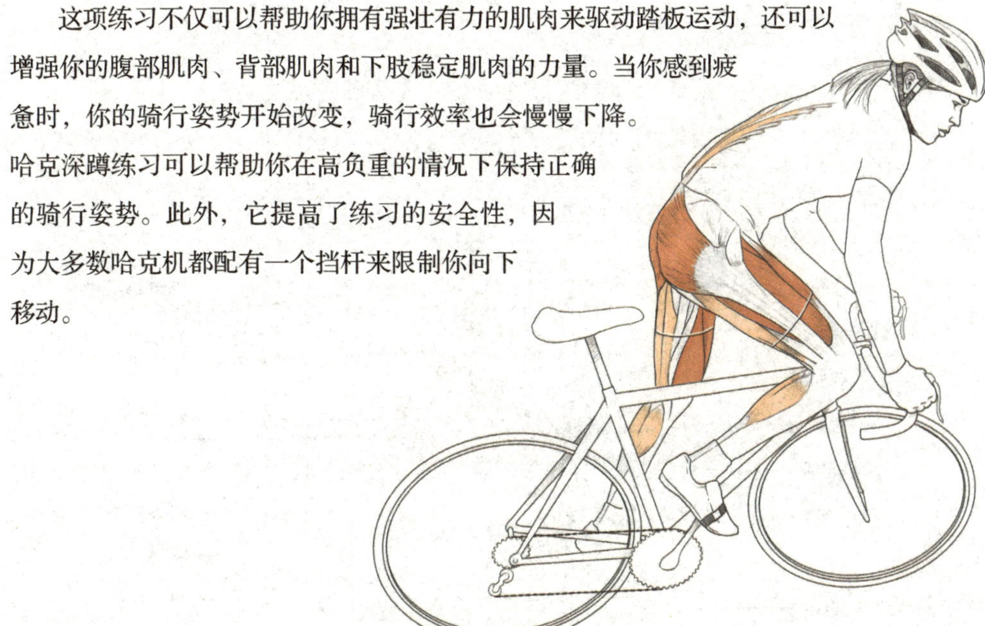

箱式深蹲（爆发力）

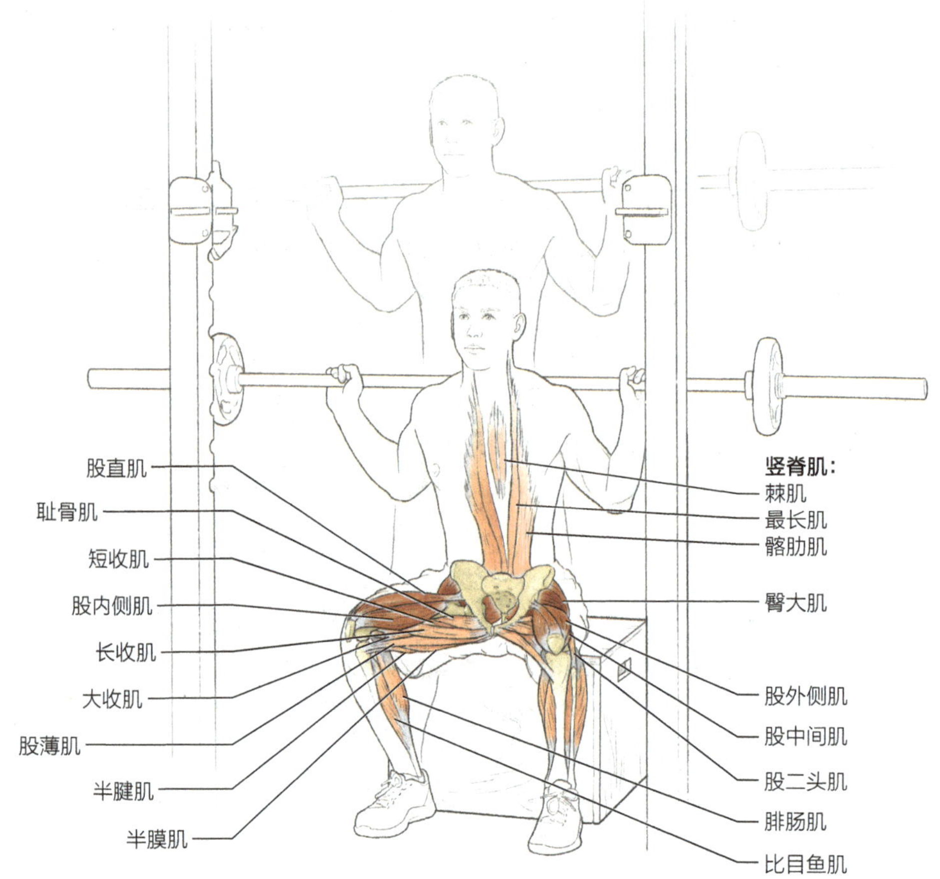

动作分解

1. 双脚分开站立，间距略宽于骑行时两脚的间距，将杠铃横放在肩膀上。在身后放置一个箱子或一条长凳。
2. 膝关节弯曲，坐在箱子上（当你坐在箱子上时，膝关节应该弯曲至90度），放松腿部肌肉。
3. 从坐姿开始，慢慢伸展膝关节，回到起始位置。

安全提示 坐在箱子上后，你应该选择以平稳的动作站起来。如果你急于站起或突然移动，你的背部和膝关节可能会受伤。

涉及的肌肉

主要肌肉：臀大肌、股四头肌（股直肌、股外侧肌、股内侧肌、股中间肌）。

次要肌肉：竖脊肌（髂肋肌、最长肌、棘肌）、腘绳肌（半腱肌、半膜肌、股二头肌）、腓肠肌、比目鱼肌、髋内收肌（短收肌、长收肌、大收肌、耻骨肌、股薄肌）。

骑行动作要领

这项练习有助于提高你自身的爆发力，使你在骑行中向下蹬踩踏板时足够有力，这种力量非常适用于爬坡骑行或加速超越另一位竞争对手的情况。想象一下在自行车比赛冲刺时，只有你和另一个自行车手。谁能在适当的时间“跳”得最有力，谁就能在过终点线的时候举起双臂，欢呼胜利。进行这项练习时，你需要坐在箱子上放松你的肌肉。你的臀部必须完全坐在箱子上，这样才能真正放松你的腿部肌肉。从静止状态的坐姿到举起杠铃，这个动作会消除传统蹲姿中肌肉的“弹性”或“反弹”优势，因此你就可以以最放松的姿势发出最大的力量。

保加利亚式分腿蹲

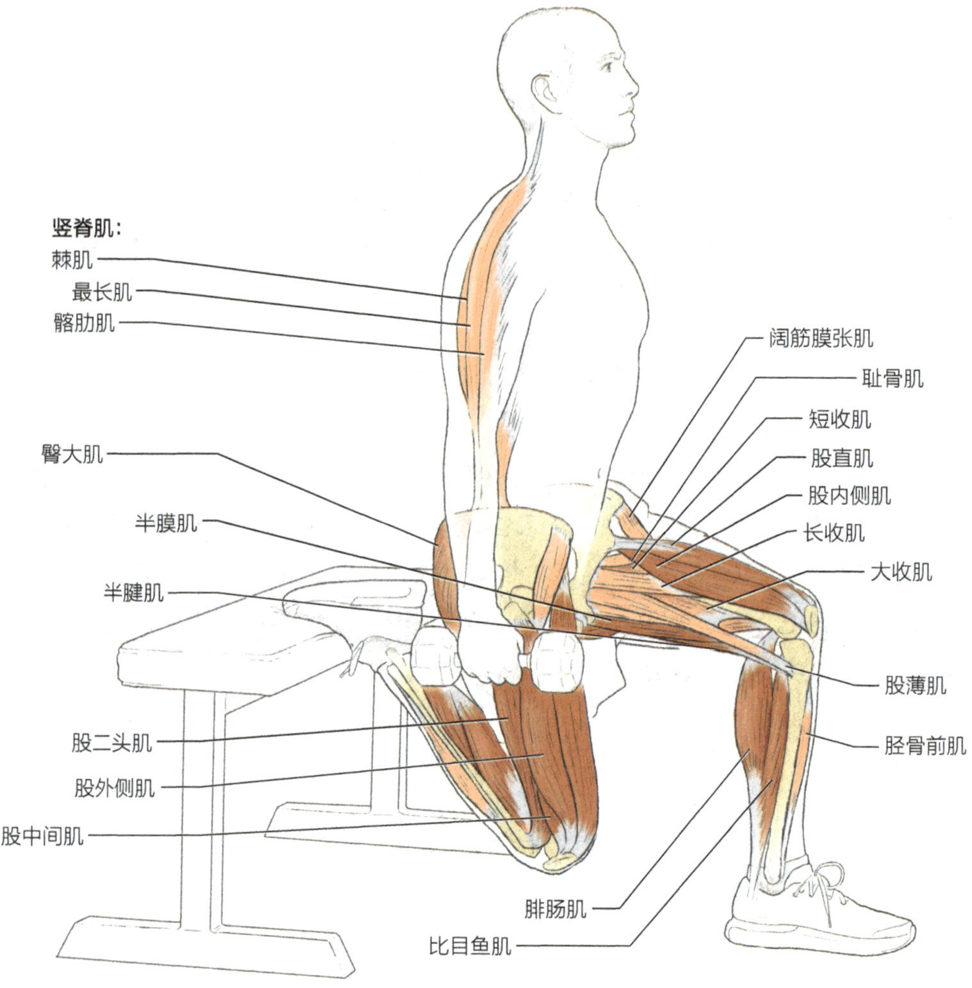

动作分解

1. 身体站直，双手各握一只哑铃，弯曲一侧的膝关节，将同侧脚尖放置在长凳上。双脚前后分开，前侧脚（支撑腿）的脚尖朝前。
2. 后侧膝关节慢慢朝地面方向移动，但不要碰到地面，在其降至最低点时，支撑腿的膝关节弯曲至90度。
3. 回到起始位置。完成整套动作，然后换另一侧重复动作。

涉及的肌肉

主要肌肉：臀大肌、股四头肌（股直肌、股外侧肌、股内侧肌、股中间肌）、腘绳肌（半腱肌、半膜肌、股二头肌）、腓肠肌、比目鱼肌。

次要肌肉：竖脊肌（髂肋肌、最长肌、棘肌）、胫骨前肌、阔筋膜张肌、髋内收肌（短收肌、长收肌、大收肌、耻骨肌、股薄肌）。

骑行动作要领

想象一下，当你在一个陡峭的斜坡上骑行时，你必须加速行驶以应对身后紧追不舍的竞争对手。你需要将你的踏板行程效率最大化，这样才能避免竞争对手超越你。保加利亚式分腿蹲练习会帮助你增强股四头肌的力量，使你在蹬踩踏板时使出全力。对自行车手来说，这也是一项重要的练习，可以单独训练每一条腿。自行车手们往往一条腿比另一条腿更强壮。自行车手双腿同时运动时，这种情况就会被隐藏起来。而在保加利亚式分腿蹲练习中，任何不平衡都会被发现，并可以通过训练来弥补。

变式

保加利亚式分腿蹲（瑞士球版）

如果你想要增强练习的不稳定性，可以用瑞士球替代长凳来进行练习。这能锻炼所有的次要肌肉和核心肌肉。练习时，由于不稳定性增强，你需要减少负重，避免受伤。

保加利亚式分腿蹲（杠铃版）

当然，你也可以选择用杠铃替代哑铃进行练习。此外，壶铃也是不错的选择。

腿部推举

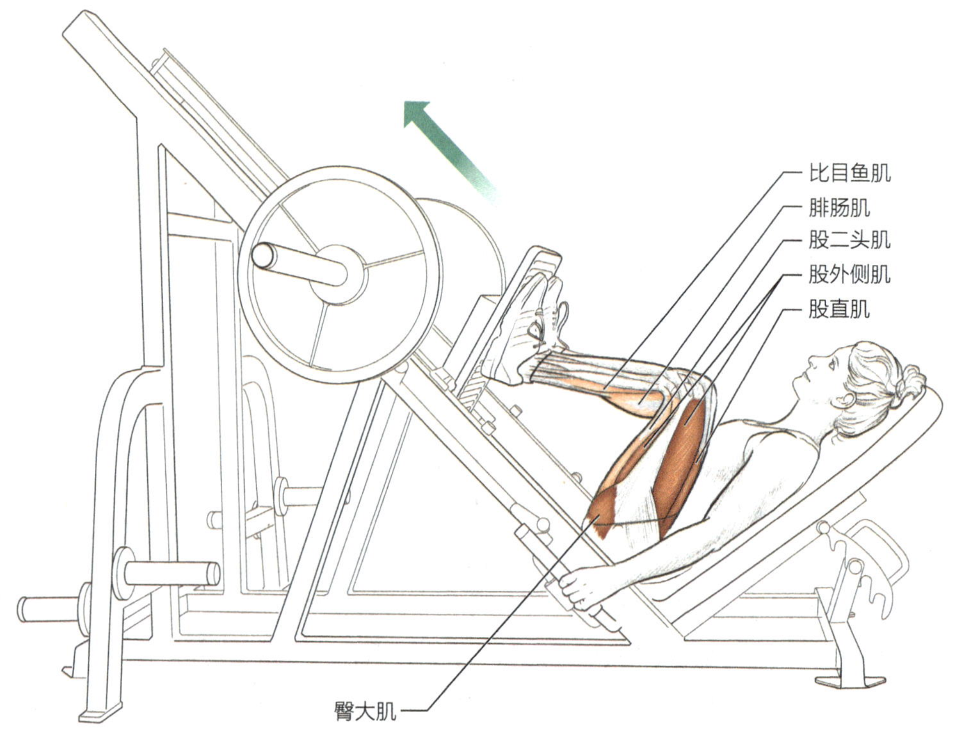

动作分解

1. 坐在器械的座椅上，双脚分开，与肩同宽。背部平靠在坐垫上。
2. 慢慢弯曲膝关节，使负重降低，直至膝关节弯曲至90度。
3. 伸展双腿，使负重回到起始位置。注意不要完全伸直膝关节。

涉及的肌肉

主要肌肉：臀大肌、股四头肌（股直肌、股外侧肌、股内侧肌、股中间肌）（部分肌肉见图示）。

次要肌肉：竖脊肌（髂肋肌、最长肌、棘肌）、腘绳肌（半腱肌、半膜肌、股二头肌）、腓肠肌、比目鱼肌、髋内收肌（短收肌、长收肌、大收肌、耻骨肌、股薄肌）（部分肌肉见图示）。

骑行动作要领

这项练习是自行车手腿部训练的基础。腿部推举练习可以为你向前冲刺提供动力，增强你的骑行爆发力。由于器械为你提供了坚实的背部支撑，因此当你迅速改变下蹲姿势时，受伤的可能性更小。通过改变双脚的位置，你可以分别锻炼下肢的各块肌肉。当你将脚掌放置于踏板上较高的位置时，臀大肌和腘绳肌会得到锻炼；当你将脚掌放置在踏板上较低的位置时，股四头肌会得到锻炼。调整双脚之间的距离也可以锻炼不同的肌肉。当双脚摆放的距离较宽时，股内侧肌（大腿内侧）、缝匠肌和髋内收肌会得到锻炼；当双脚摆放的距离较窄时，股外侧肌（大腿外侧）和髋外展肌会得到锻炼。

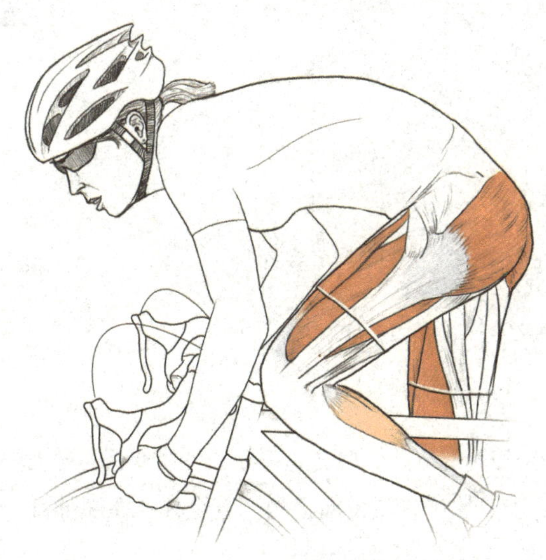

负重踏步蹬起

动作分解

1. 面向一个41~46厘米高的跳箱站立，将杠铃杆横放在肩膀上。
2. 左腿向上迈一步，然后右腿也向上迈，直至你的左腿伸直，右侧大腿平行于地面。（右腿在整个过程中不触碰跳箱。）
3. 先撤回右腿，然后撤回左腿，回到起始位置。完成整套动作后，换另一侧重复动作。

涉及的肌肉

主要肌肉：臀大肌、股四头肌（股直肌、股外侧肌、股内侧肌、股中间肌）（部分肌肉见图示）。

次要肌肉：竖脊肌（髂肋肌、最长肌、棘肌）、腘绳肌（半腱肌、半膜肌、股二头肌）、腓肠肌、比目鱼肌、髋内收肌（短收肌、长收肌、大收肌、耻骨肌、股薄肌）（部分肌肉见图示）。

骑行的动作要领

爬坡骑行是每位自行车手的必备能力。当你在健身房进行这项练习时，你可以想象你在长距离爬坡骑行时奋力蹬踩踏板的场景。在练习过程中，每一个向上的动态步骤都会模仿你在骑行时用力向下蹬踩踏板的动作。当你做负重踏步蹬起练习时，控制身体有助于锻炼你的主要力量肌肉，同时有助于调节你的背部肌肉、腹部肌肉和腿部的次要肌肉。无论你跨上车座还是从车座上下来，臀大肌和股四头肌的伸展在自行车的动力传递中都起着重要的作用。你会在爬坡骑行时感受到负重踏步蹬起练习带给你的益处。

变式

侧向负重踏步蹬起

你也可以在身体一侧进行负重踏步蹬起练习（你可能需要一个稍微矮一点儿的跳箱来练习）。身体站直，将跳箱置于身体右侧，右腿向上迈一步，右脚放在跳箱上，同时保持背部挺直。然后左腿向上迈，直至左侧大腿与地面平行。左腿撤回地面。

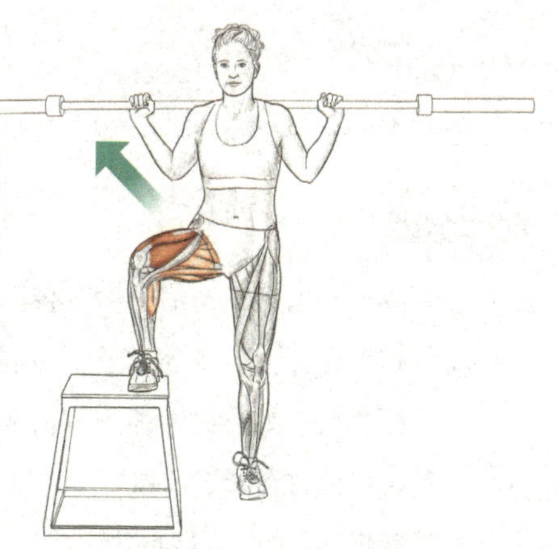

弓步

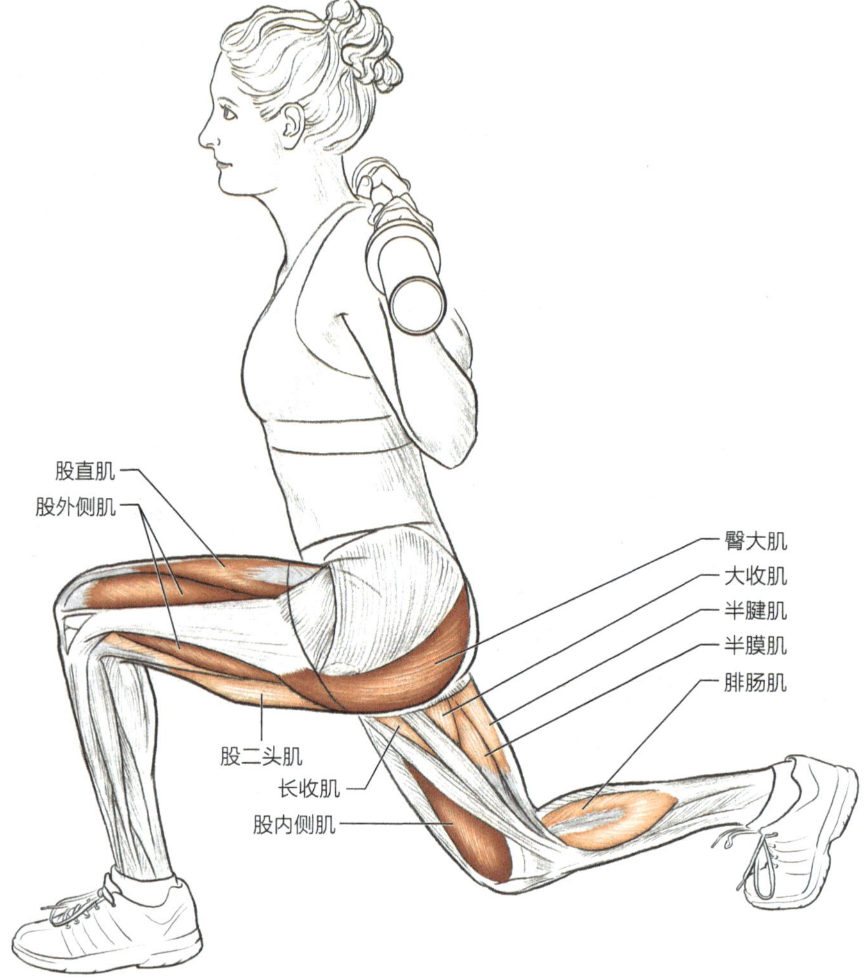

动作分解

1. 双脚分开站立，与肩同宽，将一个杠铃杆横放在肩部。
2. 保持背部挺直，头部朝上，向前迈出一只脚，直至膝关节弯曲至90度，大腿与地面平行。另一侧的膝关节稍微高于地面。为了避免受伤，请确保你的前侧膝关节不会前移至超过脚趾。
3. 前侧脚往回收，回到起始位置。换另一侧重复动作。

安全提示 练习时一定要确保头部朝上。这有助于你保持脊柱挺直，避免背部受伤。

涉及的肌肉

主要肌肉：臀大肌、股四头肌（股直肌、股外侧肌、股内侧肌、股中间肌）（部分肌肉见图示）。

次要肌肉：竖脊肌（髂肋肌、最长肌、棘肌）、腘绳肌（半腱肌、半膜肌、股二头肌）、腓肠肌、比目鱼肌、髋内收肌（短收肌、长收肌、大收肌、耻骨肌、股薄肌）（部分肌肉见图示）。

骑行动作要领

在计时赛中，当你看到一个职业自行车手弓身飞驰而过时，你可以感受到他的双腿在蹬踩过程中爆发出的力量。弓步练习能够增强你的爆发力。这项练习不仅可以增强你在骑行时向下踩踏板的力量，还可以增强你向上蹬踏板的力量，为你提供持续的踏板骑行动力。大多数职业自行车手都意识到了这项练习的重要性，并把这项练习纳入自己的训练计划中。你会在练习后的第1天感受到练习效果，但是切记，不要在健身房过度训练。当你感到疲惫时，你的身体可能会不由自主地往前倾，因此你要集中精力在整个练习过程中保持背部挺直。

变式

侧弓步

侧弓步练习可以通过腿部的整个活动范围增强力量。侧弓步练习有助于稳定膝关节，避免受伤。

提示

你也可以选择哑铃进行上述练习。

平台跳

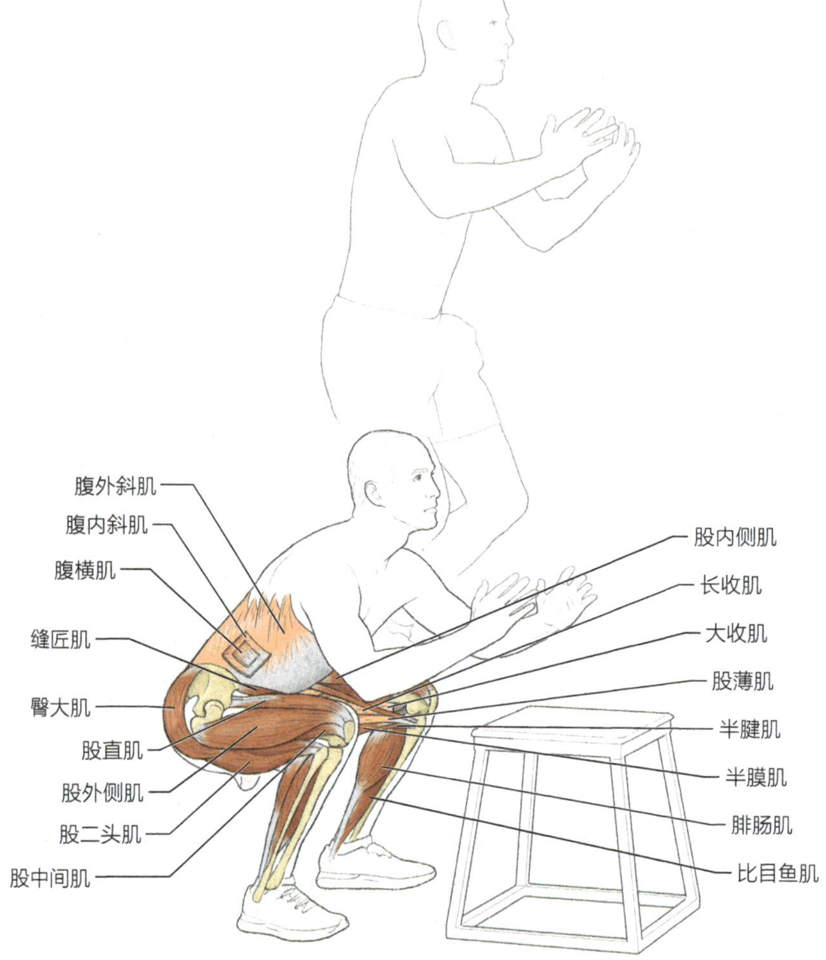

动作分解

1. 将一个平台放置在身体前面，建议你在刚开始练习时选择和膝关节高度相同的平台。随着爆发力慢慢增强，逐渐增加平台的高度。
2. 身体做深蹲姿势，双脚分开，略宽于肩。
3. 用力跳上平台，双臂向前上方挥动。
4. 站在平台上，保持身体挺直，完成动作。
5. 向后跳下平台，回到起始位置。重复动作。

涉及的肌肉

主要肌肉：臀大肌、股四头肌（股直肌、股外侧肌、股内侧肌、股中间肌）、腘绳肌（半腱肌、半膜肌、股二头肌）、缝匠肌、髂腰肌、腓肠肌、比目鱼肌（部分肌肉见图示）。

次要肌肉：腹外斜肌、腹内斜肌、腹横肌、髋内收肌（短收肌、长收肌、大收肌、耻骨肌、股薄肌）（部分肌肉见图示）。

骑行动作要领

这项练习有助于增强你的骑行爆发力。许多专业的自行车手会借助这个简单的练习来增强自身的爆发性高阶力量。平台跳练习有助于增强你冲向终点或爬坡骑行的力量。你可以把自己想象成一个螺旋弹簧，在开始练习时就爆发出力量。如果你没有进行热身运动，千万不要做这项练习（这会导致肌肉拉伤）。在你奋力一跃跳上平台时，你落在平台上的动作越轻越好。这会再次激活你的全身肌肉，使你的训练效果最优化。

变式

单腿平台跳

按照平台跳的步骤进行练习，但是在整个过程中，用单脚动作替换双脚动作。你需要借助一个低一些的平台进行练习。单腿平台跳会非常困难，但是它可以进一步增强你的爆发力。

弓步跳

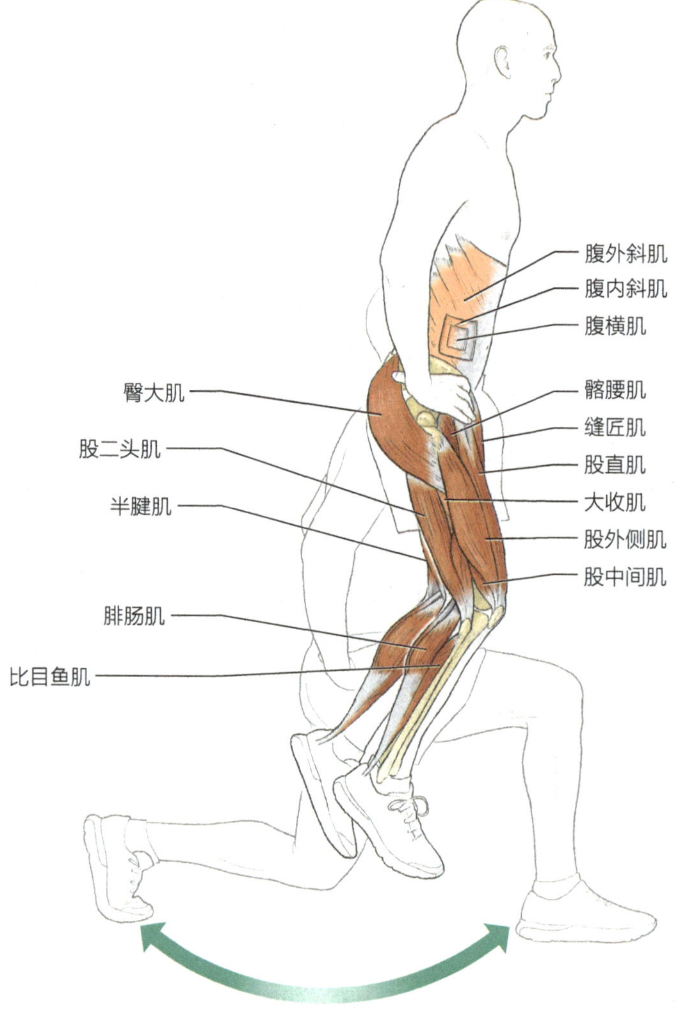

动作分解

1. 身体呈弓步姿势，一条腿在前，一条腿在后。前侧腿的大腿与地面平行，双手放在髋部，脚趾朝前。
2. 用力跳向空中，前脚收回。在空中转换成站姿时，尽量将双腿伸直。
3. 落地时后侧腿朝前，呈弓步姿势。重复动作。

涉及的肌肉

主要肌肉：臀大肌、股四头肌（股直肌、股外侧肌、股内侧肌、股中间肌）、腘绳肌（半腱肌、半膜肌、股二头肌）、缝匠肌、髂腰肌、腓肠肌、比目鱼肌（部分肌肉见图示）。

次要肌肉：腹外斜肌、腹内斜肌、腹横肌、髋内收肌（短收肌、长收肌、大收肌、耻骨肌、股薄肌）（部分肌肉见图示）。

骑行动作要领

同平台跳练习一样，弓步跳练习也可以增强你的爆发力。如果你能够在健身房坚持做这项练习，你会在骑行时感受到身体的变化。我个人认为这是一项非常好的练习，它可以增强你在骑行过程中需要的爆发性高阶力量。具备了这样的能力，你的朋友或竞争对手在下一次爬坡骑行中想要超越你就很难了。你完胜他们不在话下！另一个益处是你可以随时随地，不用借助任何器械进行这项练习。这绝对是旅行中的最佳练习方法。

变式

负重弓步跳

按照弓步跳的步骤进行练习，但是这次双手各握一只哑铃。这项练习非常棒，可以增强你的爆发力，同时又是一项有氧运动。它可以帮助你突破自身极限！

单腿深蹲

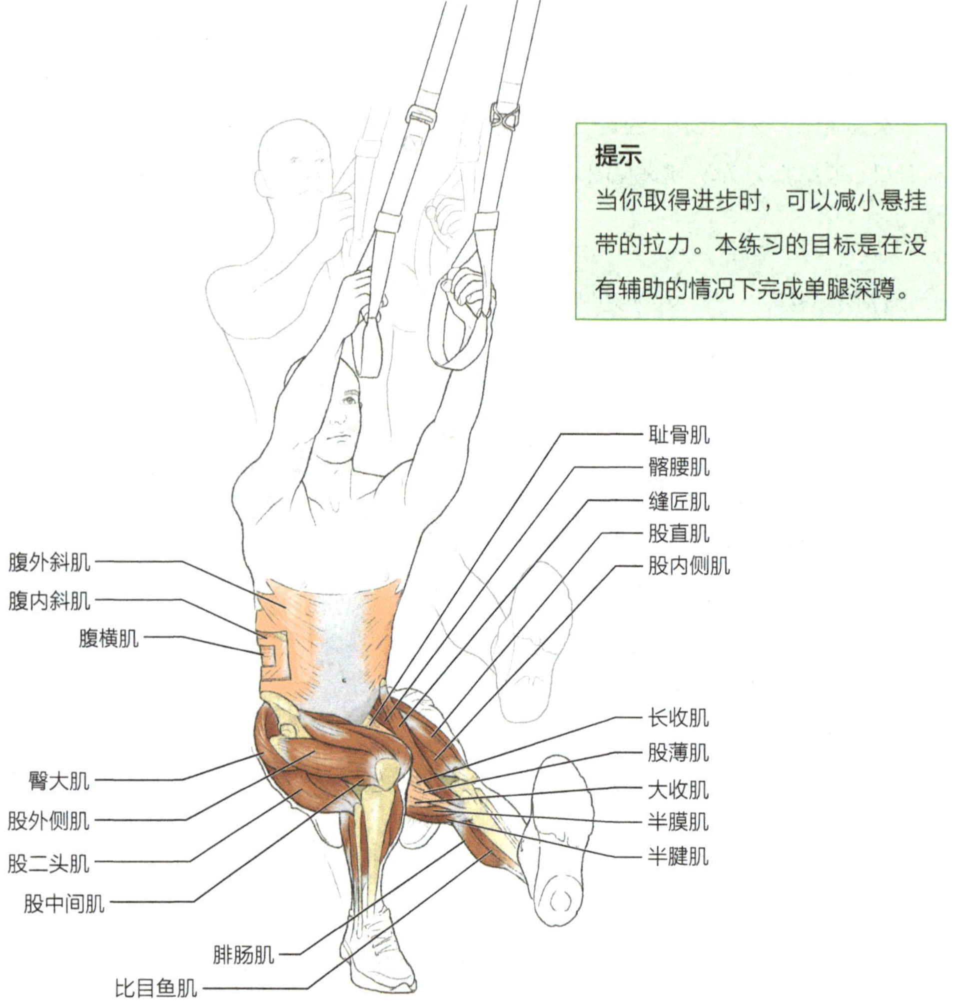

提示

当你取得进步时，可以减小悬挂带的拉力。本练习的目标是在没有辅助的情况下完成单腿深蹲。

动作分解

1. 双手握住位于胸部位置的悬挂带。
2. 一条腿伸直站立，另一条腿向身体前方伸直。
3. 身体降至下蹲姿势。如有需要，可以借助悬挂带来完成动作。
4. 慢慢起身站直。有需要时仍可使用悬挂带。完成整套动作后，换另一侧重复动作。

涉及的肌肉

主要肌肉：臀大肌、股四头肌（股直肌、股外侧肌、股内侧肌、股中间肌）、腘绳肌（半腱肌、半膜肌、股二头肌）、缝匠肌、髂腰肌、腓肠肌、比目鱼肌。

次要肌肉：腹外斜肌、腹内斜肌、腹横肌、髋内收肌（短收肌、长收肌、大收肌、耻骨肌、股薄肌）（部分肌肉见图示）。

骑行动作要领

如果你能够在比赛前完成无辅助单腿深蹲，那么你就很有可能在比赛中脱颖而出。这项练习几乎可以锻炼腿部的所有肌肉。它的另一个优势就是你可以在无任何特殊器械的辅助下完成这项练习（当然，如果需要，你可以借助椅子、门框或任何坚固的物体来辅助练习），当你做下蹲动作时，将注意力集中在对肌肉的感觉上。当你真正开始骑行时，你应注意这些肌肉是否产生了与练习时同样的感觉。

负重单腿深蹲

负重单腿深蹲把这项练习提升到了一个新的高度。要想成功完成这个动作，你需要逐步练习来达到目标。首先，你需要借助悬挂带或其他支撑物来增强身体力量。一旦你做到不需要双手支撑就可以完成单腿深蹲动作，你就可以开始增加重量，如双手握住壶铃进行练习。

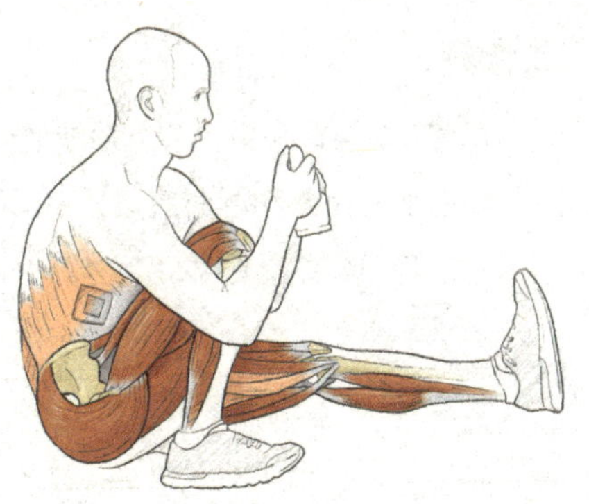

单腿平衡伸展触碰

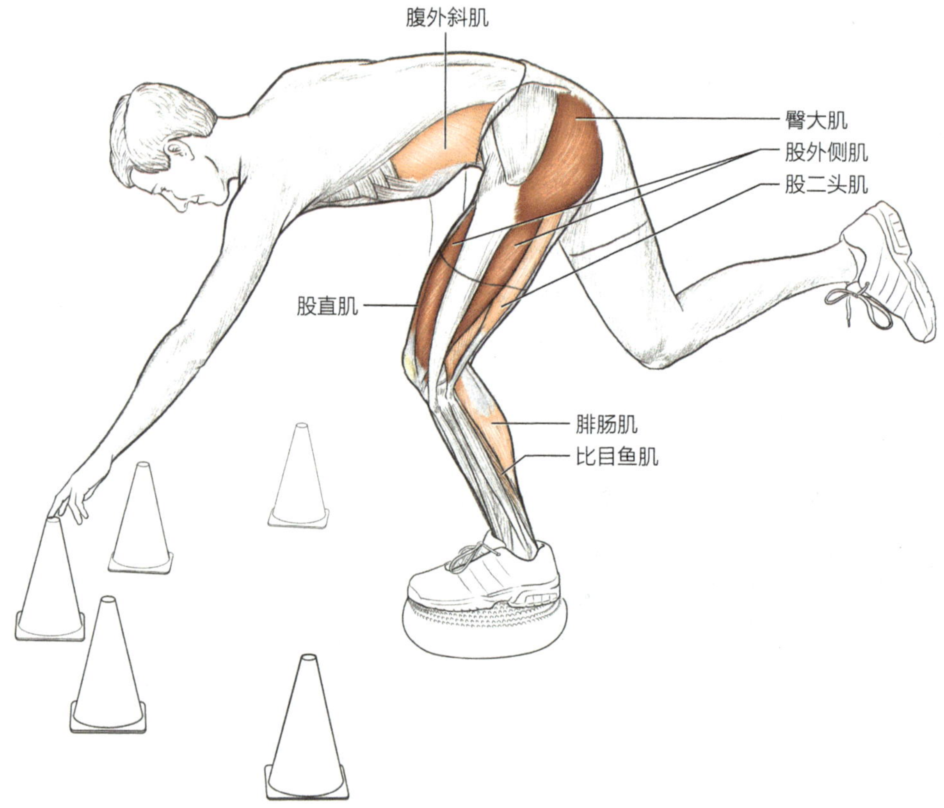

动作分解

1. 将5个锥筒在身体前方摆放成一条弧线，一只脚站在稳定盘上。
2. 腿部弯曲，身体向前倾，用同侧的手去触碰其中一个锥筒。
3. 回到单腿站立姿势，重复相同的动作去触碰每一个锥筒。

涉及的肌肉

主要肌肉：臀大肌、股四头肌（股直肌、股外侧肌、股内侧肌、股中间肌）（部分肌肉见图示）。

次要肌肉：竖脊肌（髂肋肌、最长肌、棘肌）、腘绳肌（半腱肌、半膜肌、股二头肌）、腓肠肌、比目鱼肌、腹直肌、腹外斜肌、腹内斜肌、腹横肌（部分肌肉见图示）。

骑行动作要领

单腿平衡伸展触碰练习会对骑行中用到的所有主要肌肉和次要肌肉施加很大的张力。这项练习第一眼看上去可能很简单，但是要想正确地完成这个动作并非易事。许多职业自行车手会在赛季初期就进行这项练习，为即将到来的漫长赛程做好准备。我曾多次看到自行车手在赛季中期和后期受伤，因为他们的基础力量不足以承受整个赛季的负荷。而这项练习刚好可以增强你的基础力量。它是一个基础动作，它不仅可以增强你的肌肉力量，对你的关节、肌腱和韧带也有增强作用。在一场艰难的骑行比赛中，当你感觉极度疲劳时，你的踏板动作姿势会逐渐变得不标准。这项练习有助于你在主要肌肉（股四头肌、腘绳肌、臀肌）的力量耗尽时维持正确的骑行姿势。

变式

哑铃单腿平衡伸展触碰

练习时手握一只哑铃可以增加练习难度，同时给次要肌肉施加更大的张力。

地面单腿平衡伸展触碰

如果你无法在稳定盘上保持平衡，你可以把脚先放在地面上进行练习，然后逐步适应在稳定盘上进行练习。

第10章 自行车运动的全身训练

本章介绍的练习是全书最引人入胜的部分。在练习中，你将关注整个身体的体能、柔韧性和力量。前面各章都是在关注身体的某个部位，如臂部、背部、腿部等。即使是第9章，也只是提供了主要锻炼腿部各块肌肉的练习，关注点局限于下半身。本章将把上半身和下半身的运动结合起来，提供可以同时锻炼全身多块肌肉的练习。通过这些练习，你不仅能获得肌肉力量、增强爆发力，而且可以通过同时锻炼多块肌肉，维持良好的心肺适能。

正如第2章提到的，我的基本训练原则之一是必须高效训练并使训练效果最优化。记住RACE理念，也就是休息、可量化性、连续性和效率。通过本章的练习，你将能够合理利用你在健身房训练的时间。通过在一项练习中完成多个动作，你可以综合锻炼骑行需要的多块重要肌肉。随着对氧气和血液流动的需求增加，你的身体将不得不变得更加善于利用稀缺的资源。能量的分配和肌肉副产品的排出将使你的整个身体系统运作得更有效率。

这些组合练习不仅是多维的，而且非常有趣，你在练习时也会非常愉悦。毋庸置疑，本章是本书中我最喜欢的一章，我总是尝试在训练中加入一些这样的练习。随着赛季的推进，保持头脑清醒、充满动力将变成一种挑战。你肯定不希望健身房里的练习变得枯燥无味，因此我希望这些练习能够帮助你在训练时保持热情。记住，如果你开始对常规练习感到厌倦，你就需要做出一些改变。仅仅做一些重复单调的动作肯定会限制你的训练效果。

协调训练：肌肉协同运作

尽管单独训练各块肌肉非常重要，但同时训练多个肌群也是必不可少的训练方法。当你骑行时，你的身体处于一个动态的状态。你不可能只依靠一块肌肉或一个肌群的力量。你的身体在运动时是一个协调统一的整体。因此全身训练将有助于你实现这种协调运作，并为你应对即将承受的压力做好准备。完成这些练习后，你会在骑行过程中清楚地看到运动表现的提升。

要想流畅地完成这些练习动作，你需要依靠坚实的力量基础和核心肌群，同时充分利用双臂和双腿的灵活性。每一次伸展、扭转和屈曲，你不仅要训练用来对抗阻力的肌肉，还要训练你的动态稳定性和运动的拮抗肌。当你疲惫不堪、竭尽全力骑行时，这些肌肉对你来说至关重要。当你离开健身房时，你应该感受到这些肌肉都得到了充分的锻炼。

效率是骑行的重中之重。骑行中的任何多余动作都会导致骑行表现不佳。即使是最好的自行车手也只能达到25%的运动效率，因此不难理解，运动中的每一点进步都会增加自行车的力量传递。如果你想最大限度地利用你的踏板行程，你就需要在踏板骑行的整个过程中持续向踏板施力。在健身房进行这些练习时，你应专注于完成平稳、持续的力量动作。不要试图通过弹跳或过度使用强壮的肌群来快速取得训练效果，或者自我欺骗。练习时要始终保持动作协调一致。

在骑行过程中，你的身体两侧共同运作，驱动自行车向前行驶。一侧腿向上蹬踏板，同时另一侧腿向下踩踏板。两种力结合起来使链条和后轮保持较强的张力。尽管每一次转动曲柄时，身体传递给踏板的力量大小不一，你还是应该尽可能地将这种变化降到最低。图10.1展示了不平稳踏板行程的力量传递和平稳踏板行程的力量传递之间的区别。请注意，图a表明每条腿最大力量输入和最小力量输入之间有很大的差异。图b展示了理想的情况，每条腿提供的最大力量和最小力量之间只有很小的差异。在进行本书提供的所有练习时，你应该专注于完成流畅而协调的动作，尽量减少突然抖动和抽搐的情况，并且在整个运动过程中保持稳定的力量输出。

你在进行所有练习时，都应该确保身体有适量的能量来完成练习任务。你不要空腹练习，还应保证身体补充了充足的水分。每次练习结束后，你应该在30分钟内吃点儿食物补充体能。这非常重要，因为在训练时，身体的新陈代谢会加快，热量会得到更有

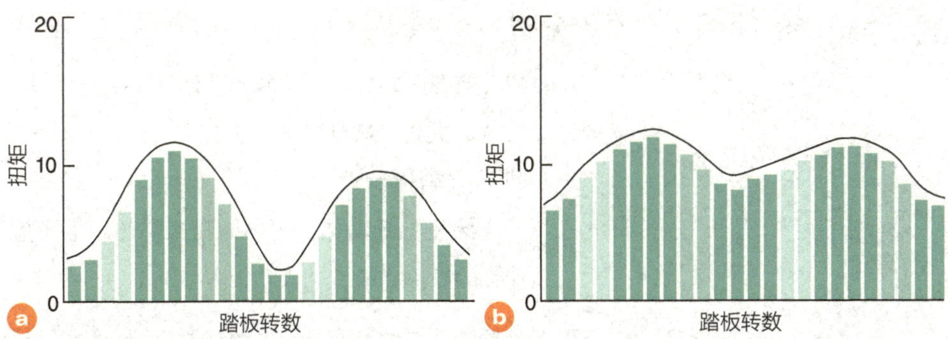

图10.1　正弦曲线比较：a. 由双腿力量不均衡引起的不平稳踏板行程；b. 由双腿力量均衡引起的平稳踏板行程

源自：bar graphs generated by the CompuTrainer SpinScan (TM) Pedal Stroke Analyzer. SpinScan (TM) is a registered trademark of RacerMate, Inc.

效的利用。身体通过摄入的蛋白质修复举重造成的肌肉损伤，通过摄入的碳水化合物补充消耗的能量。

热身和拉伸

在进行接下来介绍的练习前，你一定要做好充分的热身运动。这些练习会用到你的全身力量，因此你需要在开始练习前做一些全身运动，如划船或跳绳来进行热身。完成有氧热身和拉伸后，你可以慢慢地在无负重的情况下练习这些动作。热身运动的目的是让你更好、更快地进入训练状态。如果你要做多组练习，可以从较轻的重量开始，然后慢慢增加重量。这样做可以让你的肌肉有更多的时间热身，使你达到更好的训练状态。这些练习难度很大且非常耗费体力，所以在热身时偷懒可能会导致你在练习过程中受伤。记住，重量训练是建立在以往练习的基础上的。所以练习时不要心急，稳中求进才能取得较好的训练效果。在健身房里受伤会让人非常沮丧，特别是本可以通过适当的热身和逐步的努力避免受伤的情况下。

哑铃抓举

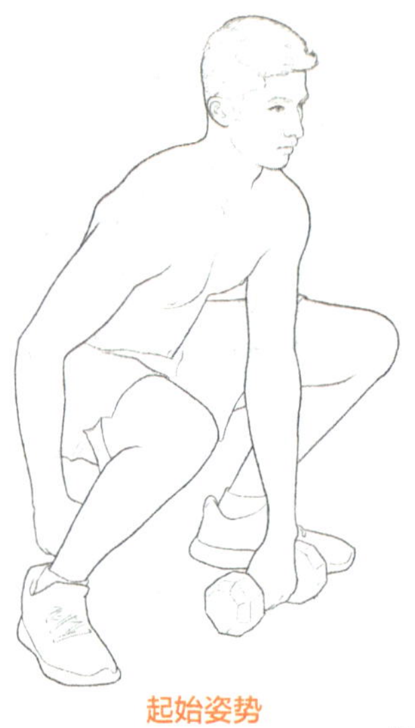
起始姿势

动作分解

1. 将哑铃放在两腿之间，双脚分开站立，略宽于肩。
2. 保持背部挺直，髋部弯曲，上身向前倾，一只手掌心朝下，握住哑铃。
3. 用一个爆发性的动作，用你的腿和臀部产生力量，沿着你的身体将哑铃朝天花板方向上举。
4. 伸展双腿和脚趾，当哑铃举过上胸部时，保持肘关节抬高。

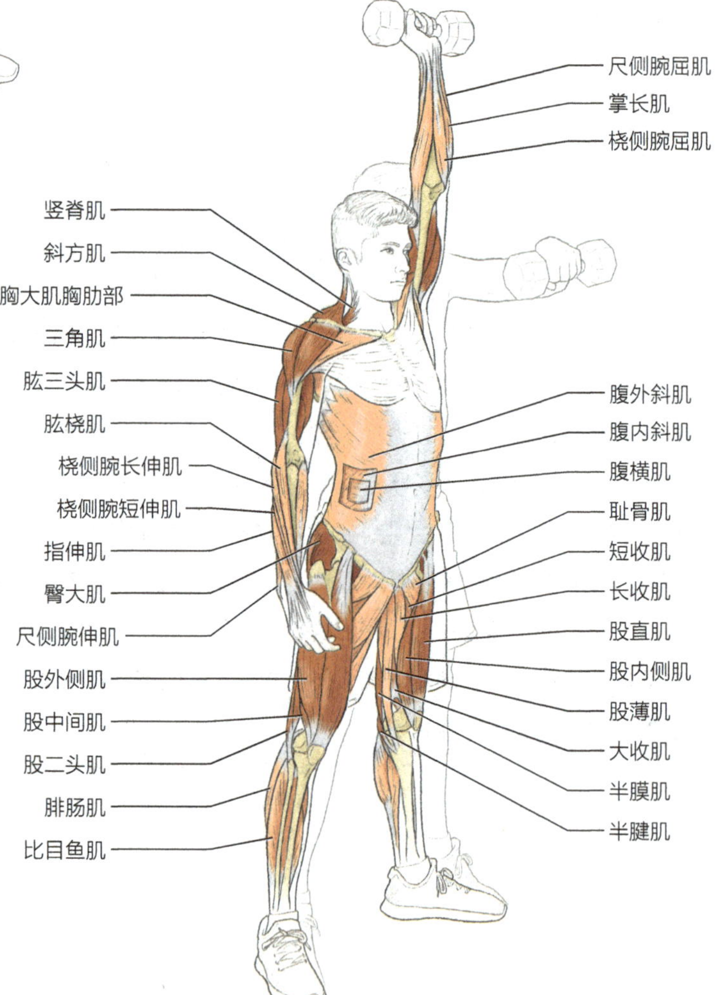

5. 当手臂充分伸展时，在重量的作用下快速旋转肘关节。膝关节微微弯曲，保持哑铃位于最高位置。

6. 放下哑铃，回到起始位置，然后重复动作。完成整组练习后，换另一侧重复动作。

涉及的肌肉

主要肌肉：臀大肌、腘绳肌（半腱肌、半膜肌、股二头肌）、股四头肌（股直肌、股外侧肌、股内侧肌、股中间肌）、竖脊肌（髂肋肌、最长肌、棘肌）、斜方肌、三角肌、肱三头肌（部分肌肉见图示）。

次要肌肉：胸大肌胸肋部、肩袖（冈下肌、冈上肌、肩胛下肌、小圆肌）、掌长肌、桡侧腕屈肌、尺侧腕屈肌、尺侧腕伸肌、指伸肌、桡侧腕短伸肌、桡侧腕长伸肌、肱桡肌、髋内收肌（短收肌、长收肌、大收肌、耻骨肌、股薄肌）、腓肠肌、比目鱼肌、腹外斜肌、腹内斜肌、腹横肌（部分肌肉见图示）。

骑行动作要领

成功的骑行关乎较强的爆发力。在适当的时机，较强的爆发力会使你和竞争对手拉开差距，使你更有机会赢得比赛。想象一下，你和竞争对手一起爬坡骑行。你抓住时机，爆发性地向前一冲。加速后，你可以保持较快的速度2分钟，然后慢慢减速，回到你之前的骑行速度。尽管你可能会和你的竞争对手以同样的速度继续爬坡骑行，但你已经和竞争对手拉开了很大的差距。你只需要坚持到最后，就可以获得胜利。哑铃抓举有助于你增强所需的爆发力，以便在比赛中大展身手，获得成功。因此，你一定要集中精力增强自己的爆发力。

变式

壶铃抓举

你可以用壶铃代替哑铃进行抓举练习。这项练习的重点在于重量的不对称。每次只用一只手臂练习抓举，这样可以激活你的核心肌肉来保持稳定。

硬拉接俯卧撑

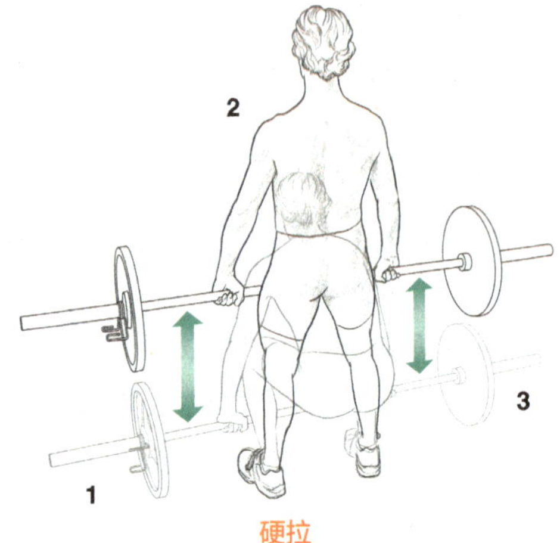

硬拉

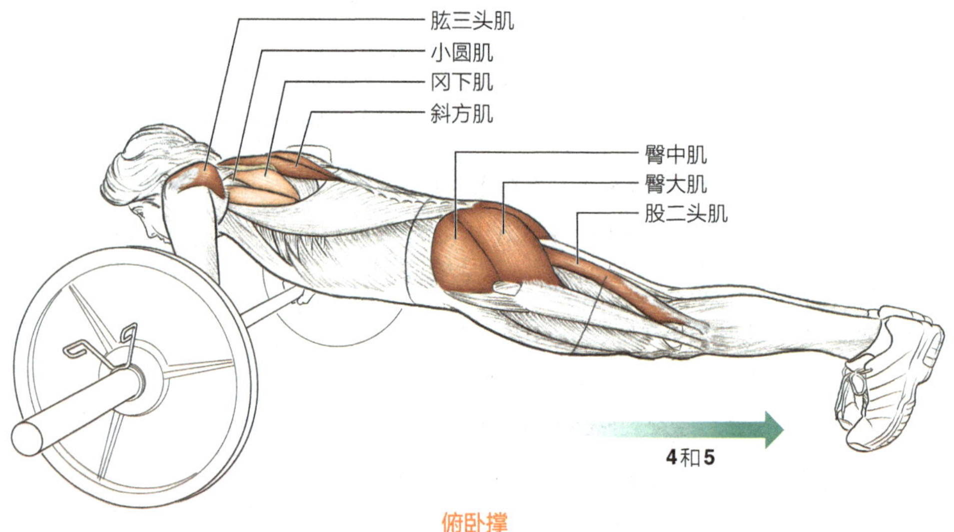

俯卧撑

动作分解

1. 将杠铃放在地面上，身体下蹲，双手掌心朝下，握住杠铃。小腿应该碰到杠铃。
2. 身体站直，杠铃应该向上滑过你的小腿，然后滑向大腿位置。
3. 放下杠铃，回到起始位置。
4. 双脚向后跳，身体呈俯卧撑姿势。
5. 做俯卧撑动作，然后跳回起始位置，重复整个动作。在练习过程中，双手不要松开杠铃。

涉及的肌肉

主要肌肉：腘绳肌（半腱肌、半膜肌、股二头肌）、臀大肌、臀中肌、臀小肌、斜方肌、肱三头肌、胸大肌（部分肌肉见图示）。

次要肌肉：竖脊肌（髂肋肌、最长肌、棘肌）、三角肌、冈上肌、冈下肌、小圆肌、腹直肌（部分肌肉见图示）。

骑行动作要领

这项练习有助于你的身体为骑行训练做好准备。由于在骑行时你的身体要保持标准弯腰姿势，你的身体的整个后侧（从颈部到小腿）都会承受巨大的张力。艰难的锻炼或比赛只会增大这种张力。长时间爬坡骑行后，你会感觉到你的颈部、背部和腘绳肌都处于紧张状态，而这项组合练习能锻炼这些肌肉。硬拉接俯卧撑练习也能增强你的臂部力量，让它们在你骑行时能够支撑你的身体。练习时不要使用过重的重量，虽然第1组动作看起来很容易做到，但随着重复次数增加，完成该动作会越来越困难。你会在完成练习后的第2天感受到训练效果，所以不要过度训练。

药球深蹲抛球

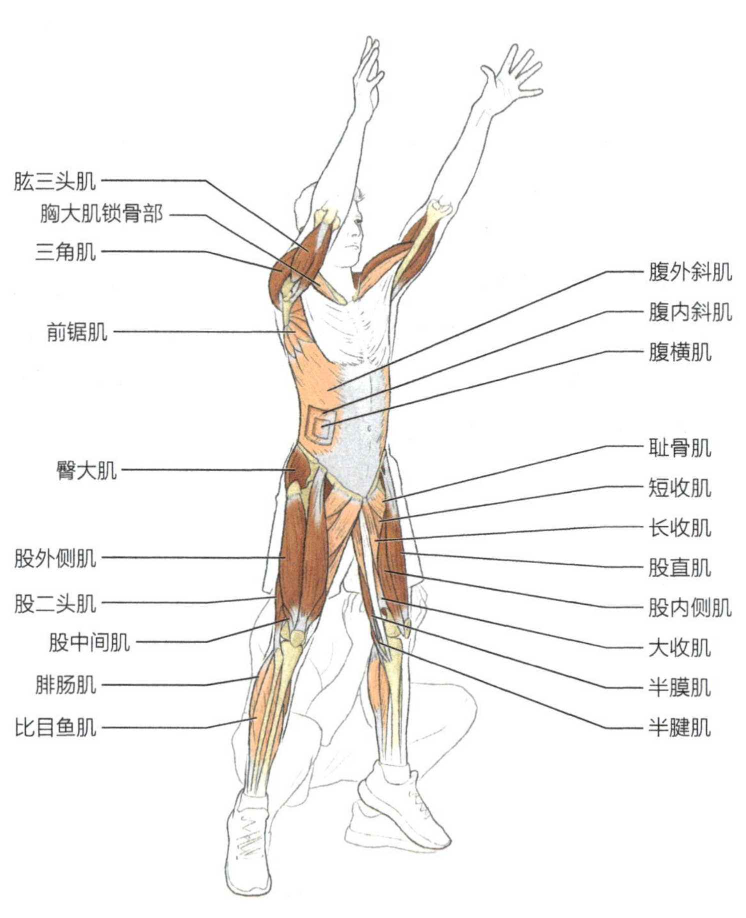

动作分解

1. 站在墙前面，双手握住一个药球，放在胸前，做深蹲动作。
2. 用力向上一跃，伸展臀部、腿部，接着伸展双臂。将球尽可能高地往墙上抛，同时控制身体以保持平衡。当你抛球时，身体应该完全伸展并踮起脚尖。
3. 接住药球，然后回到起始位置。

涉及的肌肉

主要肌肉：臀大肌、腘绳肌（半腱肌、半膜肌、股二头肌）、股四头肌（股直肌、股外侧肌、股内侧肌、股中间肌）、竖脊肌（髂肋肌、最长肌、棘肌）、斜方肌、三角肌、肱三头肌（部分肌肉见图示）。

次要肌肉：胸大肌锁骨部、长收肌、大收肌、耻骨肌、腓肠肌、比目鱼肌、腹外斜肌、腹内斜肌、腹横肌、前锯肌。

骑行动作要领

这项练习并不简单。如果你做起来感觉很轻松，那么你的动作可能并不正确。做这个动作时，你不能只是简单地把球抛过头顶。它需要你在每一次抛球时都用尽全力把球抛得尽可能高，类似于比赛快结束时骑行一段崎岖陡峭的山路，你应该尽最大努力去完成每一次蹬踩踏板。任何松懈都会使你的竞争对手占据先机。坚韧的精神始于健身房！正如埃迪·莫克斯（Eddy Merckx）所说："当你感到痛苦时，你就会开始蜕变。"

变式

药球仰卧起坐抛球

与药球深蹲抛球练习相比，这项练习无法锻炼同样的肌肉，因为它没有用到腿部的肌肉，但该练习能很好地锻炼你的核心肌群。由于它和药球深蹲抛球动作相似，所以我把它们放在一起。进行这项练习时，首先仰卧，将药球放在胸前；做仰卧起坐动作，同时向天花板伸展双臂，全力抛球，当球落下时接住它。然后回到起始位置，重复动作。

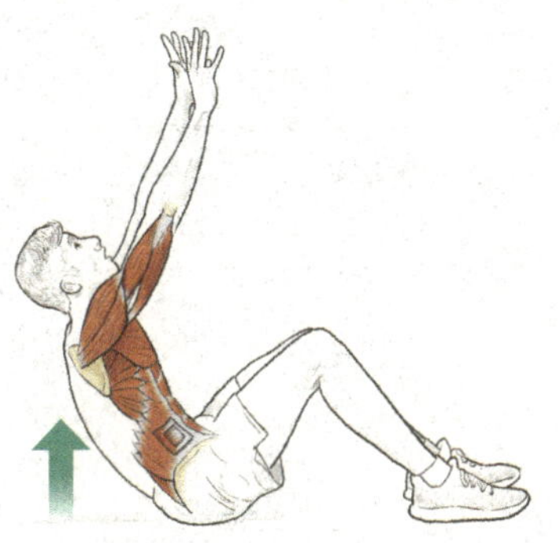

金刚

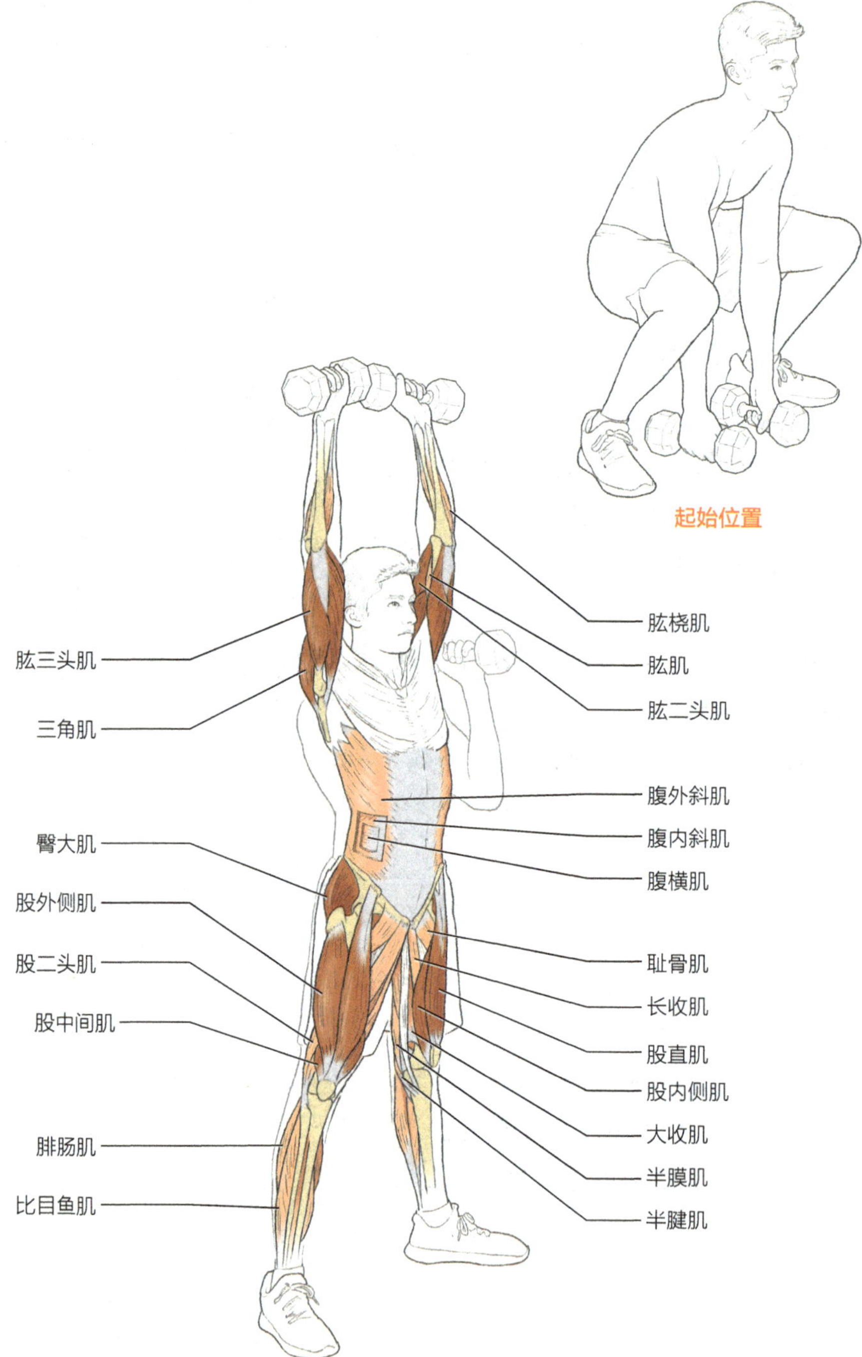
起始位置
肱桡肌
肱肌
肱二头肌
肱三头肌
三角肌
腹外斜肌
腹内斜肌
腹横肌
臀大肌
股外侧肌
股二头肌
股中间肌
耻骨肌
长收肌
股直肌
股内侧肌
大收肌
半膜肌
半腱肌
腓肠肌
比目鱼肌

动作分解

1. 身体呈下蹲姿势，将两只哑铃放在地面上，位于两脚之间。双脚分开，略宽于肩。双手拇指在前，用握锤子的方式各握一只哑铃。
2. 身体用力站起，将哑铃从地面上举起，然后弯曲肘关节，使哑铃位于你的上胸部位置。
3. 做一个借力推举的动作，双臂向上伸展。膝关节微微弯曲，然后向上用力，直至双腿完全伸直。同时，将双臂举过头顶。
4. 回到起始位置，将哑铃放回地面上。

涉及的肌肉

主要肌肉： 臀大肌、股四头肌（股直肌、股外侧肌、股内侧肌、股中间肌）、竖脊肌（髂肋肌、最长肌、棘肌）、三角肌、肱二头肌、肱三头肌（部分肌肉见图示）。

次要肌肉： 腘绳肌（半腱肌、半膜肌、股二头肌）、长收肌、大收肌、耻骨肌、肱肌、肱桡肌、腓肠肌、比目鱼肌、腹外斜肌、腹内斜肌、腹横肌。

骑行动作要领

进行这项练习时，你要想象自己就是“金刚”！这是一项可以增强全身爆发力的练习。你需要用全身的力气来完成练习动作，同时要关注自己的练习心态。在练习过程中，你要坚定意志，不能松懈。这也是对待骑行训练和比赛应该具备的心态。在开始骑行前，你应坚信自己一定会投入百分之百的精力，这样才不会在骑行感到疲惫时轻易放弃。我看到过许多自行车手因为意志力不够坚定而中途放弃比赛的例子。不要让这种情况发生在你的身上，既然开始了就不要放弃，全力以赴冲向终点吧！

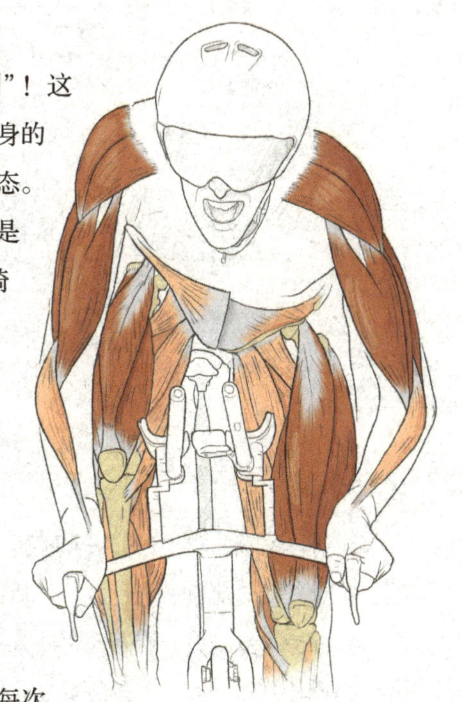

变式

金刚（壶铃或单臂哑铃版）

与双手各握一只哑铃进行练习不同，你可以每次握住一只哑铃或壶铃进行练习。

弓步式二头肌弯举

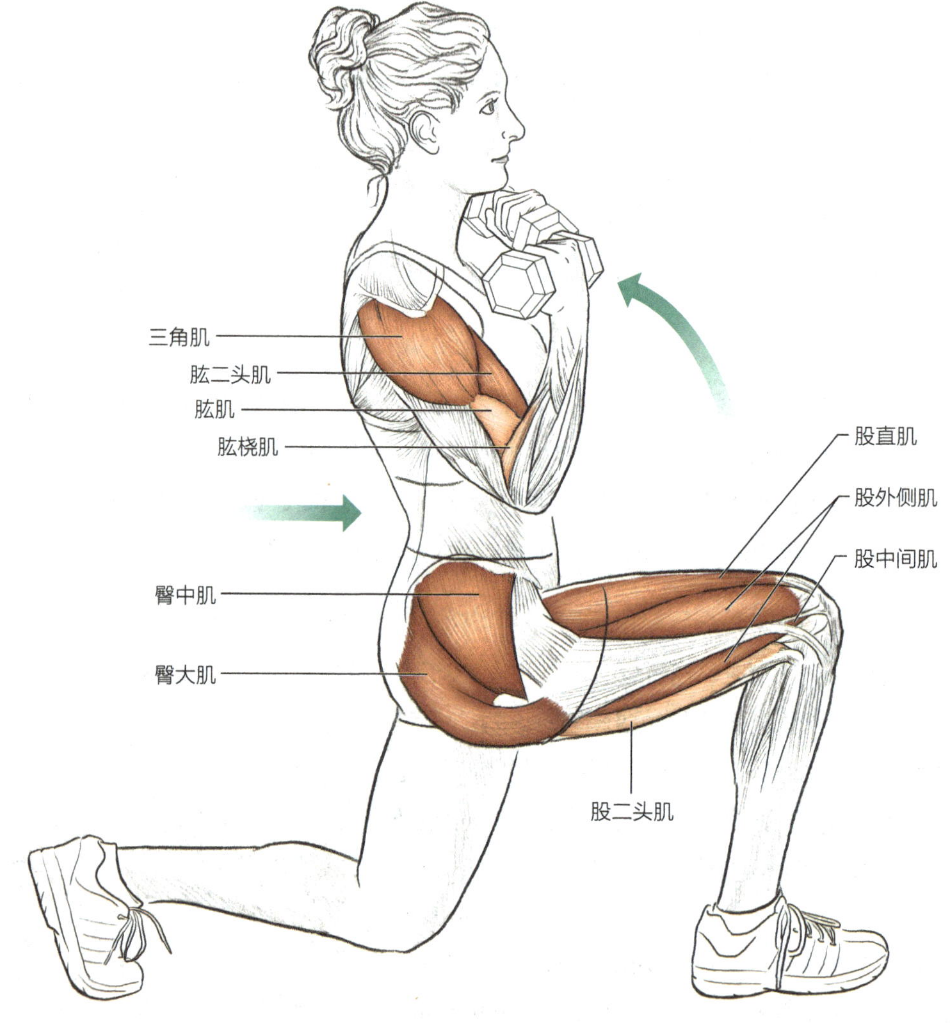

动作分解

1. 身体站直，双手各握一只哑铃。
2. 一条腿向前迈一步，做弓步动作。
3. 保持弓步姿势，双臂同时做弯举动作。
4. 调转方向，换另一条腿重复动作。

涉及的肌肉

主要肌肉：股四头肌（股直肌、股外侧肌、股内侧肌、股中间肌）、臀大肌、臀中肌、臀小肌、三角肌、肱二头肌（部分肌肉见图示）。

次要肌肉：腘绳肌（半腱肌、半膜肌、股二头肌）、肱肌、肱桡肌、掌长肌、桡侧腕屈肌、尺侧腕屈肌、腓肠肌、比目鱼肌、腹外斜肌、腹内斜肌、腹横肌（部分肌肉见图示）。

骑行动作要领

你下一次骑行时，可以注意感受每一次向下踩踏板的力量。当你起身用腿向下发出最大力量时，感受一下你的肱二头肌在横杆上产生的向上的拉力。在整个加速过程中，你需要一个坚实的基础（从胸部到骨盆）来支撑你的双腿转动踏板。弓步式二头肌弯举是骑行训练中的一个主要练习，是弓步练习和另一个练习的组合，可以增强你的核心肌群和臂部肌肉的力量。这种组合练习方法可以帮助你在有限的时间内把训练效果最优化。

变式

侧弓步耸肩

双手各握一只哑铃。做侧弓步动作，向外侧迈出一条腿。保持侧弓步姿势，握住哑铃做耸肩动作。回到起始位置，换另一侧重复动作。

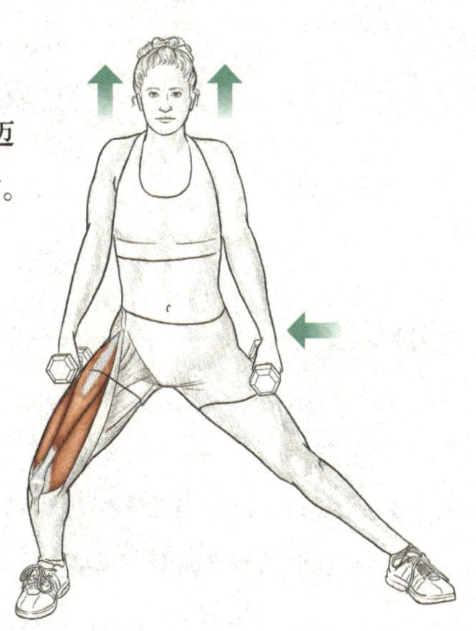

伐木

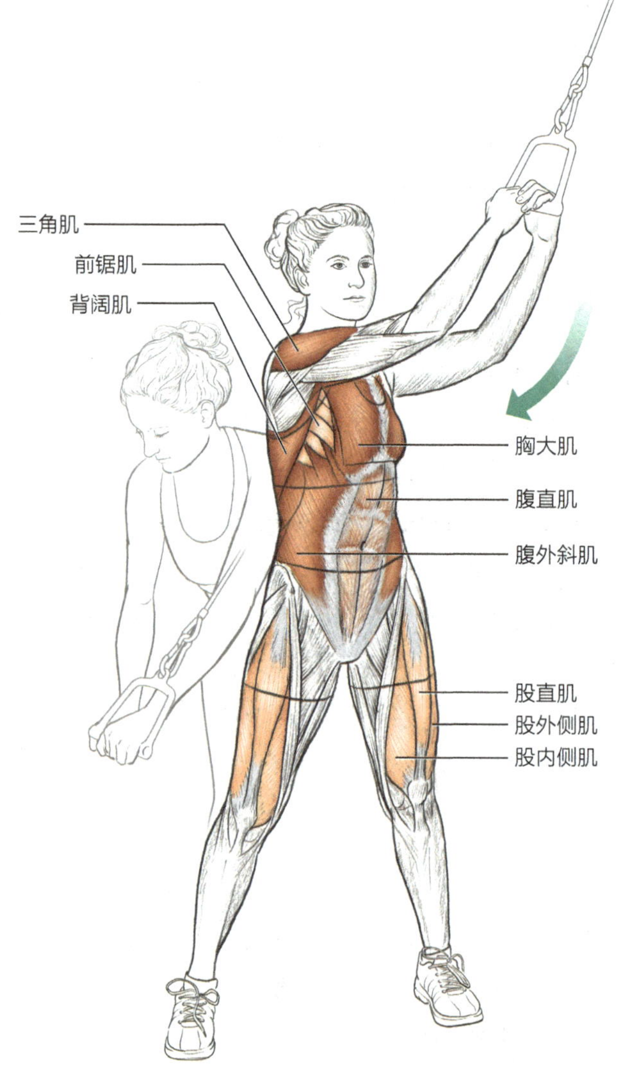

动作分解

1. 侧身站在一个高位滑轮旁边，双手抓住手柄。双臂应该伸展到与滑轮同侧的头顶上方。
2. 双臂向下拉。当双手经过肩膀时，开始扭动并收缩你的腹部。双臂继续向下拉，直至膝关节弯曲至下蹲姿势。

3. 完成这个动作时，膝关节弯曲，身体扭转，腹部肌肉收紧，双臂向下伸展至起始位置的另一侧。
4. 完成整个控制性的动作，然后回到起始位置。

涉及的肌肉

主要肌肉：腹直肌、腹外斜肌、腹内斜肌、背阔肌、三角肌、胸大肌（部分肌肉见图示）。

次要肌肉：股四头肌（股直肌、股外侧肌、股内侧肌、股中间肌）、臀大肌、臀中肌、臀小肌、大圆肌、前锯肌（部分肌肉见图示）。

骑行动作要领

正如我在第7章提到的，自行车手需要确保自己拥有充足的核心肌群力量。由于长时间弯腰骑行，你的背部肌肉的力量比腹部肌肉的力量更强大。这可能会导致膝关节、髋关节和背部疼痛。而伐木是非常有效的练习方法，它可以锻炼你身体前部（前侧）的大部分肌肉。我本人是绳索和滑轮系统的狂热爱好者。这些系统有助于你快速地从一个练习切换到另一个练习，而且在练习过程中只能给你提供最低的稳定性，这就有助于锻炼你的稳定肌群。记住，运动中的任何不稳定因素都会迫使你的身体更加努力地保持平衡，因而低稳定性的练习可以锻炼稳定肌群。

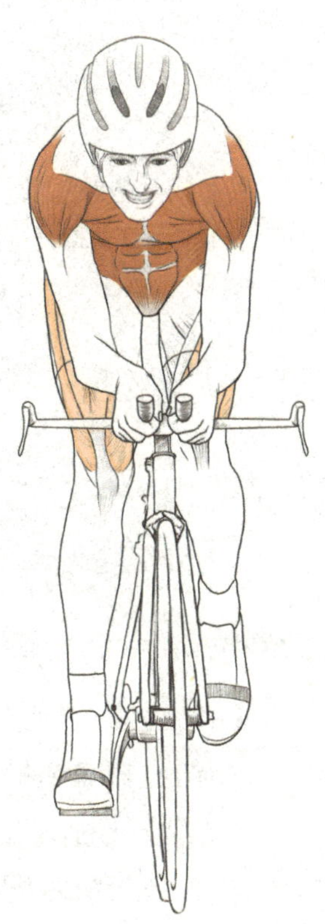

反向伐木

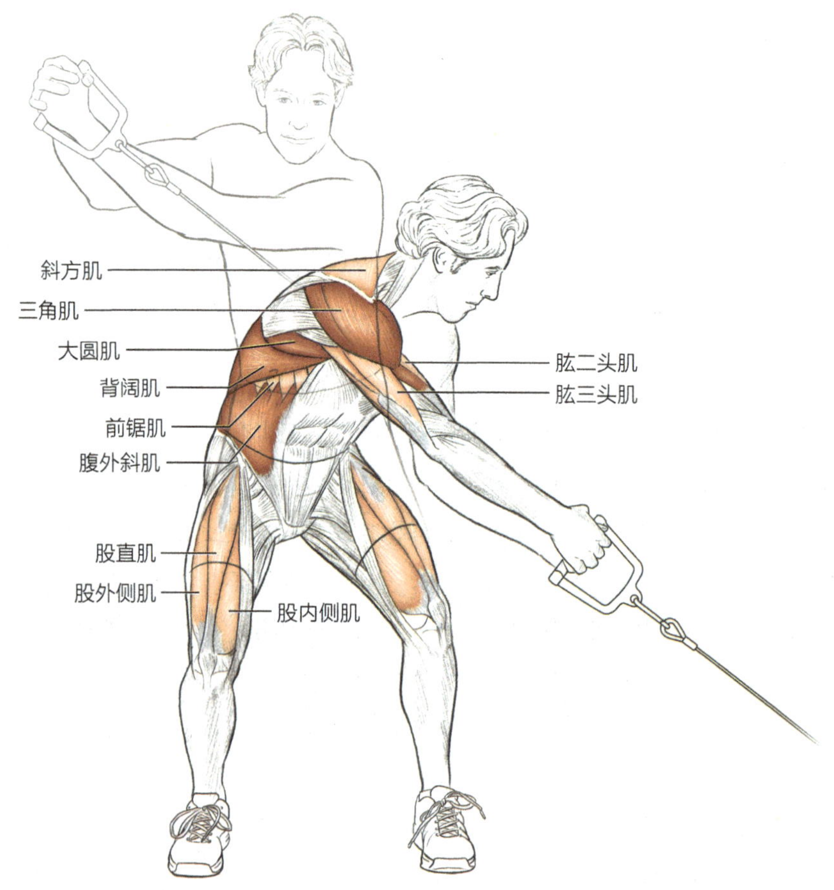

动作分解

1. 侧身站在一个低位滑轮旁边，双手抓住手柄。双臂应该朝与滑轮同侧的地面方向伸展。腰部弯曲，身体扭向滑轮一侧。
2. 双臂向上拉。当双手越过膝关节时，开始伸展躯干，向上站起。双臂继续向上拉，直至膝关节伸直。
3. 膝关节伸直后保持身体直立，双臂应该向上伸展至起始位置的另一侧。
4. 完成整个控制性的动作，然后回到起始位置。

安全提示 开始练习之前，一定要做好热身运动，并选择较轻的重量进行练习。因为在这个练习中，当你用力向后伸展躯干时，你很容易受伤。

涉及的肌肉

主要肌肉：背阔肌、腹外斜肌、腹内斜肌、三角肌、大圆肌（部分肌肉见图示）。

次要肌肉：股四头肌（股直肌、股外侧肌、股内侧肌、股中间肌）、臀大肌、臀中肌、臀小肌、斜方肌、菱形肌、肱二头肌、前锯肌、肱三头肌（部分肌肉见图示）。

骑行动作要领

尽管这项练习的动作似乎和标准的伐木练习动作一样，但是它可以锻炼不同的肌群。标准的伐木练习可以锻炼身体前侧的肌肉，而反向伐木练习可以锻炼身体后侧的肌肉。如前所述，自行车手往往拥有强壮的后侧肌肉。反向伐木练习将帮助你保持腿部、背部和臂部的健康，并且增强其力量，以便肌肉长时间收缩。在这个练习中，你应该从起始位置开始练习，以增强你的爆发力。

变式

药球反向伐木

你可以借助药球来进行反向伐木练习。练习时，不使用滑轮系统，而是使一个药球处于较低的位置，并远离身体一侧；然后借助你的爆发力，将药球向上举，越过你的身体，直至药球移动到身体的另一侧。想象一下，你将药球从起始位置移动到终点的过程，就像一个弹簧弹开的过程。此外，你可以选择站在稳定盘上做反向伐木动作，增加练习的难度。

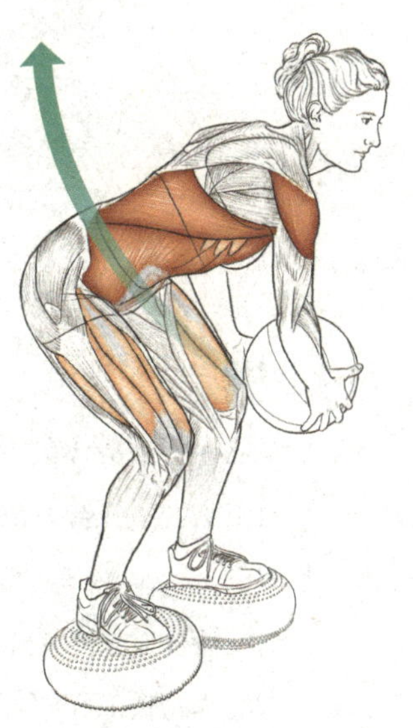

挺举

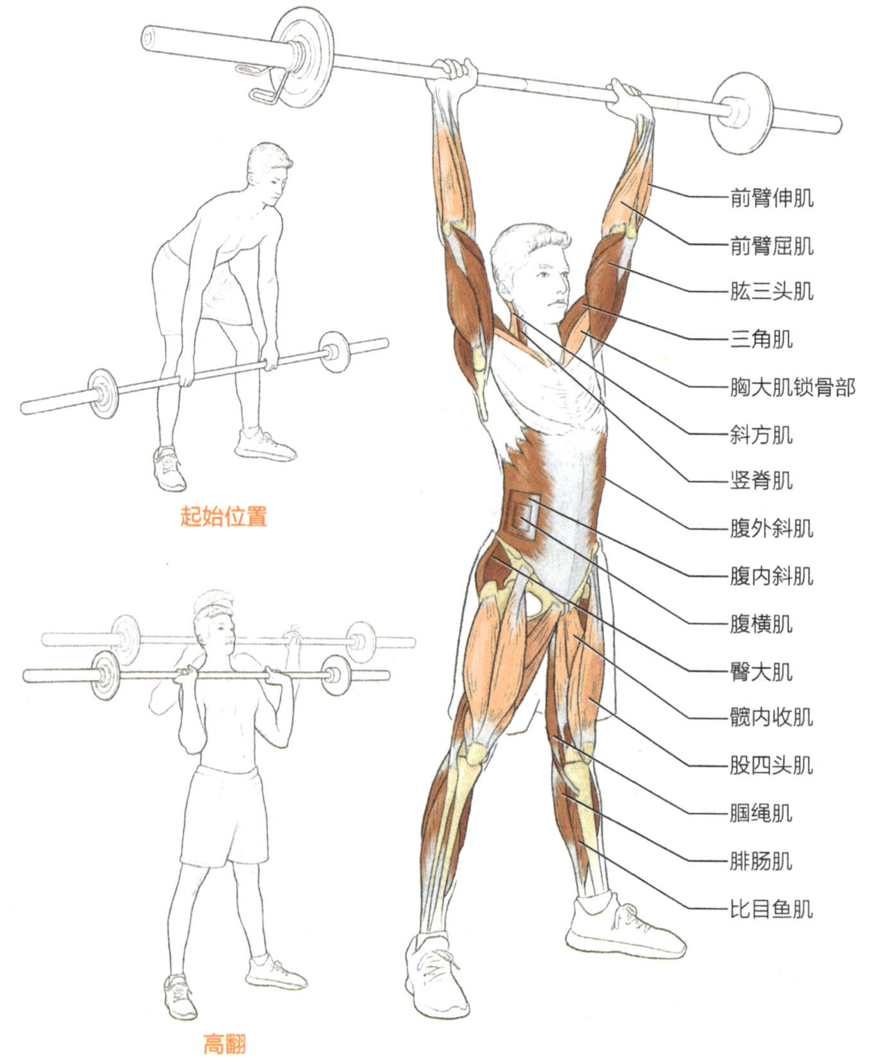

动作分解

1. 将杠铃置于身体前方，双脚分开站立，与肩同宽。掌心朝下，双手握住杠铃。小腿应该触碰杠铃，同时保持背部挺直，双臂伸直。
2. 做一个硬拉动作，将杠铃垂直向上拉。
3. 当杠铃杆越过膝关节时，伸展你的脚踝、膝关节和臀部。这个动作非常需要爆发力。你的臀部和腿部的力量会使杠铃沿着身体向上移动。

4. 当杠铃到达肩部高度时，在杠铃下面翻转你的肘部和肩部。你应该把杠铃架在你的胸前。

5. 完成最后的动作，将杠铃举过头顶。

安全提示 在这个练习中，保持背部挺直至关重要。在整个运动过程中，你应该保持下巴上抬，集中精力保持正确的身体姿势。当你感觉疲惫时，你可能会在运动中“作弊”。这样做会给身体造成过大的压力，并有可能受伤。

涉及的肌肉

主要肌肉：臀大肌、腘绳肌（半腱肌、半膜肌、股二头肌）、腓肠肌、比目鱼肌、三角肌、肱三头肌、竖脊肌（髂肋肌、最长肌、棘肌）、腹外斜肌、腹内斜肌、腹横肌。

次要肌肉：股四头肌（股直肌、股外侧肌、股内侧肌、股中间肌）、髋内收肌（短收肌、长收肌、大收肌、耻骨肌、股薄肌）、斜方肌、胸大肌锁骨部、掌长肌、桡侧腕屈肌、尺侧腕屈肌、尺侧腕伸肌、指伸肌、桡侧腕短伸肌、桡侧腕长伸肌（部分肌肉见图示）。

骑行动作要领

请全力以赴完成这项练习！进行练习之前，你要确保自己已经做了充分的热身运动，并且训练姿势正确，其他的就顺其自然吧。这项练习可以增强爆发力，你也可以通过增加重复的次数来增强你的耐力。挺举练习有助于增强你在爬坡骑行时超越竞争对手所需的力量和耐力。当你起身准备冲刺骑行时，你需要和竞争对手拉开一个小差距。这可以防止竞争对手趁机超越你。一旦你与竞争对手拉开了一定的差距，你就应奋力把差距拉大，试着将自己从身后疯狂的追逐中解脱出来。

变式

借力挺举

这项练习与挺举几乎是同一个练习，但是在挺举的过程中，你的臀部和腿部会给予你帮助。当你把杠铃架在胸前时，做一个小的下蹲动作，然后腿部爆发式地向下蹬地，与此同时，利用这种爆发力将双臂伸过头顶。

壶铃摆荡

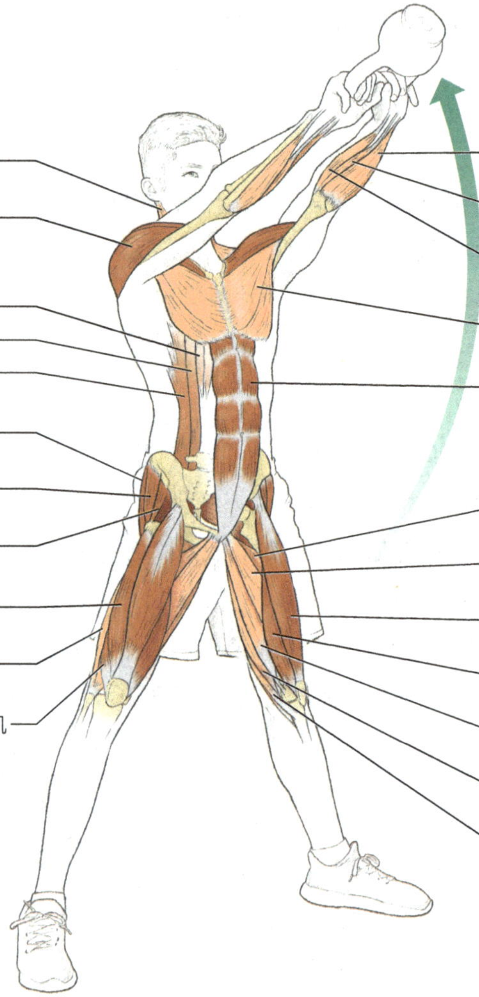

斜方肌
三角肌
竖脊肌：
棘肌
最长肌
髂肋肌
臀大肌
臀中肌
臀小肌
股外侧肌
股二头肌
股中间肌
尺侧腕屈肌
掌长肌
桡侧腕屈肌
胸大肌
腹直肌
短收肌
长收肌
股直肌
股内侧肌
大收肌
半膜肌
半腱肌

动作分解

1. 做一个下蹲的动作，双脚分开，略宽于肩。双手握住一只壶铃，将壶铃放在地面上，位于两腿之间。保持背部挺直。
2. 主要利用下半身的爆发力使身体站直，同时摆荡壶铃至身前。在做这个动作时，臀部向前移动。
3. 保持双臂伸直，将壶铃摆荡至略高于肩膀的高度。
4. 保持背部挺直，髋部弯曲，让壶铃回到两腿之间并向下和向后摆动。

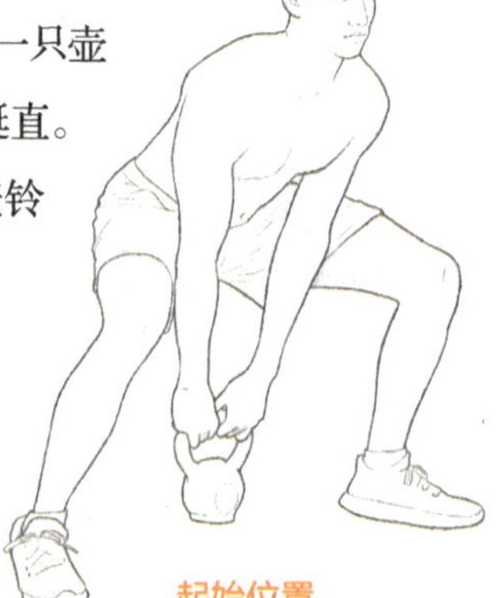

起始位置

安全提示 许多自行车手在进行壶铃摆荡练习时，身体会不由自主地前倾。在练习时，你应该集中精力保持背部挺直。当你向上摆荡壶铃时，你要尽量让身体保持稳定、挺直。

涉及的肌肉

主要肌肉：股四头肌（股直肌、股外侧肌、股内侧肌、股中间肌）、臀大肌、臀中肌、臀小肌、竖脊肌（髂肋肌、最长肌、棘肌）、三角肌、腹直肌。

次要肌肉：髋内收肌（短收肌、长收肌、大收肌、耻骨肌、股薄肌）、腘绳肌（半腱肌、半膜肌、股二头肌）、斜方肌、胸大肌、掌长肌、桡侧腕屈肌、尺侧腕屈肌（部分肌肉见图示）。

骑行动作要领

当你在比赛中冲向终点时，你的身体会疲惫不堪，你会拼尽全身力气快速推动自行车前进。同本章中的其他许多练习一样，壶铃摆荡练习可以帮助你在疲劳时保持最大的动力输出。在自行车运动中的关键时刻，即冲刺、爬坡和加速骑行都需要爆发力，而这项练习会让你为这些关键时刻做好准备。在健身房做这项练习时，你要记得从下肢开始用力。这个力有助于将壶铃向上推至肩膀的高度。

变式

单臂壶铃摆荡

按照壶铃摆荡的步骤进行练习，但是这次只用一只手握住壶铃。进行这项练习时，你可以使用轻一点儿的壶铃。重量的不对称将增强你的核心稳定肌肉的力量。

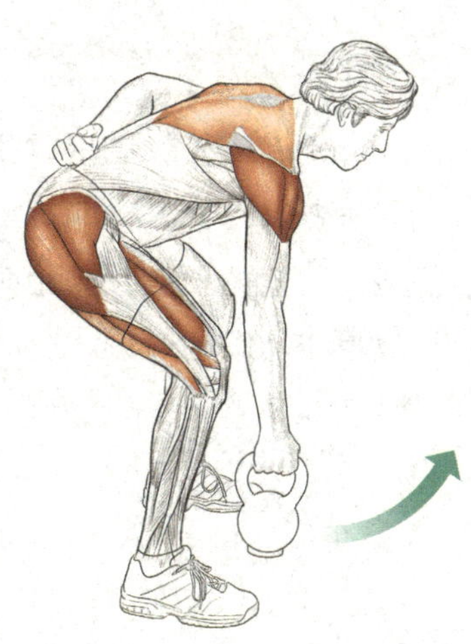

仰卧雨刷器练习

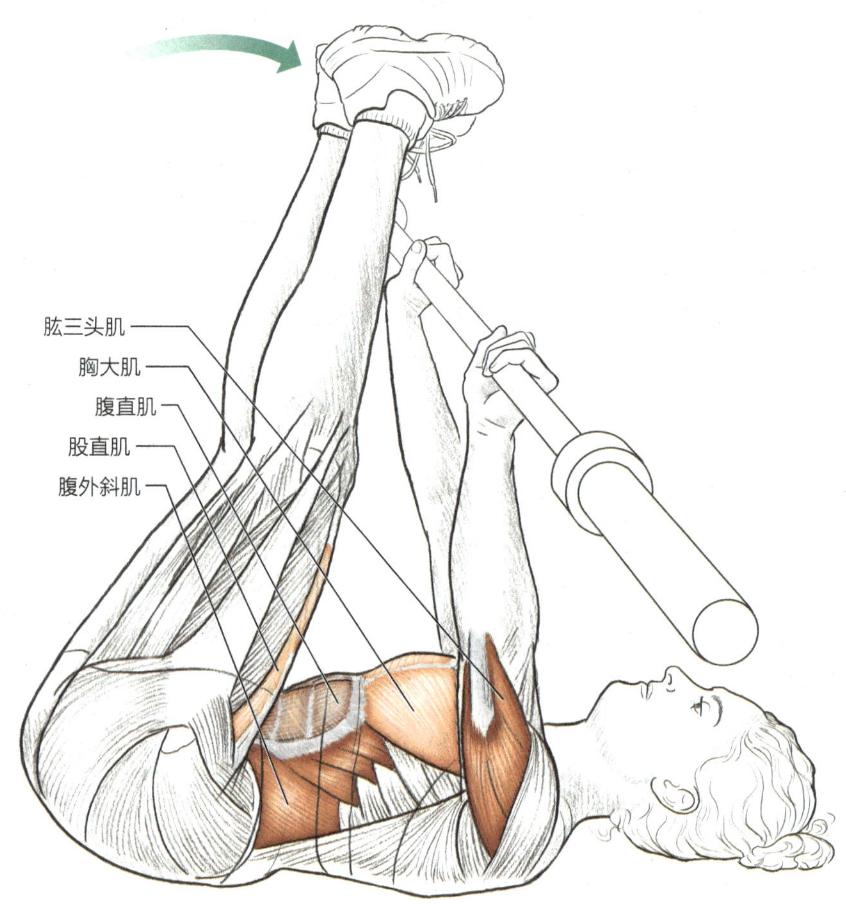

动作分解

1. 平躺在地面上。双手握住杠铃，双臂伸展，将杠铃举至胸部上方。
2. 保持杠铃不动，将双腿抬起，使其朝向杠铃的一端。
3. 放下双脚，使其回到地面上。
4. 重复动作，双脚向杠铃的另一端上抬（整套动作中杠铃位置不变）。

涉及的肌肉

主要肌肉：腹直肌、腹外斜肌、腹内斜肌、腹横肌、肱三头肌（部分肌肉见图示）。

次要肌肉：髂腰肌、耻骨肌、缝匠肌、股直肌、胸大肌（部分肌肉见图示）。

骑行动作要领

仰卧雨刷器练习可以锻炼你的基础核心肌肉。这些肌肉为你的骑行提供了坚实的力量基础。如前所述，为了给自行车曲柄提供适当的动力，你的下肢需要依靠身体其他部位的支撑。做这个练习之前，你要做好心理准备，因为这项练习非常难！仰卧雨刷器练习在限制你的呼吸能力的同时，还可以调节你的大块核心肌肉和小块核心肌肉。经过这项练习，你不仅能增强力量，还能提高在极度困难的情况下，如冲刺或爬坡骑行时的换气能力。

变式

哑铃仰卧雨刷器练习

你可以不用杠铃，而是双手各握一只哑铃进行练习。练习时，保持双臂不动，肘关节伸直。按照仰卧雨刷器练习的步骤，从一侧到另一侧进行抬腿练习。

悬挂式俯卧撑收腹

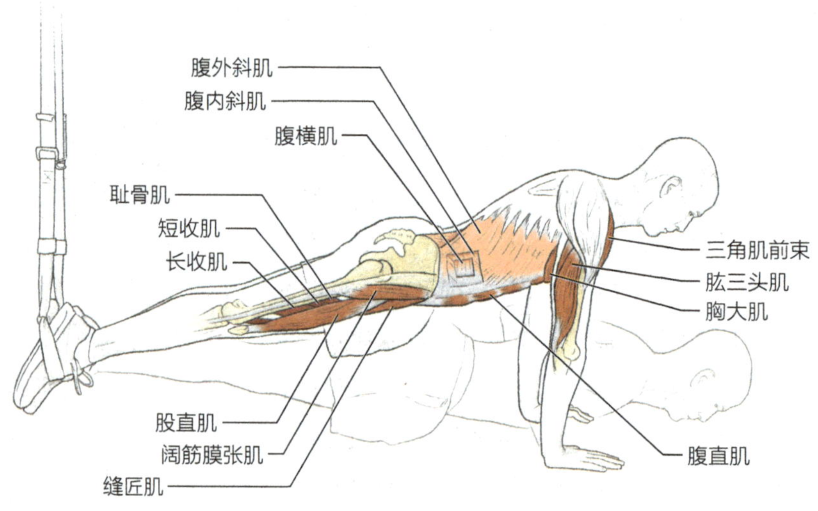
腹外斜肌
腹内斜肌
腹横肌
耻骨肌
短收肌
长收肌
三角肌前束
肱三头肌
胸大肌
股直肌
阔筋膜张肌
缝匠肌
腹直肌

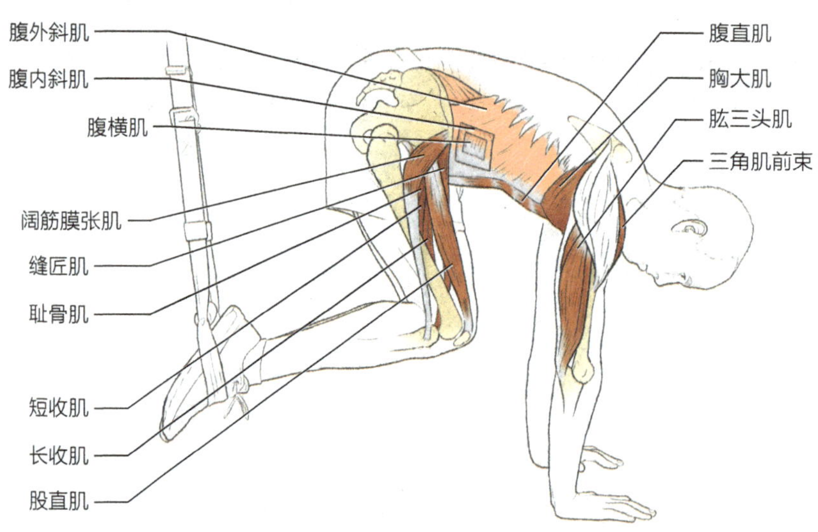
腹外斜肌
腹内斜肌
腹横肌
阔筋膜张肌
缝匠肌
耻骨肌
短收肌
长收肌
股直肌
腹直肌
胸大肌
肱三头肌
三角肌前束

动作分解

1. 以俯卧撑姿势开始，双脚放置在悬挂手柄上。手柄应该离地面20~30厘米。
2. 做一个俯卧撑动作，核心肌群和躯干参与运动并保持稳定。
3. 随后从双臂伸直的俯卧撑平板姿势开始，做一个卷腹动作，将膝关节拉向胸部。然后回到开始的俯卧撑平板姿势。
4. 重复动作。

涉及的肌肉

主要肌肉：腹直肌、胸大肌、三角肌前束、肱三头肌、缝匠肌、髂腰肌、股直肌、阔筋膜张肌、耻骨肌、短收肌、长收肌（部分肌肉见图示）。

次要肌肉：腹外斜肌、腹内斜肌、腹横肌。

骑行动作要领

当你处于最大无氧阈时，你的身体将努力向肌肉输送氧气和营养物质。整个核心肌群会用于稳定你的踏板平台，并支持肺部最大限度地吸入氧气和排出二氧化碳。这时，爬坡骑行效率会上升至9%。你奋力从车座上起身骑行，渴望在这场残酷的比赛中占据优势。这时，你的核心肌群必须占据主导地位来支持双腿的蹬踩动作，并最大限度地保持肺部的扩张和收缩运动。悬挂式俯卧撑收腹练习就是为了使你为这种时刻做好准备。通过这项练习，你会拥有坚实的核心肌群，你的双腿会充满力量，你的骑行状态会达到巅峰，你可以“火力全开”冲向终点！

相关练习索引

臂部

肩部和颈部

胸部

背部

核心肌群

腿部专练

腿部整体力量

自行车运动的全身训练

参考文献

Behm, D. G., A.J. Blazevich, A. D. Kay, and M. McHugh. 2016. "Acute Effects of Muscle Stretching on Physical Performance, Range of Motion, and Injury Incidence in Healthy Active Individuals: A Systematic Review." *Applied Physiology, Nutrition, and Metabolism,* 41(1): 1–11.

Fitts, R. H., K. S. McDonald, and J. M. Schluter. 1991. "The Determinants of Skeletal Muscle Force and Power: Their Adaptability With Changes in Activity Pattern." *Journal of Biomechanics,* 24:111–22.

Scofield, K. L., and S. Hecht. 2012. "Bone Health in Endurance Athletes: Runners, Cyclists, and Swimmers." *Current Sports Medicine Reports,* 11(6): 328–34.

Selye, H. 1950. "Stress and the General Adaptation Syndrome." *British Medical Journal,* 1(4667): 1383–92.

Sovndal, S. 2013. *Fitness Cycling*. Champaign, IL: Human Kinetics.

Vikmoen, O., S. Ellefsen, Ø.Trøen, I. Hollan, M. Hanestadhaugen, T. Raastad, and B. R. Rønnestad. 2016. "Strength Training Improves Cycling Performance, Fractional Utilization of $\dot{V}O_2$max, and Cycling Economy in Female Cyclists." *Scandinavian Journal of Medicine and Science in Sports,* 26(4): 384–96.

Yamamoto, L. M., J. F. Klau, D. J. Casa, W. J. Kraemer, L. E. Armstrong, and C. M. Maresh. 2010. "The Effects of Resistance Training on Road Cycling Performance Among Highly Trained Cyclists: A Systematic Review." *Journal of Strength and Conditioning Research,* 24(2): 560–66.

关于作者

香农·沙凡铎（Shannon Sovndal），医学博士，是美国急诊医师学会（the American College of Emergency Physicians，ACEP）认证急诊医师及成员。他曾就读于纽约的哥伦比亚大学医学院，并在斯坦福大学完成了急诊医师的住院医师实习。

沙凡铎先生与精英级的自行车运动有着很深的渊源，他曾在Garmin-Sharp职业自行车队担任了7年的队医，参与了欧洲和美国的大多数主要比赛，此外，他还创作了两本关于自行车运动的著作：《自行车运动解剖学》（*Cycling Anatomy*）和《自行车运动训练指南》（*Fitness Cycling*）。2005年，沙凡铎先生创办了Thrive HFM（Health Fitness Medicine），这是一个精英级培训组织，旨在为客户提供个性化和交互式的运动训练与健康管理。

沙凡铎先生在院前医疗护理方面有着丰富的工作经验，包括紧急医疗服务（Emergency Medical Service，EMS）、消防服务和战术医学。他目前是医疗救助中心和科罗拉多州多个消防部门的医学主管。他还是一名国家认证的消防员，效力于丹佛联邦调查局战术小组。此外，沙凡铎先生还是美国航空医疗服务协会（the Association of Air Medical Services，AAMS）的董事会成员，也是落基山战术团队协会（the Rocky Mountain Tactical Team Association，RMTTA）的医学主管。

沙凡铎先生和他的妻子斯蒂芬妮（Stephanie）以及4个孩子索伦（Soren）、西伦（Theron）、莎维亚（Saveah）和伊莱亚斯（Elias）一同居住在科罗拉多州。

关于译者

骆少猛，YESOUL野小兽自行车健身创始人，至今已在健身行业深耕20多年。长期关注大众健身、体育教育与运动科学领域的相关信息，特别是在自行车运动系统训练上有着长期研究与实践经验。其依靠大量训练数据积累、技术创新和科学训练方法研究，将自行车健身与科技融合，致力于推动国内"智能居家健身"新潮流。